Claudia Runk

Grundkurs Typografie und Layout

Liebe Leserin, lieber Leser,

Typografie umgibt uns täglich; sie ist allgegenwärtig. Wenn wir morgens zur U-Bahn hetzen, weist sie uns auf Schildern den Weg, tagsüber vermittelt sie uns in den unterschiedlichsten Formen Informationen und Neuigkeiten und selbst abends ist die Typografie des Romans oder Krimis zum Einschlafen oft das Letzte, das wir sehen.

Dabei ist es ein langer Weg vom Erkennen, dass gute Typografie wertvoll ist, bis zum perfekten Einsatz von Schrift. Dieser Grundkurs hilft Ihnen auf diesem Weg. Er öffnet Ihnen die Augen, erzählt die Geschichte der Schrift, zeigt, wie Schriftfamilien entstanden und wieso man Schriften noch heute in Klassen mit Namen wie Barock-Antiqua oder serifenlose Linear-Antiqua einteilt. Er bringt Ihnen bekannte Schriftdesigner und ihre Arbeit näher und hilft Ihnen, sich in das typografische Maßsystem einzufinden.

Claudia Runk hat die zweite Auflage ihres Bestsellers noch einmal komplett überarbeitet und vor allem die Praxistipps im hinteren Buchteil auf den neuesten Stand gebracht. Aber auch wenn Sie nicht mit InDesign CS3 oder QuarkXPress 7 arbeiten, erhalten Sie in diesem Buch konkrete Hilfestellungen. Die Autorin erklärt Ihnen, wann Sie welche Schrift einsetzen sollten, wie groß der ideale Wort- und Zeilenabstand ist, warum Leer- und Weißräume wichtig sind und welche Layoutfehler Sie vermeiden können – kurz, wie Sie selbst gute Typografie erschaffen.

Nun bleibt mir noch, Ihnen viel Spaß bei der Lektüre zu wünschen. Ich freue mich stets über kritische Anmerkungen, die helfen, dieses Buch noch besser zu machen. Sollte Ihnen also etwas auffallen, zögern Sie nicht, sich bei mir zu melden.

Katharina Geißler
Lektorat Galileo Design

katharina.geissler@galileo-press.de
www.galileodesign.de
Galileo Press • Rheinwerkallee 4 • 53227 Bonn

Auf einen Blick

1 Die Geschichte der Schrift 15
- Die Entwicklung der Schrift
- Schnitte und Familien
- Einteilung der Schriften in Klassen
- Das typografische Maßsystem

2 Das Zeichen 83
- Der Bleisatz
- Messen und Berechnen der Schriftgröße
- Räume, Laufweiten und Wortabstände

3 Wort und Zeile 133
- Ausrichtung, Länge und Abstand von Zeilen
- Layoutfehler

4 Anforderung und Wirkung 169
- Die verschiedenen Leseformen
- Schrift und ihre Wirkung
- Schriften mischen

5 Typografie im Web 185
- Die Unterschiede zwischen Print und Web
- Geeignete Schriften für das Web
- PDF und HTML

6 Die Seite 201
- Raumaufteilung, Papierformat und Satzspiegel
- Raster für die Gestaltung
- Registerhaltigkeit

7 Die Gesamtkomposition 251
- Bild- und Textkombination
- Schmückende Elemente

8 Schrifttechnologien 281
- PostScript, TrueType, OpenType, MultipleMaster
- Unicode, ASCII, Hinting

9 Glossar 299

Inhalt

Auf einen Blick 3

Vorwort 14

1		Die Geschichte der Schrift	15
	1.1	Schriftentwicklung	16
		3500 v. Chr. und die Sumerer	16
		3000 v. Chr. und die Hieroglyphen	17
		1200 v. Chr. und die Phönizier	18
		500 v. Chr. und die Griechen	19
		100 v. Chr. und die Römische Kapitalis	20
		800 und die Karolingische Minuskel	22
		1000 und die Romanik	23
		1200 und die hochgestreckte Gotik	24
		1400 und der Beginn der Renaissance	25
		1450 und Gutenberg	26
		1500, die gebrochenen Schriften und die Französische Renaissance-Antiqua	27
		1500 und die Kursive	28
		1700 und Barock und Rokoko	29
		1800 und der Klassizismus	30
		1880 und der Jugendstil	32
		1900, die Times und die serifenlosen Schriften	33
		1920 und das Bauhaus	34
		1950 und die Schweizer Typografie	36
		70er, 80er, 90er und die Einführung des DTP	36
		1990 bis heute	39
		Pixel- und Screenfonts	39
	1.2	Schriftschnitt und Schriftfamilien	40
		Ist Italic eine Kursive?	40
		Frutiger und seine Zahlen	41
		MultipleMaster	42
		Schrift als Gebrauchsinstrument	43
		Schriftenwelle in der Industrialisierung	43
		Experten	44
		Kapitälchen	44
		Falsche Kapitälchen – ein Kapitalverbrechen?	45
	1.3	Schriftklassifikation	46
		Warum überhaupt Klassen?	46
		Schriftklassifikation nach DIN	46
		1. Klasse: Venezianische Renaissance-Antiqua	47

	2. Klasse: Französische Renaissance-Antiqua (Mediäval)	48
	3. Klasse: Barock-Antiqua	49
	4. Klasse: Klassizistische Antiqua	50
	5. Klasse: Serifenbetonte Linear-Antiqua	51
	6. Klasse: Serifenlose Linear-Antiqua	52
	7. Klasse: Antiqua-Varianten	53
	8. Klasse: Schreibschriften	54
	9. Klasse: Handschriftliche Antiqua	54
	10. Klasse: Gebrochene Schriften	56
	11. Klasse: Fremdsprachliche Schriften	58
1.4	DIN 16518 von 1998	58
1.5	Beinert-Matrix	59
1.6	Schriftkünstler	60
	Otl Aicher	60
	Neville Brody	61
	Tobias Frere-Jones	62
	Adrian Frutiger	63
	Claude Garamond	64
	Luc(as) de Groot	65
	Rudolf Koch	66
	Günter Gerhard Lange	67
	Hans Eduard Meier	68
	Stanley Morison	69
	Jim Parkinson	70
	Jean-François Porchez	71
	Paul Renner	72
	Werner Schneider	73
	Erik Spiekermann	74
	Ludwig Sütterlin	75
	Jan Tschichold	76
	Kurt Weidemann	77
	Hermann Zapf	78
1.7	Typografisches Maßsystem	79
	Didot-Punkt	79
	DTP-Punkt	79
	Pica-Point	79
	Typometer	80
2	**Das Zeichen**	**83**
2.1	Der Buchstabe	84

	Form	84
	Schriftgröße	85
	Der Bleisatz in wenigen Worten	86
	Kegelgröße und Schriftgröße	86
	Bleisatz und Digitalsatz?	87
	Weitere Faktoren für die Schriftgrößenmessung	88
	Schriftgröße per Versalhöhe	88
	Versalhöhenbeispiele	88
	Versalhöhen	89
	Begriffsdefinition	90
2.2	Serifen	92
	Ursprung der Serifen	92
	Serif oder Sans Serif	93
	Humanistische serifenlose Schrift	94
	Der persönliche Stil	95
2.3	Ligaturen	96
	Buchstabenform	96
	Voraussetzung	97
	OpenType	97
2.4	Zahlen	98
	Arabische Zahlen	98
	Römische Zahlen	98
	Aufbau des arabischen Zahlensystems	99
	Mediäval- und Versalziffern	99
2.5	Auszeichnungen	100
	Ästhetische und optische Auszeichnungen	100
	Sparsame Verwendung optischer Auszeichnungen	101
2.6	Lesegewohnheiten	102
	Art und Weise des Lesens: die Sakkaden	102
	Ruhe zwischen den Sakkaden	103
	Erschwerte Lesbarkeit durch breite Schrift	103
	Reihenfolge der Buchstaben	103
	Die obere Hälfte des Textes	104
	Grauwert	104
2.7	Leere Räume	106
	Geviert – die feste Größe	106
	Geviert statt flexible Räume	106
2.8	Wortabstand	107
	Die optimale Größe	107
	Große Größen bei dünnen Schriften	108
	Unfreiwillige Größenänderung	108

	Manuelle Bearbeitung	109
	Optische Löcher	109
2.9	Der Zeichenabstand	110
	Automatisch optimale Laufweiten	110
	Laufweiten und Schriftgrößen	110
	Laufweiten und Einsatzzweck	110
	Unterschneidungstabellen und AFM-Dateien	112
	Standardregeln	113
	Laufweiten bei großen und kleinen Schriften	114
	Versalsatz und Kapitälchen	114
	Negativsatz	115
	Zeichenkombinationen verändern	116
	Ausgleich in der Praxis	116
	Grundsätzlich gilt	117
2.10	Anwendung in InDesign	118
	Kerning und Laufweite in InDesign	118
	Das Kerning prüfen	119
	Die Laufweite prüfen	119
	Das gesamte Dokument überprüfen	120
	Änderung per Tastatur	120
	Kerning auf Wortzwischenräume beschränken	121
2.11	Anwendung in QuarkXPress	122
	Laufweite ändern	122
	Eintrag vornehmen	122
	Geviertgröße	123
	Laufweitenänderung per Tastaturkürzel	124
	Laufweiten prüfen und entfernen	124
	Kerning- und Laufweitentabellen	124
	Tabellen bearbeiten	125
2.12	Schreibregeln	126
	An- und Abführungszeichen	126
	Zahlen und Formeln	127
	Preise	127
	Prozent und Grad	127
	Abkürzungen	127
	Telefon, Fax, Postfach	128
	Bankleitzahlen und Kontonummern	128
	DIN- und ISBN-Nummern	128
	Striche	128
	Divis	128
	Halbgeviertstrich	128

	Geviertstrich	129
	Auslassungspunkte	129
2.13	Kurzbefehle Adobe InDesign	130
2.14	Kurzbefehle QuarkXPress	131

3	**Wort und Zeile**	**133**
3.1	Die Ausrichtung	134
	Flattersatz und Rausatz	135
	Links- und rechtsbündig	136
	Mittelachsensatz	137
	Silbentrennzone in XPress und InDesign	137
	Freier Satz und Formsatz	138
	Blocksatz	138
	Die Variablen	139
	Veränderung der Zeichenbreite	140
	Verändern der Zeichen- und Wortabstände	140
	Grenzwerte	141
	Blocksatz in QuarkXPress	142
	Blocksatz in InDesign	142
	Grenzen überschreiten	143
	Trennung oder optimaler Abstand?	143
	Adobe-Absatzsetzer in InDesign	144
	Der Randausgleich: Hängende Interpunktion	144
	Entscheiden Sie sich!	144
3.2	Die Zeilenlänge	146
	Zu lange Zeilen werfen aus der Reihe	146
	Zu kurze Zeilen strengen Auge und Verstand an	146
	Satzbreite	148
	Zeilenbreite und Zeilenabstand	148
3.3	Der Zeilenabstand	149
	Durchschuss	149
	Kompress und splendid	150
	Schreib- und Sprachweise	150
	Der optimale Zeilenabstand	150
	Sonderregelungen	152
	Schrift und Zeilenabstand	153
	Mittellängen und Zeilenabstand	154
	Faustregeln zum Zeilenabstand	154
3.4	Die Spalte	155
	Optimaler Spaltenabstand: Die Leerzeile	156
	Spaltenabstand mit mii	156

	Ausnahmen bestätigen die Regel	157
	Spaltenlinien	157
3.5	Umbruchfehler	158
	Das Hurenkind	158
	Der Schusterjunge	158
	Geisteshaltung und Merkhilfen	159
	Abhilfe schaffen	160
	Schummeln erlaubt	160
	Gesamten Absatz verändern	161
	Software schafft Abhilfe?	162
	QuarkXPress und Adobe InDesign	162
	Falscher Ansatz	163
3.6	Der Einzug	164
	Die optimale Größe des Einzugs erste Zeile	164
	Software-Tipp	164
	Hängender Einzug	165
3.7	Das Initial	166
	Hängendes Initial	166
	Der Einsatz	166
	Welches Initial für welchen Zweck?	167
4	**Anforderung und Wirkung**	**169**
4.1	Leseart	170
	Verschiedene Formen des Lesens	170
	1. Typografie für lineares Lesen	171
	2. Typografie für informierendes Lesen	171
	3. Typografie für konsultierendes Lesen	171
	4. Typografie für differenzierendes Lesen	172
	5. Typografie für inszenierendes Lesen	172
4.2	Schriftwahl und Schriftwirkung	173
	Schrift transportiert eine Meinung	173
	Wirkung auf den zweiten Blick	173
	Die Faustregeln	174
	Die Faustregeln widerlegen	176
	Ein bisschen Serifen	176
	Größenabhängige Wahl	177
	Zwingende Umstände bei der Schriftwahl	178
	Ein einfacher Trick – die Gegenüberstellung	178
	Ist das Gegenteil schon Kunst?	179
4.3	Schriftkombination	180
	Semantische Typografie	183

5	**Typografie im Web**	**185**
5.1	Online lesen	186
	Typografische Beschränkungen und Möglichkeiten	186
	CSS	187
	Format und Größe	187
5.2	Kontrast und Farbe	188
	Leere Räume	189
5.3	Zeilen und Schrift	189
	Schriftgröße	190
	72 ppi und 96 ppi	191
	Zwingende Umstände für eine Schrift	192
	Schriftwahl für Online-Medien	193
	Bildschirmschriften	195
	Empfehlungen	195
	Schriften für sehr kleine Schriftgrößen	195
	Kanten glätten	196
	Auszeichnungen im Web	197
	Textmengen begrenzen oder aufteilen	197
5.4	Das PDF-Format	197
	Einsatzgebiet des PDF	199
6	**Die Seite**	**201**
6.1	Raumaufteilung	202
	Das Vor-Layouten	202
	Eine grobe Skizze erstellen	202
	Grenzen durch Gestaltungsvorgaben	204
	Optimal verpackte Information	204
	Von groß nach klein gestalten	205
	Checkliste von groß nach klein	205
6.2	Papierformat	206
	DIN-Format	206
	DIN-Reihen	206
	Grundfläche	206
	Der goldene Schnitt	208
	Fiboracci	208
	Unbewusste harmonische Aufteilung	209
	Unübliche Formate	209
	Einfache Grundregeln	210
	Textausrichtung	210
	Optische Mitte	211
	Verschiedene Raumaufteilungen	212

	Vertikaler Text	214
	Stufen	214
	Beurteilung in QuarkXPress	215
	Beurteilung in Adobe InDesign	215
6.3	Satzspiegel	216
	Stegbreiten	216
	Berechnung des Satzspiegels	217
	Doppelseitiger Satzspiegel mit Linienkonstruktion	218
	Wer ängstlich oder unschlüssig ist	220
	Doppelseitiger Satzspiegel nach dem goldenen Schnitt	220
	Doppelseitiger Satzspiegel nach Neunerteilung	222
	Verschiedene Konstruktionen, ähnliche Ergebnisse	222
	Einseitiger Satzspiegel	222
	XPress und InDesign	223
	Korrekturen im Kleinen	224
	Berechnung	224
	Visuelle Kontrolle	225
6.4	Gestaltungsraster	226
	Breiten und Höhen	227
6.5	Randabfallende Elemente	228
	Beschnitt erstellen	229
	Beschnitt in QuarkXPress	230
	Beschnitt in InDesign	231
6.6	Bildplatzierung	232
	Platzierung von Bildern und anderen Objekten	232
	Platzierung im Groben	232
	Platzierung im Feinen	232
	Und wieder das Gestaltungsraster	234
	Abstand zwischen Bild und Bildunterschrift	234
	Abstand zwischen Bild und Fließtext	234
6.7	Registerhaltigkeit	235
	Qualität durch registerhaltigen Text	235
	Was sollte registerhaltig sein?	236
	Magnetisches Raster in der Software	236
	Vorteile des magnetischen Rasters	237
	Drei Funktionen des Rasters	237
	Registerhaltigkeit in QuarkXPress	238
	Registerhaltigkeit in InDesign	239
6.8	Kolumnentitel und Pagina	240
6.9	Marginalien	241

6.10	Linien	243
	Linie und Strich	243
6.11	Regeln und Beispiele	244
	Tipps für den Seitenaufbau	244
	Beispiele	246
7	**Die Gesamtkomposition**	**251**
7.1	Vorbereitung	252
	Aufbau eines Layouts am Beispiel eines Magazins	252
	Dokument anlegen	252
	Gestaltungsraster	253
7.2	Bildplatzierung	253
	Bildunterschriften	254
7.3	Text	255
	Headline	255
	Vorspann	256
	Grundtext	257
	Größe der Zwischenüberschrift	257
	Ausrichtung der Zwischenüberschrift	258
	Die Platzfrage	258
	Berechnung der Abstände bei der Zwischenüberschrift	259
	Zweizeilige Zwischenüberschrift	260
	Stolperfallen	261
7.4	Variationen und Wiedererkennung	262
	Variationen	262
	Wiedererkennung	263
7.5	Schmückende Elemente	264
	Zitate	264
	Kontrast und Farben	265
	Sieben Prinzipien des typografischen Kontrasts	266
7.6	Kleine Änderung, große Wirkung	269
	Die Anzeige, erster Teil	269
	Die Anzeige, zweiter Teil	270
	Die Anzeige, dritter Teil	271
	Die Anzeige, vierter Teil	272
	Die Anzeige, fünfter Teil	272
	Die Visitenkarte	274
7.7	Die schwarze Liste	276

8	**Schrifttechnologien**	281
8.1	PostScript und TrueType	282
	PostScript	282
	EPS	282
	Die Entstehung von PostScript und TrueType	283
	Der Adobe Type Manager	283
	Probleme mit TrueType	283
	Die Basis	284
	Outline-Font	284
	Schlechter Ruf	285
	Vorteile von PostScript	285
	Hinting	286
	Unabhängige Schriftgröße	287
8.2	MultipleMaster	288
	Das Beispiel Myriad	288
8.3	OpenType	290
	Weiterentwicklung des TrueType-Formats	290
	Vorteil: problemloser Plattformwechsel	290
	Vorteil: erweiterter Zeichensatz	290
	Vorteil: erweiterte typografische Funktionalität	292
	Bedingung 1: Die Zeichenbelegung	293
	Bedingung 2: Betriebssystem und Applikation	294
	Die Software	294
8.4	Dfonts	295
8.5	Was ist ...	296
	Unicode	296
	ASCII	296
	8-Bit-Zeichensatz	296
9	**Glossar**	299
	Index	311

Vorwort

Eigentlich mag ich kein Vorwort, das aufrichtig und sachlich über den Inhalt des vorliegenden Buchs referiert. Spätestens dann, wenn mir der Autor ernsthaft anvertraut, warum er dieses Buch geschrieben hat und mich davon überzeugen will, es zu kaufen, kommt bei mir Desinteresse auf.

Da ist mir doch ein Vorwort, in dem der Autor gekonnt und fern vom eigentlichen Gegenstand ein paar Witze erzählt, weitaus lieber – das erfrischt und macht neugierig. Aha. Und warum ist es dann hier nicht so? Vielleicht, weil ich mich zu oft mit aller Leidenschaft über den typografischen Kulturverfall ärgern muss und mit diesem Buch meinen Nerven etwas Gutes tun will. Im Grunde dachte ich, dass ich für den erhobenen Zeigefinger zu jung wäre, aber ich habe mich getäuscht. Schon ein Spaziergang durch den Berliner Prenzlauer Berg bringt mich an den Rand des Nervenzusammenbruchs. In neun von zehn Schaufenstern springen mir entweder Rechtschreibfehler, grammatikalische Vergehen oder eine typografische Sauerei entgegen; Kombinationen sind dabei keine Ausnahme.

Natürlich muss nicht jeder Krämerladenbesitzer den Zwiebelfisch gelesen haben, und von Klaus, dem Besitzer des »Kornecks«, erwarte ich nicht, dass er Weidemann, Zapf oder Lange kennt. Genauso wenig hoffe ich, dass sie am anhaltenden Serif-SansSerif-Streit teilnehmen, den sogar ein typomanischer Mensch wie ich auf Dauer verdrießlich findet. Aber ein wenig Interesse, ob die in 3600 Punkt erstandene Leuchtschrift über dem Laden in Auge und Kopf schmerzt, könnte man doch zeigen.

Doch ich möchte nicht nur Wünsche, sondern auch Dank aussprechen. Meine Freundin und Lektorin Ruth stand mir nicht nur mit Rat, sondern auch mit Tat sowie mit viel Verständnis für die Empfindlichkeiten einer schwangeren Autorin zur Seite. Meine Freundin Silke hat sämtliche Abbildungen des Buchs mit Gradationskurven ins rechte Licht gerückt. Mein Mann Marc glaubt noch immer daran, dass ich eines Tages einen Bestseller schreiben werde, und meine Tochter Marie hat mich viele Monate mit festen Tritten aufgefordert, die Schreibpausen kurz zu halten.

Berlin
Claudia Runk

1 Die Geschichte der Schrift

Die Schriftentwicklung, die Klassifikation und die Erben des Bleisatzes

Sie werden lernen:
- Die Entwicklung der Schrift
- Was sind Schriftschnitte und Schriftfamilien?
- Schriftklassifikation nach DIN 16518
- Beinert-Matrix
- Schriftkünstler und ihre Schriften
- Das typografische Maßsystem

1 Die Geschichte der Schrift

Die Grundlagen unserer heutigen Schrift sind Jahrtausende alt und haben sich immer weiterentwickelt. Wir spüren den Verlauf der Schriftentwicklung auf, teilen Schriften in Klassen und in Maße ein und zollen den Großen unter den Schriftkünstlern unseren Respekt.

1.1 Schriftentwicklung

Das heute verwendete Schriftsystem hat keine geradlinige Vergangenheit. In den verschiedensten Ecken der Welt hat man mehrere tausend Jahre vor unserer Zeitrechnung Ansätze einer Bild- oder Begriffsschrift entwickelt, und auch die folgenden Entwicklungsstufen verlaufen nicht nur linear, sondern auch parallel oder sogar konträr. Und auch wenn die Entwicklung der chinesischen, indischen, arabischen Schrift oder der mittelamerikanischen Mayaschrift sicher nicht weniger interessant ist, gilt an dieser Stelle der Entwicklung der lateinischen Schrift und deren Vorläufern unsere besondere Aufmerksamkeit.

v. Chr. 3500

3500 v. Chr. und die Sumerer

Die ersten konkreten Ansätze einer Schrift werden mit den Sumerern 3500 v. Chr. zusammengebracht. Hier taucht auch der Begriff KEILSCHRIFT zum ersten Mal auf. Dabei handelt es sich um eine Bilderschrift, die aus Piktogrammen und Ideogrammen besteht. Sie mündet im Laufe der Zeit über die Silbenschrift in eine Konsonantenschrift und lebt im alten Orient über mehr als zwei Jahrtausende weiter.

Abbildung 1.1 ▼
Piktogramme übermitteln Aussagen auf kleinstem Raum, auch wenn sie, wie hier, manchmal mehr zur Erheiterung als zur Information beitragen.

Abbildung 1.2 ▶
Die Keilschrift der Sumerer ist eine Bilderschrift und entwickelt sich durch die ständige Vereinfachung im Laufe der Zeit über die Silbenschrift zur Konsonantenschrift; Quelle: *www.uni-essen.de*

Vogel				
Fisch				
Ochse				
Bumerang				

1.1 Schriftentwicklung

3000 v. Chr. und die Hieroglyphen

Im Niltal entstehen währenddessen die ägyptischen Hieroglyphen, eine Zusammensetzung aus Bilderschrift und Lautschrift, mit denen bemerkenswert konkrete Aussagen getroffen werden können. Die ägyptischen Hieroglyphen stehen für eine hohe Gestaltungskunst, erfordern aber gleichzeitig sehr hohen Schreibaufwand und sind nicht alltagstauglich. Durch viele Fremdeinflüsse, Veränderungen und die Suche nach einfacheren Schriftsystemen verliert die Schreibweise nach und nach an Bedeutung.

Auch wenn wir heutzutage kaum jemanden finden, der seinen Aufsatz in Keilschrift oder den Fachartikel in ägyptischen Hieroglyphen abfasst, sind Piktogramme und Ideogramme allgegenwärtig, und so mancher Wissenschaftler warnt uns sogar davor, dass sie überhandnehmen. Wir finden sie im Straßenverkehr, in Gebrauchsanleitungen oder in der Kartografie, als Wasch- oder Bügelanleitung, und ganz besonders stark vertreten sind sie im Internet. Der Grund für die Vorliebe liegt auf der Hand: Die Aussage wird auf kleinstem Raum untergebracht und ermöglicht dem Betrachter, die Information mit einem Blick zu erfassen. Besonders auch in Ländern, in denen der Analphabetismus sehr hoch ist, vereinfacht der Einsatz der Bildzeichen das Leben in vielerlei Hinsicht.

▼ Abbildung 1.3
Die ägyptischen Hieroglyphen waren mehr eine Kunst denn ein alltagstaugliches Schriftsystem.

1200 v. Chr. und die Phönizier

Es scheint, als fühlen sich die Phönizier durch die ägyptischen Hieroglyphen angeregt, eine eigene Schrift zu erfinden. Das große Händler- und Entdeckervolk des Altertums aus Phönizien (dem heutigen Libanon) verwendet als Basis die Bilder- und Lautschrift und entwickelt daraus ein neues Schriftsystem mit Buchstaben. Es ist ein Schriftsystem, in dem alle Konsonanten ihrer Sprache durch 22 einfache Schriftzeichen wiedergegeben werden – das erste Alphabet, das aus Lautzeichen besteht. Es stellt die Grundlage für unser heutiges Alphabet dar.

Die Entwicklungsstufen einiger Zeichen lassen sich wunderbar nachvollziehen. Beispielsweise stand unser heutiges A ursprünglich für den Kuhkopf beziehungsweise den Ochsen, aus dem Zeichen für die Gottheit Hator geschaffen. Die Phönizier entwickelten daraus das phonetische Zeichen, das durch die Weiterentwicklung der Griechen zu unserem heutigen A wurde.

Genau genommen haben die Phönizier somit die Grundlage für das griechische, lateinische, hebräische und das arabische Alphabet geschaffen.

Abbildung 1.4 ▼
Das Alphabet der Phönizier ist die Grundlage für unser heutiges Alphabet. Es gibt alle Konsonanten durch 22 Schriftzeichen wieder.

Abbildung 1.5 ▶
Die phönizischen Schriftzeichen zählen zu den ältesten Zeichen in der Gruppe der kanaanitischen Schriftzeichen. Man schreibt sie von rechts nach links. Quelle: Schriftzeichen und Alphabete alter Zeiten und Völker, von Carl Faulmann, 2004. Mit freundlicher Genehmigung des Marixverlags, Wiesbaden.

1.1 Schriftentwicklung

500 v. Chr. und die Griechen

Streng genommen handelt es sich bei dem ersten bekannten Alphabet der Griechen um die kretisch-mykenische Silbenschrift Linear B, doch diese hat wenig Bedeutung und verschwindet bald wieder. Das klassische griechische Alphabet basiert auf den Buchstaben der Phönizier, die durch den Handel mit den Griechen in Kontakt kommen. Die Griechen übernehmen das Alphabet und entwickeln es als ihre so genannte Lapidarschrift weiter. Da die Sprache der Griechen sehr viel vokalreicher ist als die der Phönizier, ergänzen sie die Schrift mit Vokalen und ändern die Leserichtung. Basiselemente der griechischen Architektur sind die geometrischen Grundformen Quadrat, Rechteck, Dreieck und Kreis. Die gleichen Formen sind in der griechischen Schrift erkennbar. Das griechische Alphabet wird als Ursprung der lateinischen Schrift angesehen.

ΑΒΓΓΔΕΖΗΘΙΚΛΜ
ΝΞΟΠΡΣΤΥΦΧΨΩ

▼ Abbildung 1.6
Die griechischen Buchstaben basieren auf den Grundformen der griechischen Architektur.

100 v. Chr. und die Römische Kapitalis

Nach der Adaptierung und Modifikation durch die Griechen landet das Alphabet bei den Latinern in Italien. Hier entsteht die Urschrift der lateinischen Schriften, die Römische Kapitalis, auch CAPITALIS ROMANA ❷ genannt. Die Großbuchstabenschrift mit Querstrichen an den Senkrechten, ein Vorläufer der Serifen, wird in Stein gemeißelt, eignet sich aber nicht zum Schreiben. Die davon abgeleitete, geschriebene Kapitalis nennt man aufgrund ihrer Form CAPITALIS QUADRATA. Sämtliche Abstände, Räume und Formen beruhen auf dem goldenen Schnitt. Aufgrund des hohen Zeitaufwandes findet sie in erster Linie bei anspruchsvollen Texten Verwendung. Durch den Einsatz von Feder und Pergament und das Bedürfnis, schneller und flüchtiger zu schreiben, bilden sich die CAPITALIS RUSTICA sowie kursive Ableitungen.

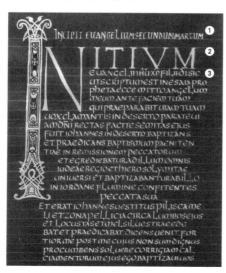

Abbildung 1.7 ▶
Augustinus: Über das Gut der Ehe – De bono coniugali; Originalhandschrift aus Italien, 600 n. Chr., in der Unziale; Quelle: Schreiben wie im Mittelalter, Klaus Höffler-Preißmann, Augustus Verlag, Augsburg, 1991

Abbildung 1.8 ▼
Krönungsevangeliar, 8. Jahrhundert, mit Capitalis Rustica ❶, Capitalis Romana ❷ und Unziale ❸; Quelle: Schreiben wie im Mittelalter, Klaus Höffler-Preißmann, Augustus Verlag, Augsburg, 1991

1.1 Schriftentwicklung

Der Untergang des Römischen Reiches führt auch zum Verfall der Schriftkultur. Die Kirche und ihre Gelehrten üben aufgrund ihrer Bildung immer noch den größten Einfluss auf die Schriften aus – durch ihre Ablehnung des »heidnischen Roms« lehnen sie auch die Schriften dieser Zeit ab. Aus den Formen der römischen Buchschriften entwickelt sich stattdessen die UNZIALE. Diese ist im Vergleich zur Capitalis runder und verlässt erstmals das Zwei-Linien-Prinzip: Kleinbuchstaben mit Ober- und Unterlängen sind deutlich zu erkennen. Als nächstes wird die HALBUNZIALE geschaffen, die bereits eine echte Vier-Linien-Schrift ist.

Capitalis Monumentalis
Als Basis für die Versalschrift dienen geometrische Grundformen wie der Kreis und das Quadrat. Die Schrift wurde mit Hammer und Meißel in Stein gehauen, und angeblich stammen die später folgenden Serifen durch das Ansetzen des Meißels. Die Capitalis Monumentalis dient sämtlichen Antiquaschriften als Vorbild.

CAPITALIS ROMANA
Odoaker von Manfred Klein

CAPITALIS QUADRATA
MKwadrata von Manfred Klein

CAPITALIS RUSTICA
MKapitalis Rustica Medium von Manfred Klein

UNZIALE
Latin Uncial von Jack Kilmon

hALbUNZIALE
Roman Halfuncial von Jack Kilmon

800 und die Karolingische Minuskel

Unter Karl dem Großen entsteht um 800 die Karolingische Minuskel, eine gut lesbare Rundbogenschrift mit ausgewogenem Schriftduktus, die sich typografisch gesehen auf hohem Niveau bewegt. Mit der Karolingischen Minuskel wird erstmals eine einheitliche Schrift im gesamten Reich verwendet, von den Herrschern befohlen und von den Geistlichen umgesetzt. Die Durchsetzung des Großreichs und die Vereinheitlichung, die karolingische Könige und Kaiser erreichen wollen, spiegeln sich in der einheitlichen Verwendung der Karolingischen Minuskel wider. So steht sie für eine Schrift, die man erstmals zu politischen Zwecken einsetzt.

Als Basis dienen die Halbunziale und die römische Kursive; Versalien sind nicht vorhanden und werden bei Bedarf aus der Quadrata, aus der Rustica oder der Unziale verwendet. Die Schrift dient als Vorbild für die Humanistische Antiqua der Renaissance.

Abbildung 1.9 ▼
Querschnitt der Pfalzkapelle in Aachen, ein karolingischer Bau; Quelle: Deutsche Baukunst, Alexander von Reitzenstein; Reclam, 1956

Abbildung 1.10 ▶
Aus einem Lektionar; 9. Jahrhundert; der untere Teil ist in der Karolingischen Minuskel; Quelle: DuMont's Handbuch Kalligraphie, Reinhard Kunze; DuMont Buchverlag, Köln, 1992

Beispiel einer Karolingischen Minuskel

Carolingia von William Boyd

1000 und die Romanik

Um 1000 wandelt sich der Stil der Karolingischen Minuskel zur Romanik. Der romanische Kunststil erlebt im 12. Jahrhundert seine Blüte und ist heute noch an vielen Kirchenbauten in ganz Europa wiederzuentdecken. Merkmale sind wuchtige Türme und Rundbögen sowie Verzierungen mit Ornamenten – berühmte Beispiele sind die Dome zu Speyer, Worms und Mainz. Die Bauten werden höher, die Schrift steiler. Die Karolingische Minuskel kommt an dieser Stiländerung nicht vorbei und wandelt sich weiter bis hin zur gotischen Form.

Euro-Scheine und Architektur
Übrigens werden die Euro-Scheine mit Bauten aus sieben Epochen der europäischen Kulturgeschichte geschmückt, entworfen von Robert Kalina. Der Künstler hat zum Thema »Zeitalter und Stile in Europa« den 10-Euro-Schein auf seiner Vorderseite mit einem romanischen Bauwerk versehen.

▼ **Abbildung 1.11**
Die Klosterkirche Maria Laach ist ein Beispiel für die Bauten der Romanik; Quelle: Deutsche Baukunst, Alexander von Reitzenstein; Reclam, 1956

◀ **Abbildung 1.12**
Die Fassade der Kathedrale Notre Dame von Paris wurde im romanisch-frühgotischen Stil Frankreichs erbaut und 1250 fertig gestellt.

1200 und die hochgestreckte Gotik

Die Gotik durchbricht die Rundungen der Karolingischen Minuskel. Hochgestreckte Spitzbögen und scharfe Ecken sind typische Anzeichen für den gotischen Stil, den man in der Betonung der Vertikalen in der Schrift wiederfindet. Die Schriften lehnen sich optisch an den Stil der gotischen Kathedralen an, und es entsteht eine völlig neue Schriftform, die GOTISCH, eine Vorläuferin der gebrochenen Schriften. Gutenberg verwendet später für die 42-zeilige Bibel die TEXTURA, die aus der Gotisch erwächst. Die Weiterentwicklung der Gotisch in Form der FRAKTUR oder SCHWABACHER hat einen großen Einfluss auf die deutsche Schriftgeschichte. Die Schwabacher ist für lange Zeit die populärere Schrift, wird aber dann durch die Bibel Luthers von der Fraktur abgelöst.

Klassifizierung der Fraktur
Die Fraktur gehört in die Gruppe der gebrochenen Schriften; die Gruppe selbst wird oft fälschlicherweise Fraktur genannt. Die Gruppe der gebrochenen Schriften zeichnet sich vorwiegend durch die gebrochenen Rundungen aus.

Gotische Textura
Gothic Texture Quadrata
von Jack Kilmon

Die Alte Schwabacher

Abbildung 1.13 ▶
Die Westfassade des Doms zu Orvieto von Lorenzo Maitani da Siena (um 1275 begonnen); Quelle: Welcher Stil ist das? Busch, Reuter; Spemann Verlag, Stuttgart, 1958

Abbildung 1.14 ▶▶
Der Originalentwurf des Straßburger Münsters, um 1275; Quelle: Deutsche Baukunst, Alexander von Reitzenstein; Reclam, 1956

1.1 Schriftentwicklung

1400 und der Beginn der Renaissance

Im Zuge der Neuorientierung entdeckt man in der Renaissance die Antike wieder. Zunächst fertigen italienische Mönche zu Ehren der römischen Antike in der Frührenaissance um 1400 eine italienische Renaissance-Schrift, die HUMANISTISCHE MINUSKEL. Diese Buchschrift wird auch als ANTIQUA bezeichnet. Die entscheidenden Vorlagen bei der Bildung der Humanistischen Minuskel sind die Römische Kapitalis für das Großbuchstabenalphabet und die Karolingische Minuskel für das Kleinbuchstabenalphabet – zum ersten Mal unterscheidet man diese explizit. Neben der Minuskel entwickelt sich zudem eine Kursivschrift, die HUMANISTISCHE KURSIVE, die Niccolò Niccoli 1423 veröffentlicht. Die Gotische Schrift lebt in der RUNDGOTISCHEN SCHRIFT weiter.

Antiqua
Die Humanisten schätzten die römischen und griechischen Klassiker, die im 9. Jahrhundert mit der Karolingischen Minuskel geschrieben wurden, als sehr viel älter. Deswegen wurde die Schrift »Antiqua«, die Schrift der Alten, genannt.

20- und 50-Euro-Schein
Auf dem 20-Euro-Schein ist die Stilrichtung der Gotik wiedergegeben, während der 50-Euro-Schein dem Zeitalter der Renaissance gewidmet ist.

◀ Abbildung 1.15
Humanistische Buchkursive aus Italien, 15. Jhd. Quelle: DuMont's Handbuch Kalligraphie, Reinhard Kunze; DuMont Buchverlag, Köln, 1992

▼ Abbildung 1.16
Das Alte Schloss in Stuttgart; Quelle: Deutsche Baukunst, Alexander von Reitzenstein; Reclam, 1956

Die **Gotische Schrift** existiert in der **Rundgotischen Schrift** weiter.

Wallau Rundgotisch

1450 und Gutenberg

Johannes Gutenberg hat 1450 mit der Erfindung des mechanischen Buchdrucks den Einsatz von Schrift revolutioniert. Seine Idee besteht darin, den Text in seine Einzelteile wie Groß- und Kleinbuchstaben, Ligaturen, Satzzeichen und Abkürzungen zu zerlegen. Der Buchdruck verbreitet sich explosionsartig, Druckereien wachsen wie Pilze aus dem Boden. Die Verbreitung von Nachrichten und Wissen erhält neue Dimensionen und ist nicht mehr nur auf die kleine Gruppe der Geistlichen begrenzt. Endlich hat auch die breite Masse die Möglichkeit zur Bildung.

Die Erfindung des Buchdrucks nimmt im Folgenden nicht nur auf den Erfolg der reformatorischen Lehre Einfluss, als sie bei der Verbreitung von Martin Luthers Thesen eine Hauptrolle spielt, sondern auch auf wirtschaftliche, gesellschaftliche und nicht zuletzt politische Entwicklungen. Wissenschaftler halten die Erfindung des Buchdrucks nach der phonetischen Notation des griechischen Alphabets für den zweiten fundamentalen Entwicklungsschritt.

290 Zeichen für die Bibel
Um den kalligrafischen Duktus der Textura möglichst gut wiederzugeben, fertigte Gutenberg für seine 42-zeilige Bibel 290 verschiedene Zeichen an.

▶ **Abbildung 1.17**
Altes Testament aus dem 1. Band der Gutenberg-Bibel des Museums. Quelle: *www.gutenberg-museum.de*

1.1 Schriftentwicklung

1500, die gebrochenen Schriften und die Französische Renaissance-Antiqua

Im 16. Jahrhundert entwickeln sich speziell in Europa die gebrochenen Schriften, eine Weiterführung der Gotischen Minuskel. Zu dieser Zeit entstehen strenge Vorgaben für den Schrifteneinsatz: Die Fraktur gilt als die typisch deutsche Schrift. Sie basiert auf der TEXTUR und der ROTUNDA und wird ursprünglich im Auftrag des deutschen Kaisers Maximilian I. erstellt. Sie erlangt durch Martin Luthers Bibelübersetzung große Popularität; lateinische Texte erstellt man zu dieser Zeit in der Rotunda, und die weiter bearbeitete Antiqua taucht fast ausschließlich in humanistischen Texten auf.

Speziell in Italien entwickelt sich eine auf der Humanistischen Schrift basierende Antiqua. Nicolas Jenson und Aldus Manutius, zwei Drucker und Kalligrafen, zählen zu den Vorreitern. Eine der bekanntesten Schriften aus dieser Entwicklung ist die GARAMOND, eine französische Renaissance-Antiqua, die vom französischen Typografen und Verleger Claude Garamond stammt und um 1540 entstanden ist. Garamond gilt als Begründer der französischen Renaissance-Antiqua.

Rotunda
Die Rotunda gilt als die runde Variante der gotischen Minuskel und zählt zur Gruppe der gebrochenen Schriften.

▼ Abbildung 1.18
1514 illustriert unter anderem Albrecht Dürer das Gebetbuch für Maximilian I., das von Hans Schönsperger in Augsburg gedruckt wird.

Die gilt als die **Fraktur** typisch deutsche Schrift.

Für lateinische Texte verwendete man vorwiegend die Rotunda.

Palatino
Goudy Old Style
und Sabon sind typische Schriften aus der Gruppe der französischen Renaissance-Antiqua, die Claude Garamond maßgeblich beeinflusst hat.

1500 und die Kursive

Zur selben Zeit entwickeln sich die kursiven Schriften stark weiter. Nach den vorsichtigen Anfängen treibt Aldus Manutius die Entwicklung und Verbreitung der Kursiven voran. Als Basis dient die Humanistische Kursive von Niccolis, die mit einem konstanten Winkel von 45 Grad geschrieben wird. Manutius entwirft daraus die erste kursive Drucktype, die ausschließlich aus Kleinbuchstaben besteht; für die Versalien verwendet er einen geraden Schnitt.

Von Ludovico degli Arrighi stammt die Kursive CANCELLARESCA, eine noch feinere Kursive. Beide Schriften gelten als Basis für alle kommenden lateinischen Handschriften und verbreiten sich in Schreibstuben in ganz Europa und darüber hinaus. Während die Kursiven heute als Schriftschnitt, als Untergruppe einer Antiqua angesehen werden, gelten sie im 16. Jahrhundert noch als gleichberechtigte Schrift. Erst im folgenden Jahrhundert versucht man, einen geraden Schnitt mit einer passenden Kursiven zu ergänzen.

Übrigens steht der Begriff »kursiv« (von lat. currere »laufen«) ursprünglich nicht für schräg, sondern für die Verbindung der einzelnen Buchstaben miteinander.

Abbildung 1.19 ▼
Aldus Manutius entwickelt 1501 die erste kursive Drucktype. Das Buch wurde 1502 von Manutius gedruckt. Quelle: La Réforme de la typographie royale sous Louis XIV: le Grandjean, André Jammes, Paris, Librairie Paul Jammes, 1961, Neuauflage Facsimilé, Promodis, 1985

1.1 Schriftentwicklung

1700 und Barock und Rokoko

Um 1700 entwickelt sich durch feinere Drucktechniken und die barocke Stilrichtung das Erscheinungsbild der Schriften weiter. Ein wichtiges Merkmal des Barock sind die schwungvollen Linienführungen, die im Rokoko in Spielereien enden. So bilden sich geschwungene Schriften, weitere Kursivschriften und viele Schreibschriften. Um 1700 bis 1800 stellt Holland die Hochburg der Typografen dar, die JANSON TEXT und die FLEISCHMANN entstehen. John Baskerville, englischer Schriftentwerfer und Drucker, hat mit seiner BASKERVILLE eine elegante Barock-Antiqua geschaffen, ebenso William Caslon 1722 mit der CASLON OLD FACE.

100-Euro-Schein
Auf dem 100-Euro-Schein findet man Bauten mit barocken Merkmalen.

◀ Abbildung 1.20
Die verspielten Schriften des Rokoko findet man heute beispielsweise beim Frisör oder auch im Schmuckgewerbe.

▼ Abbildung 1.21
Frauenkirche Dresden; Quelle: Deutsche Baukunst, Alexander von Reitzenstein; Reclam, 1956

◀ Abbildung 1.22
Die Karlskirche zu Wien von Johann Bernhard Fischer von Erlach; Quelle: Welcher Stil ist das? Busch, Reuter; Spemann Verlag, Stuttgart, 1958

1800 und der Klassizismus

Bereits in der Mitte des 18. Jahrhunderts beginnt der Klassizismus mit seinem nüchternen Verstand die barocke Kultur zu verdrängen. Während des Klassizismus tritt in erster Linie der Zweck, die Ratio in den Vordergrund, und es entstehen hauptsächlich klare, strenge, kontrastreiche Schriftformen, die sich an die Formen der griechisch-römischen Antike anlehnen. Die schmückenden Initialen aus der Zeit des Rokoko findet man kaum noch, die Entwicklung geht hin zu klaren und strukturierten Texten. Firmin Didot, der Pate für den Didot-Punkt steht, schafft mit der KAISER-ANTIQUA zur Krönung von Napoleon eine typisch Klassizistische Antiqua. Nach ihm wird das typografische Maßsystem benannt, das zunächst in vielen Ländern gültig ist und für das Streben nach Klarheit und Norm steht.

Ende des 18. Jahrhunderts entwirft der »König der Typografen«, der Drucker und Stempelschneider Giambattista Bodoni, eine neuartige Schrift, die später typisch für eine Schriftklasse sein wird: die Klassizistische Antiqua BODONI. Auch die WALBAUM des Stempelschneiders Justus Erich Walbaum ist eine deutsche Variante und stammt aus dieser Zeit, die sich – im Laufe der Jahre immer wieder überarbeitet – zu einer schlichten und eleganten Klassizistischen Antiqua entwickelt. Auch eine moderne Form der Fraktur ist ein Werk von Walbaum.

Die beginnende Industrialisierung hinterlässt ihre Spuren: Die Drucktechniken sind ausgefeilter, was zu teilweise abwegigen und unleserlichen Schriften führt und stellenweise in Experimentierwut endet. Erste Ansätze für Werbung verlangen nach neuen und geeigneten Schriftgesichtern. Doch nicht nur Eintagsfliegen entstehen: 1815 taucht die erste EGYPTIENNE auf, kurze Zeit darauf die erste SERIFENLOSE GROTESK. Während Robert Thorne 1803 zum ersten Mal eine Sans Serif gezeigt haben soll, entsteht 1816 die GROTESK von William Caslon. Der Durchbruch der serifenlosen Schriften erfolgt später durch die AKZIDENZ-GROTESK.

Manuale Tipografico
Bodoni hinterlässt mit dem Handbuch der Typografie, dem »Manuale Tipografico«, eine Sammlung zahlreicher Schriftformen und -typen, die er erstellt und verlegt hat. Das Buch, das posthum 1818 von seiner Witwe veröffentlicht wurde, enthält 169 Schnitte des lateinischen Alphabets sowie griechische, hebräische und andere Schriften, außerdem viele florale Ornamente.

200-Euro-Schein
Wer in den Genuss kommt, einen 200-Euro-Schein in den Händen zu halten, kann dort Bauelemente der klassizistischen Stilrichtung entdecken.

Die Linotype Didot wird 1991 von Adrian Frutiger geschaffen. Sie orientiert sich an den Schriften, die Firmin Didot zwischen 1799 und 1811 erstellt hat.

1.1 Schriftentwicklung

Mit der **Bodoni** entsteht ein neuer Stil mit stark ausgeprägten Unterschieden von Grund- und Haarstrichen.

Die Egyptienne F – eine Variante der
Egyptienne

◄ Abbildung 1.23
Das Vestibül im Schloss zu Berlin-Tegel; Quelle: Welcher Stil ist das? Busch, Reuter; Spemann Verlag, Stuttgart, 1958.

▼ Abbildung 1.24
Konzerthaus (früher Schauspielhaus) Berlin; gebaut vom klassizistischen Architekten Karl Friedrich Schinkel 1818 bis 1821.

1880 und der Jugendstil

Zum Ende des 19. Jahrhunderts hat der Jugendstil seine Hochzeit, die bis zum Beginn des 20. Jahrhunderts anhält. Der Begriff »Jugendstil« ist von einer Münchner Kunstzeitschrift abgeleitet, die Wurzeln der Bewegung stammen aber aus England. Der englische Künstler William Morris gilt als Begründer des Jugendstils. Er mischt gotische und barocke Elemente und lässt dazu japanische und orientalische Einflüsse wirken.

Der Jugendstil umfasst nahezu alle Kunstgattungen und ist eine Mischung aus verschiedenen europäischen Strömungen. Er entstand als Protest gegen die Vereinheitlichung und Vermaßung.

Typisch sind die gewölbten Linien. Als Vorbild dienen viele Elemente aus der Natur, und zum klassischen Jugendstilelement wird so die geschwungene, pflanzliche Linie. Entsprechend leicht sind die Schriften aus dieser Stilepoche zu erkennen, deren Linienformen kräftig und geschwungen sind und in ihrer Linienstärke stark variieren.

Eine bekannte Jugenstilschrift ist die ECKMANN des Deutschen Otto Eckmann (1865–1902). Das Hauptmotiv des Malers, Grafikers und Buchkünstlers war der Schwan, der daraufhin zu einem Leitmotiv des Jugendstils wird. Ebenso bekannt und verbreitet ist die Schrift ARNOLD BÖCKLIN, die der Schweizer Künstler Böcklin entwirft.

Abbildung 1.25 ▼
Die Natur als Vorbild: Typische Kunst aus der Zeit des Jugendstils, mit zahllosen Pflanzen- und Tiermotiven

Arnold Böcklin ist einer der bedeutendsten Künstler des 19. Jahrhunderts. Der Schweizer arbeitete als Maler, Zeichner, Grafiker und Bildhauer.

1.1 Schriftentwicklung

1900, die Times und die serifenlosen Schriften

Jede Bewegung ruft eine Gegenbewegung hervor, so auch hier. Nach der strengen Zeit des Klassizismus und dem geschwungenen und häufig aufdringlichen Jugendstil findet man zurück zu typografisch anspruchsvollen Arbeiten, die besonders in den ersten Jahrzehnten des 20. Jahrhunderts zu wegweisenden Schriften verhelfen. Die Schriften BASKERVILLE und BODONI werden neu entdeckt, überarbeitet und populär, ebenso die BEMBO.

Die bekannteste Schrift aus dieser Zeit ist die TIMES, die vom englischen Typografen Stanley Morison stammt. Als eine der einflussreichsten Personen der Zeit und als typografischer Berater der Monotype Corporation und der Cambridge University Press entwickelt er im Auftrag der englischen Zeitung The Times die gleichnamige Barock-Antiqua. Im Oktober 1932 erscheint die erste Ausgabe der Zeitschrift mit der neuen Titelzeile.

Zum Jahrhundertwechsel halten auch die serifenlosen Schriften ihren Einzug. 1898 wird als das Geburtsjahr der AKZIDENZ-GROTESK beziffert, die sich aus einer Reihe serifenloser Schriften wie der ROYAL-GROTESK von Ferdinand Theinhardt heraus entwickelt. Sie gilt als Vorläuferin vieler bekannter serifenloser Schriften wie der HELVETICA und der UNIVERS. Die Berliner Schriftgießerei Berthold bringt sie auf den Markt.

33

1920 und das Bauhaus

Die 20er-Jahre haben einen weitreichenden Einfluss auf Kunst, Architektur, Grafik und Typografie des gesamten 20. Jahrhunderts in Mitteleuropa. Eine wichtige Rolle spielt dabei das von Walter Gropius gegründete Bauhaus. Hinter der Grundidee der Bauhaus-Pädagogik steht die Einheit von künstlerischer und praktischer Ausbildung; die Trennung zwischen freien Künstlern und Handwerkern soll aufgehoben werden. Unter dem Stichwort »Neue Typografie« entsteht ein Anspruch auf Modernität. Man arbeitet mit Grotesken, asymmetrisch, mit Balken und Linien, in Schwarz, Weiß und Rot. Im Lehrerkreis des Bauhauses findet man Namen wie Marcel Breuer, Karel Teige, Herbert Bayer, Kurt Schwitters und den Ungar László Moholy-Nagy, die in der Grotesk-Typografie den Fortschritt der Industriegesellschaft sehen.

Beispielhaft für diese Zeit ist aus dem Jahr 1925 die Schrift von Josef Albers, der am Bauhaus lehrt: Er reduziert sein Alphabet auf geometrische Grundformen. Jan Tschichold entwirft in München die »Neue Typografie« und plädiert für einen klaren, elementaren Funktionalismus. 1925 gibt Tschichold unter dem Namen »elementare typografie« ein Sonderheft der Zeitung »typografische mitteilungen« heraus, das ihn zum Wortführer der Avantgarde-Typografie macht. Von ihm stammen Schriften wie TRANSIT, ZEUS und die SABON, die er 1964 auf der Basis der Garamond erschafft.

◄ Abbildung 1.26
Eine Geschäftskarte von Herbert Bayer; die verwendeten Farben sind Rot und Schwarz. Quelle: typografische mitteilungen – sonderheft elementare typografie von Iwan Tschichold; Nachdruck Verlag H. Schmidt, Mainz, 1986

Die ersten beiden Grundregeln der elementaren Typografie lauten:
- »1. Die neue Typografie ist zweckbetont.«
- »2. Zweck jeder Typografie ist Mitteilung. Die Mitteilung muss in kürzester, einfachster, eindringlichster Form erscheinen.«

Paul Renner entwirft 1927 die FUTURA, die den Grundsätzen der Neuen Typografie entspricht und in den folgenden zwei bis drei Jahrzehnten die Standardschrift darstellt. Rudolf Koch gestaltet 1927 mit der KABEL eine Basis für viele der folgenden serifenlosen Schriften, deren Durchbruch kaum noch zu stoppen ist.

Parallel dazu entwickeln sich die gebrochenen Schriften. Rudolf Koch gestaltet »EINE DEUTSCHE SCHRIFT« sowie die KLINGSPOR. Die Fraktur ist ab 1933 der Inbegriff einer deutschen Schrift und wird vorwiegend verwendet. Die Nationalsozialisten setzen sie als politisches Propagandainstrument ein, und 1937 wird sogar jüdischen Verlagen verboten, eine Frakturschrift zu verwenden. Wenig bekannt ist die Tatsache, dass sich die Nationalsozialisten 1941 völlig von ihr abwenden und sie in einem Erlass als »Schwabacher Judenletter« explizit verbieten. Ab sofort müssen sämtliche Zeitungen und Schulbücher in die Antiqua-Schrift geändert werden.

Durch die Verwendung durch die Nationalsozialisten hat die Fraktur Schaden genommen, und sie löst auch heute noch bei vielen Betrachtern die gedankliche Verbindung zum Dritten Reich aus.

▼ Abbildung 1.27
1923; Einband zu Majakowsky; Dlja gólossa; Quelle: typografische mitteilungen – sonderheft elementare typografie von Iwan Tschichold; Nachdruck Verlag H. Schmidt, Mainz, 1986

Mit der Futura schafft Paul Renner 1927 eine serifenlose Schrift, die sich an den Ideen der Bauhaus-Pädagogik und der Neuen Typografie orientiert.
Die Futura entwickelt sich zu einer beliebten und zeitlosen Grotesk.

1950 und die Schweizer Typografie

In Deutschland liegt die Entwicklung der Grotesken während der Zeit der Nationalsozialisten brach, dafür gilt die Schweiz in dieser Zeit als Nabel der serifenlosen Schriften. Namhafte Typografen gebären hier die heute noch gültige »Schweizer Typografie«, die sich aufgrund der Nachwirkungen des Bauhaus-Stils besonders durch ein klares Gestaltungsraster und reduzierte, geometrische Formen auszeichnet.

In der Zeit des Wiederaufbaus setzt sich auch in Deutschland der Siegeszug der Grotesk-Schriften weiter fort, die Schweizer Hochburg der Typografie tut ihr Übriges. Viele Schriftenkünstler verewigen sich in serifenlosen Schriften, deren Basis häufig in den 20er-Jahren zu finden ist. Hier entsteht 1957 die HELVETICA von Max Miedinger, der die Schelter-Grotesk von 1880 zugrunde liegt. Die UNIVERS von Adrian Frutiger spielt ab dieser Zeit eine ebenso wichtige Rolle wie die FOLIO von Konrad F. Bauer und Walter Baum, die auf der breiten Grotesk von 1867 basiert.

Auch wenn die Streitfrage zwischen Grotesk und Antiqua nie ruht, spielt doch die serifenlose Schrift in den folgenden Jahrzehnten die Hauptrolle.

70er, 80er, 90er und die Einführung des DTP

Die Einführung des Fotosatzes und nun des Desktop-Publishings erweitert die Möglichkeiten der Schrifterstellung und Anwendung enorm. Das Berufsbild des Schriftsetzers muss sich durch die Entwicklung vom Bleisatz über den Fotosatz zum Desktop-Publishing innerhalb von wenigen Jahren mit gänzlich neuen Ansprüchen und Inhalten auseinandersetzen. Doch was zunächst mit der Einführung des DTP und PageMaker den gelernten Typografen vorbehalten ist, wird spätestens in den 90ern zu einem Massenphänomen. Aufgrund der digitalen Revolution bedarf es für die technische Erzeugung einer Schrift weder einer künstlerischen noch einer handwerklichen Ausbildung. Spätestens seit den 90er-Jahren sind Hard- und Software auch für private Geldbeutel erschwinglich und ermöglichen so nicht nur die Verwendung vieler verschiedener Schriften, sondern auch deren Erstellung.

Durch die elektronische Verzerrung ist kein Schnitt mehr vor Variationen sicher. Frei nach dem Motto »wozu einen Schnitt kaufen, wenn man ihn verzerren kann« füllen Flugblätter und Werbezettel den Briefkasten, die Typografen die Tränen in die Augen treiben.

1.1 Schriftentwicklung

abcdefghijklmnopqrstuvwxyz
ABCDEFGHIJKLMNOPQRSTUVWXYZ
1234567890 Helvetica Regular

abcdefghijklmnopqrstuvwxyz
ABCDEFGHIJKLMNOPQRSTUVWXYZ
1234567890 Univers 55 Roman

abcdefghijklmnopqrstuvwxyz
ABCDEFGHIJKLMNOPQRSTUVWXYZ
1234567890 Folio Light

▼ Abbildung 1.28
Quelle: Briefkasten Berlin, Prenzlauer Berg

◄ Abbildung 1.29
Das Haus der Kulturen der Welt in Berlin entstand 1957 und steht symbolisch für den neuen Architekturstil dieser Zeit, der die Freiheit der Gedanken widerspiegeln soll.

Doch das Ignorieren aller typografischen Regeln bringt nicht ausschließlich den Verlust von qualitativ hochwertigen typografischen Arbeiten und Schriften mit sich. Neville Brody und David Carson stehen für eine neue Stilrichtung, in der auf gekonnte Art und Weise typografische Stilregeln durchbrochen werden.

Künstler arbeiten individualistisch und experimentell und wecken Erinnerungen an den Dadaismus aus den zwanziger Jahren. Viele Klassiker werden überarbeitet und ergänzt. Ein Paradebeispiel ist Günter Gerhard Lange, der als künstlerischer Direktor der Berthold AG zahlreiche Originalschriften neu interpretiert und schafft. Es entstehen neue Schriftbibliotheken genauso wie eine Vielzahl neuer Schriftanbieter.

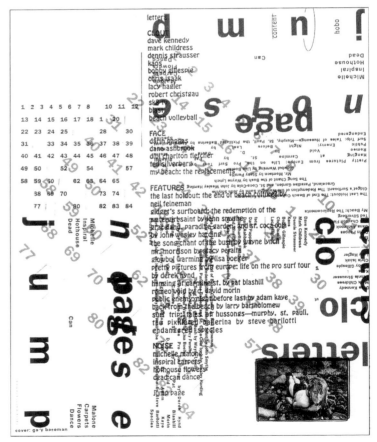

Abbildung 1.30 ▶
Inhaltsangabe von 1991; Komposition aus Zahlen, Buchstaben und Bildern von David Carson; Quelle: David Carson, The End of Print; Chronicle Books, 2000

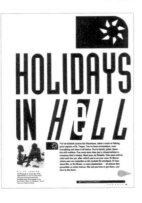

Abbildung 1.31 ▼
»Holidays in Hell«, The Face, No. 53, September 1984; Quelle: The Graphic Language of Neville Brody von Neville Brody und Jon Wozencroft; Thames and Hudson, 1994

1990 bis heute

Neben den unzähligen unbekannten Schriftdesignern der vergangenen Jahre, die wie Eintagsfliegen kaum von sich reden machten, bergen die jüngsten Jahrzehnte aber auch namhafte Typografen mit bedeutenden Schriften: Otl Aicher entwirft 1988 die Rotis; von Hermann Zapf stammen die Palatino, ITC Zapf Dingbats, die ITC Zapf Chancery, die Optima und die Zapfino; Adrian Frutiger mit der Frutiger, der Avenir, der Univers; Kurt Weidemann mit der ITC Weidemann; Werner Schneider mit der Vialog; Erik Spiekermann mit der FF Meta und der ITC Officina Sans und Serif, FF Unit und Berliner Grotesk und Lucas de Groot mit Mono, Thesis TheSans, SpiegelSans, Corpid (1997) und TheSans, die als Tagesschau-Schrift als die erste speziell für den Bildschirm entworfene Schrift gilt.

Die Aufbereitung von »alten« Schriften nimmt ebenfalls einen relativ bedeutenden Platz in der Schriftsammlung ein. So hat Jean-François Porchez die in die Jahre gekommene Sabon den heutigen technischen Möglichkeiten angepasst, um nur ein Beispiel zu nennen. Herausgekommen ist ein gelungenes Redesign der Sabon, die Sabon Next. Porchez hat unter Beibehaltung der Buchstabenformen die Grundidee Tschicholds übernommen, gleichzeitig aber die Einschränkungen, die damals für den Bleisatz und den Stempel-Handsatz wie beispielsweise die fehlende Möglichkeit der Unterschneidung herrschten, überwunden.

Durch die unterschiedlichen Überarbeitungen diverser Schrifthersteller entstehen außerdem unterschiedliche Erscheinungsbilder von einer Ausgangsschrift, in deren Namen teilweise der Schriftanbieter wie Apple, ITC oder Adobe enthalten sind.

Pixel- und Screenfonts

Durch die Verbreitung des Internets entsteht eine neue Gruppe von Schriften: die Pixel- oder Screenfonts. Diese müssen gänzlich anderen Ansprüchen genügen, da sie möglichst optimal am Monitor zu lesen sein sollen. Jahrhundertealtes Wissen um die Lesbarkeit, die Struktur und den Aufbau von gedruckten Schriften genauso wie um optimale Zeilenlänge, Raumaufteilung und Farbkombination muss neu überdacht und den neuen Ansprüchen angepasst werden.

Screendesign
Mehr zu Typografie im Internet erfahren Sie in Kapitel 5, »Typografie im Web«.

1.2 Schriftschnitt und Schriftfamilien

Bold und Fett
Durch die Vermischung der deutschen und englischen Bezeichnungen sollte man auf eventuelle Verwechslungen achten: Das englische »bold« in einem Schriftnamen steht ursprünglich für einen halbfetten Schnitt, wird aber häufig mit »fett« übersetzt.

Nach heutiger Auffassung versteht man unter Schriftschnitt eine Variationsmöglichkeit des Schriftbildes. Alle Varianten des Schriftbildes bezeichnet man als SCHRIFTFAMILIE. Manche Schriften weisen nur einen Schnitt auf, andere nur die Klassiker kursiv und fett, andere Familien wiederum bestehen aus 20 und mehr Schnitten. Dabei unterscheidet man zwischen den Schriftbreiten wie schmal, normal oder breit, den Schriftstärken wie leicht, mager, halbfett oder fett sowie der Schriftlage wie kursiv. Bei vielen Schriften taucht die Art des Schriftschnittes im Schriftnamen auf, häufig auch als englische Variante wie Futura oblique oder Helvetica Narrow. Der Begriff »normal« wird meistens weggelassen, die Variante »Book« ist häufig ein wenig schmaler als normal. Auch die KAPITÄLCHEN sind üblicherweise ein eigener Schnitt und sollten auch nur dann, wenn sie als eigener Schnitt vorliegen, verwendet werden – elektronische Kapitälchen hingegen sind lediglich in der Größe modifizierte Zeichen, die entsprechende optische Nachteile aufweisen.

Ist Italic eine Kursive?
Die Übersetzung OBLIQUE für einen kursiven Schnitt liegt auf der Hand, aber was haben die Italiener beziehungsweise was hat die Bezeichnung ITALIC mit einer Kursivschrift zu tun? Für diese Erklärung reisen wir in das Mittelalter, in dem der Ursprung der kursiven Schriften liegt. Ein italienischer Gelehrter soll zum ersten Mal bewusst den kursiven Schreibstil eingesetzt haben. Besonders beim a oder g ist deutlich zu sehen, dass der Italiener nicht nur das Papier ein wenig drehte, sondern dass die Kursive auf einem anderen Stil und einer anderen, nämlich der schnelleren Schreibweise basiert. Durch die Nachahmung anderer Gelehrter entwickelte sie sich zur Schrift der Intellektuellen und Gebildeten. Aldus Manutius, der als

Abbildung 1.32 ▼
Speziell beim Buchstaben a ist gut zu erkennen, wie sich der kursive von einem geraden Schnitt unterscheidet. Die Buchstaben sind nicht gekippt, sondern die Kursive ist ein eigenständiger Schriftschnitt.

abe *abe*

1.2 Schriftschnitt und Schriftfamilien

der »Erfinder« der kursiven Schrift gilt, zeigte den richtigen Riecher und schnitt mit Francesco Griffo aus Bologna Kursivschriften, um das Buchmaterial der Gelehrten zu drucken. Konkurrierende Druckereien kopierten daraufhin kursive Schnitte und benannten sie, um von dem Begriff kursiv wegzukommen, nach dem Schaffensort Italien von Aldus Manutius: italic.

Frutiger und seine Zahlen
Zugegeben, die Gliederung der Schnitte in fett, halbfett oder dreiviertelfett ist nicht besonders übersichtlich und fordert bei 20 oder mehr Schnitten einer Schrift einen scharfen Verstand. Adrian Frutiger hat sich deshalb ein eigenes Zahlensystem ausgedacht, das er bei seiner Univers einsetzte. Jeder Schriftschnitt erhält eine zweistellige Zahl. Die Zehnerstelle bestimmt dabei die Schriftstärke und ist eine Ziffer zwischen 3 (leicht) und 8 (fett); die zweite Zahl, die Einerstelle, beinhaltet die Angaben zur Weite und zur Schriftlage. Eine niedrigere Zahl steht für einen breiten Schnitt, eine höhere Zahl für einen schmalen Schriftschnitt. Eine gerade Zahl bezeichnet einen kursiven Schnitt, eine ungerade Zahl steht für die normale Schriftlage.

Das Prinzip der Nummerierung wird von Frutiger auch auf seine Schrift Frutiger sowie auf die Neue Helvetica angewendet.

▼ Abbildung 1.33
Frutiger hat seine Univers nach einem Zahlensystem aufgeschlüsselt, das aber nur von wenigen anderen aufgenommen und weiterverwendet wurde.

	3	4	5	6	7	8
40			u45	u46	u47	u48
50	u53	u54	u55	u56	u57	u58
60	u63		u65	u66	u67	u68
70	u73	u74	u75	u76		
80			u85	u86		
90	u93	u53				

MultipleMaster

Wenn das Zahlensystem von Frutiger nicht angenommen wurde, was bedeutet dann beispielsweise der kryptische Name MyriaMM_ 215 LT 300 CN? Hierbei handelt es sich um eine MultipleMaster-Schrift, und für die Aufschlüsselung der Namenskonvention hilft es, das Prinzip dieses Schriftsystems zu verstehen.

Die MultipleMaster-Technologie beinhaltet zwei oder mehr Outlines, die Master genannt werden und eine oder mehr Designachsen beschreiben. Auf der Designachse liegen dynamische Werte eines typografischen Parameters wie Stärke oder Breite, an den Enden der Achse liegen die gegensätzlichen Attribute wie leicht und fett, wie schmal und breit. Solange die Bézierpunkte eine sinnvolle Interpolation zulassen, entstehen durch Interpolation der Masterdesigns die Schnitte. Somit weist beispielsweise die erste von Adobe entwickelte MultipleMaster-Schrift Myriad zwei Achsen auf: eine Stärkeachse, auf der von light nach black gearbeitet wird, sowie eine Breitenachse, auf der condensed bis expanded angeboten wird.

Bei den vier Masterdesigns handelt es sich um light condensed, black condensed, light expanded und black expanded. Alle Stadien dazwischen kann der Benutzer festlegen, sofern die Software dies unterstützt beziehungsweise auf vordefinierte Zwischenschritte zurückgreift. Auch multiple Achsen sind möglich, jedoch verdoppelt jede zusätzliche Achse die Anzahl der benötigten Masterschnitte.

Abbildung 1.34 ▼
Die erste Zahlenspalte beschreibt die Strichstärke, die zweite Spalte die Breite. So steht 215 LT für ein geringes Gewicht (niedrige Zahl sowie die Abkürzung LT für Light); 300 CN lässt die Breite erkennen: Die niedrige Zahl sowie die Abkürzung CN (condensed) stehen für eine schmale Schrift. Die Abkürzung RG bedeutet regular, SB steht für semibold und SE steht für semi-extended.

Myriad 215LT 300 CN

[…]
215 LT   700 SE
400 RG   300 CN
400 RG   700 SE
565 SB   700 SE
[…]

Myriad 830 BL 700 NO

So bedeutet beispielsweise der Name MyriaMM_215 LT 300 CN, dass es sich um eine MultipleMaster-Schrift Myriad mit zwei Designachsen, nämlich Stärke und Breite handelt. Diese Variante weist eine geringe Strichstärke (LT für Light) und eine schmale Breite (CN für condensed) auf.

Schrift als Gebrauchsinstrument
Die beiden Begriffe SCHRIFTFAMILIE und SCHRIFTSCHNITT existieren noch nicht lange in der Geschichte der Schrift. Der Grund dafür liegt allerdings nicht in einer Umbenennung der Begrifflichkeiten, sondern in der Tatsache, dass verschiedene Schnitte einer Schrift bis vor 150 Jahren weder nötig noch üblich waren. Schriften dienten früher nicht als Handelsware so wie heute – man erschuf einzig und allein deswegen eine Schrift, weil man sie für ein Projekt oder eine Auftragsarbeit benötigte.

Claude Garamond, Aldus Manutius oder John Baskerville, die zwar als Schriftenschneider, aber auch als Drucker und Verleger arbeiteten, sie alle erschufen Schriften für den eigenen Einsatz. Mitunter entstanden auch Schriften als eine Art Auftragsarbeit wie beispielsweise die Grecs du Roi von Claude Garamond, die für einen königlichen Ratgeber entstand.

Ein anderes Beispiel stellt Gutenberg mit seiner zweispaltig gesetzten 42-zeiligen Bibel dar, für die er eigens die Schrift Textura entwickelte. Das Erstellen und Kategorisieren von Schriften und Familien sollte erst viel später geschehen, gab es doch zu dieser Zeit noch keinen Anlass dafür, da die Menge an Schriften und Größen überschaubar war.

Schriftenwelle in der Industrialisierung
Etwa zu Zeiten Giambattista Bodonis, im 18. Jahrhundert, begann das Schriftschneiden zu einem Selbstläufer zu werden. Doch auch hier verhinderten die Handarbeit, die noch für jede Schrift Voraussetzung war, sowie die noch beschränkten Handelswege, dass Schriften als Massenware erstellt und verkauft wurden.

Der eigentliche Startschuss fällt erst mit der beginnenden Industrialisierung im 19. Jahrhundert. Durch die Entwicklung des Wirtschaftssystems wird die Schrift als Ware gesehen, und Schriftmengen überschwemmen die Landschaft. Abgesehen von verschiedensten Variationen eines Schriftbildes entstanden zu dieser Zeit Unmengen von unzulässigen Kopien, was den Schriftgießereien ein Dorn im Auge war.

Garnitur
Als Schriftgarnitur werden sämtliche Schriftgrade eines Schriftschnitts bezeichnet. Die SCHRIFTSIPPE bezeichnet eine Gruppe von Schriften, die eine einheitliche Basis, also die gleichen grafischen Merkmale aufweist und Varianten mit und ohne Serifen enthält. Ein Beispiel dafür ist die Officina, die aus der Officina Sans und der Officina Serif besteht.

Schriftmischung
Mehr Informationen zur Schriftmischung finden Sie in Kapitel 4, »Anforderung und Wirkung«.

Abbildung 1.35 ▼
Bei falschen Kapitälchen zeigt sich ein deutlicher Unterschied in den Strichstärken.

Abhilfe sollte die American Type Founders schaffen, ein Zusammenschluss von Schriftgießereien, die 1892 gegründet wurde. Die ATF sollte nicht nur Ordnung ins Schriftenchaos bringen, sondern das finanzielle Fiasko stoppen, das den Schriftgießereien drohte und aufgrund der zahllosen Nachahmungen näher rückte. Eine tragende Rolle dabei spielte Morris Fuller Benton, der mit seinem Vater im ATF leitende Positionen innehatte. Er selbst überarbeitete unzählige Klassiker, räumte aber gleichzeitig mit unbekannten Kopien und Nachahmungen auf und entwickelte Sortierungssysteme. Aus dieser Notwendigkeit heraus entstand die Idee der Schriftfamilie.

Experten
Besteht eine Familie aus dem normalen Schnitt, dem kursiven, dem halbfetten, dem fetten Schnitt und einer Kapitälchenvariante, bezeichnet man die Familie auch als Expertensatz. Die Arbeit mit einem Expertensatz erleichtert das Mischen von Schriften: Grundsätzlich können sämtliche Schriftschnitte innerhalb einer Familie ohne Bedenken gemischt werden. Aber auch diese Regel wird von der Ausnahme bestätigt: So sollte man Schnitte, die sich sehr ähnlich sind, nicht miteinander kombinieren: Die Book-Variante sollte nicht neben dem normalen Schnitt stehen, und einen Light-Schnitt sollte man nicht unbedingt mit der Ultralight kombinieren.

Kapitälchen
Eine beliebte und elegante Auszeichnung innerhalb einer Schriftfamilie gelingt mit den Kapitälchen. Dabei handelt es sich um einen eigenen Schriftschnitt ähnlich wie bei einer Kursiven oder einer fetten Schrift. Bei den Kapitälchen werden alle Zeichen mit der Buchstabenform von Versalien gesetzt. Die eigentlichen Versalbuchstaben sind unverändert, die Größe für die Gemeinen ist entsprechend kleiner und reicht von der Grundlinie zur Oberkante der Gemeinen.

Der Grundstrich ist bei allen Zeichen gleich und insgesamt etwas kräftiger als bei normalen Versalien.

An der Ausgeglichenheit der Grundstriche lässt sich auch schnell feststellen, ob es sich um eine echte Kapitälchenschrift, also einen eigenen Schnitt, oder um eine »Fälschung« handelt: Viele Anwendungsprogramme wie QuarkXPress und Adobe InDesign weisen die Möglichkeit auf, mit einem normalen Schnitt in Kapitälchen zu setzen. Dabei ändert die Software den Text zu Versalsatz und skaliert dann die Gemeinen, also die Kleinbuchstaben auf eine kleinere Schriftgröße. Der Unterschied ist somit leicht zu erkennen: Bei der elektronischen Kapitälchenschrift weisen die kleinen Versalien eine entsprechend dünnere Strichstärke auf als die großen Anfangsversalien, da ja eine unterschiedliche Schriftgröße verwendet wird. Das Schriftbild wirkt somit weniger ausgeglichen und harmonisch.

Schriftschnitt
Vorsicht bei einer Diskussion mit einem »alten« Setzer: Noch im Bleisatz stand die Bezeichnung Schnitt für einen Satz von Zeichen in gleichem Stil und gleicher Größe, also für ein komplettes Schriftenset.

Falsche Kapitälchen – ein Kapitalverbrechen?
Auch wenn mittlerweile in durchaus eleganten Werbekampagnen falsche Kapitälchen verwendet werden, sollte man sich das nicht zum Vorbild nehmen. Auch wenn es sicherlich Dinge gibt, die größere typografische Schmerzen bereiten als die Verwendung von falschen Kapitälchen – wie zum Beispiel der Einsatz einer elektronisch kursivierten Schrift –, an die Eleganz einer echten Kapitälchenschrift wird eine elektronische nie heranreichen.

FALSCHE KAPITÄLCHEN

KAPIT

ECHTE KAPITÄLCHEN

KAPIT

1.3 Schriftklassifikation

Alle Klassifikationen weisen, betrachtet man die Schriftentwicklung der zurückliegenden Jahrhunderte, Parallelen zur historischen Schriftgeschichte auf, auch wenn die ursprüngliche Intention und das Hauptmerkmal einer Klasse durch den Stil und nicht durch die Zeit ihrer Entstehung definiert werden.

Warum überhaupt Klassen?
Klassen dienen dem Zuordnen von Schriften, der Pflege und helfen unter anderem beim Kombinieren von Schriften. Ohne an dieser Stelle zu viel aus Kapitel 4 vorwegzunehmen, sollte man es zum Beispiel tunlichst vermeiden, Schriften aus der Klasse der Renaissance-Antiqua mit Schriften aus der Barock-Antiqua zu mischen.

Schriftklassifikation nach DIN
Immer wieder versucht man, für alle Fälle gültige Klassifikationen und Methoden zu entwickeln, um Schriften zu gruppieren und zu klassifizieren. Die Schriftklassifikation nach DIN 16518 existiert seit 1964 und wurde vom Deutschen Institut für Normung e.V. für den materiellen Schriftsatz festgelegt und von Schriftkünstlern entwickelt. Dabei unterscheidet man elf Stilrichtungen. Diese Norm ist aber immer wieder auf Kritik gestoßen, da die Gliederung aufgrund der technischen Weiterentwicklung und den dazugehörigen Möglichkeiten in der Zeit des digitalen Satzes überholt ist. Doch trotz aller Kritik und einer neuen DIN-Norm von 1998 wird die alte Klassifikation nach wie vor eingesetzt und auch noch unterrichtet.

Auf den folgenden Seiten wird die Klassifikation nach DIN 16518 von 1964 vorgestellt.

Abbildung 1.36 ▶
Ordnung ist das halbe Leben. Schriftklassen helfen bei der Beschreibung, Sortierung und auch bei der Mischung von Schriften.

1. Klasse: Venezianische Renaissance-Antiqua
(15.–17. Jahrhundert)

Die venezianische Form wurde Ende des 15. Jahrhunderts aus der humanistischen Minuskel entwickelt. Die Strichstärke ist dünn, die Unterschiede in der Strichstärke sind sehr gering. Der Übergang zu den Serifen ist abgerundet, und die Achse der Buchstaben ist schräg, was beim e, aber auch bei allen anderen Buchstaben mit einer Rundung wie dem d oder dem b erkennbar ist. Auch beim o sieht man deutlich eine schräge Achse. Die Oberlängen der Kleinbuchstaben ragen über die Großbuchstaben hinaus.

Die meisten Schriften aus der Gruppe der Renaissance-Antiqua sind sehr gut lesbar und weisen ein klares, harmonisches Schriftbild auf.

- **Merkmale** der Venezianischen Renaissance-Antiqua im Überblick:
  - abgerundete Serifen ❶
  - schräger Dachansatz der Serifen ❷
  - schräge Achsen ❸
  - schräger Querstrich im e ❹
  - geringe Strichstärkenunterschiede ❺
  - Oberlängen der Kleinbuchstaben überragen die Versalien
- **Beispiele:** Schneidler Stempel, Centaur, Berkeley Old Style

VENEZIANISCHE RENAISSANCE ANTIQUA

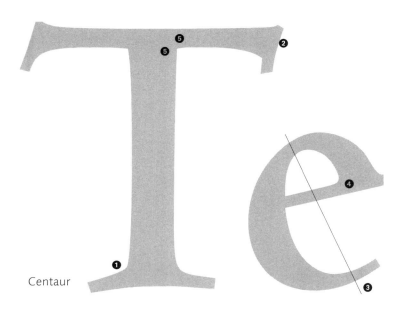

Centaur

FRAN
ZÖ
SISCHE
RE
NAIS
SAN
CE
AN
TI
QUA

2. Klasse: Französische Renaissance-Antiqua (Mediäval)
Claude Garamond gilt als Entwickler dieser Schrift Mitte des 15. Jahrhunderts. Basis der Französischen Renaissance-Antiqua ist die humanistische Minuskel. Die Capitalis Quadrata steht für die Großbuchstaben Pate, die Kleinbuchstaben beruhen auf der Karolingischen Minuskel. Bei der französischen Variante weichen die Eigenheiten der Renaissance-Antiqua bereits etwas auf: Die Achsen bewegen sich Richtung Senkrechte, die Serifenübergänge werden kantiger und die Strichstärkenunterschiede etwas deutlicher.

▶ **Merkmale** der Französischen Renaissance-Antiqua im Überblick:
  ▶ gerundete Serifen ❶
  ▶ schräge Achsen ❷
  ▶ gerader Querstrich im e ❸
  ▶ etwas deutlichere Strichstärkenunterschiede ❹
  ▶ Oberlängen der Kleinbuchstaben überragen die Versalien ❺

▶ **Beispiele:** Eine der wohl bekanntesten Schriften aus dieser Gruppe ist die Garamond, aber auch Bembo, die Goudy Old Style, Palatino, Sabon oder die Trump-Mediaeval sind Beispiele für klassische Schriften der Renaissance-Antiqua.

Garamond

Die Palatino mit einem Zitat von Erik Spiekermann
»**Schrift ist sichtbare Sprache.**«

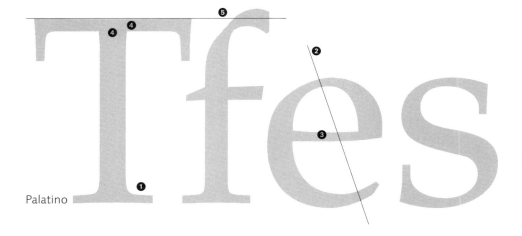

Palatino

1.3 Schriftklassifikation

3. Klasse: Barock-Antiqua

Die Barock-Antiqua wird auch Übergangsantiqua genannt und stand unter dem Einfluss der Kupferstecherschriften. Die Schriften der barocken Zeit entstanden vorwiegend im 17. und 18. Jahrhundert. Die Unterschiede in der Strichstärke sind ausgeprägter, die Achse teilweise nach links geneigt. Das Schriftbild ist offener und die Mittellängen sind erheblich größer als die Oberlängen. Die Querstriche sind waagerecht. Die Serifenachsen sind oben meist schräg, unten waagerecht angesetzt. In Holland entstanden zu der Zeit die Janson Text und die Fleischmann.

▶ **Merkmale** der Barock-Antiqua im Überblick:
   ▶ leicht abgerundete Serifen ❻
   ▶ fast senkrechte Achsen ❼
   ▶ größere Strichstärkenunterschiede ❽
▶ **Beispiele:** John Baskerville, englischer Schriftentwerfer und Drucker, hat mit seiner Baskerville eine elegante Barock-Antiqua geschaffen, und William Caslon hat 1722 mit der Caslon Old Face ebenfalls die Gruppe erweitert. Die bekannteste Schrift aus der Klasse der Barock-Antiqua ist aber wahrscheinlich die Times.

»Eine Zeit, die das Gedächtnis
für die Dinge, die ihr Leben formen,
verloren hat, weiß nicht, was sie will.«

Die Times mit einem Zitat von Siegfried Giedeon, 1948

KLAS
SI
ZIS
TI
SCHE
AN
TI
QUA

4. Klasse: Klassizistische Antiqua
(18.–19. Jahrhundert)
Wer die Bodoni identifizieren kann, hat einen der bekanntesten Stellvertreter aus dieser Gruppe bereits erkannt. Die Entstehung dieser Gruppe, die von Bodoni und Didot geprägt ist, war um 1800. Typisch für die Klassizistische Antiqua sind – angelehnt an die Bauweise des Klassizismus – klare, streng wirkende Schriften. Erreicht wird das unter anderem durch die gerade angesetzten Serifen, die sehr eckig wirken. Die Endungen sind waagerecht, bei den kursiven Schnitten sind sie gerundet. Die Achsen verlaufen senkrecht, und passend zum kontrastreichen Klassizismus ist der Unterschied in den Strichstärken deutlich ausgeprägt.

- **Merkmale** der Klassizistischen Antiqua im Überblick:
  - waagerechte Serifen ohne Rundungen ❶
  - senkrechte Achse ❷
  - starker Unterschied in den Strichstärken ❸
  - Oberlängen der Kleinbuchstaben und Versalhöhen sind gleich groß ❹
- **Beispiele:** Bauer Bodoni, Walbaum, Didot, New Century Schoolbook, Centennial

5. Klasse: Serifenbetonte Linear-Antiqua

Die Gruppe der Serifenbetonten Linear-Antiqua ist zu Beginn des 19. Jahrhunderts entstanden und hat aufgrund des Ägypten-Trends, der durch Napoleon aufkam, den Namen Egyptienne erhalten. Aufgrund sehr unterschiedlicher Merkmale teilt man die Gruppe in drei Untergruppen:

▸ **Die Egyptienne**
Typisch für diese wohl bekannteste Untergruppe sind die eckigen Übergänge zu den Serifen. Schriften wie die American Typewriter, die Lubalin Graph, die Memphis oder die Rockwell zählen hierzu.

▸ **Die Clarendon**
Bei dieser Untergruppe sind die Übergänge zu den Serifen abgerundet. Schriftbeispiele sind die Clarendon oder die Impressum.

▸ **Die Italienne**
In dieser Untergruppe sind die Serifen dicker als der Grundstrich der Schrift, die Achsen der Rundungen sind senkrecht und die Anstriche waagerecht. Beispiele aus dieser Gruppe sind die Pro Arte und die Figaro.

Memphis Medium
Betonte

Rockwell

Serifen

SERIFENBETONTE LINEAR-ANTIQUA

SERIFENLOSE LINEAR ANTIQUA

6. Klasse: Serifenlose Linear-Antiqua

Die Schriften der Serifenlosen Linear-Antiqua zeichnen sich natürlich durch das Fehlen der Serifen aus. Außerdem weisen sie eine optisch gleichmäßige Strichstärke auf. Anfang des 19. Jahrhunderts tauchte die erste serifenlose Schrift auf; 1816 ist als Geburtsjahr der ersten Grotesk von William Caslon angegeben. Mit der Akzidenz-Grotesk, die 1898 entsteht, gelingt den serifenlosen Schriften der endgültige Durchbruch. Da die ersten dieser Schriften im 19. Jahrhundert den Menschen als grotesk erschienen, wird auch heute noch eine serifenlose Schrift als Grotesk bezeichnet.

▸ **Merkmale** der Serifenlosen Linear-Antiqua im Überblick:
  ▸ keine Serifen ❶
  ▸ senkrechte Achsen ❷
  ▸ Oberlängen der Kleinbuchstaben und Versalhöhen sind oft gleich groß ❸
  ▸ optisch gleiche Strichstärke ❹
▸ **Beispiele:** Zu den bekanntesten serifenlosen Linear-Antiqua zählen Helvetica, Gill, Futura, Akzidenz-Grotesk, Univers, Avant Garde, Gothic, Kabel, Frutiger, Rotis Sans, Stone Sans.

Akzidenz-Grotesk

Antique Olive

Futura

Helvetica

Gill

1.3 Schriftklassifikation

7. Klasse: Antiqua-Varianten
Diese Klasse besteht aus Schriften, die sich zwar an die Antiqua anlehnen, aber grundsätzlich nicht in die anderen Klassen einsortiert werden können. Es sind Druck- und Bildschirmschriften mit und ohne Serifen. Häufig haben wir es mit dekorativen Schriften zu tun wie den Schriften aus der Jugendstilzeit, Arnold Böcklin oder Eckmann, aber auch die Optima von Hermann Zapf und die Rotis von Otl Aicher gehören in diese Klasse.

- **Merkmale** der Antiqua-Varianten:
  Sie können nicht in die Klassen 1 bis 6 einsortiert werden und weisen weder den Charakter der geschriebenen Antiqua noch den von Schreibschriften oder handschriftlichen Antiqua auf.
- **Beispiele:** Arnold Böcklin, Rotis Semiserif, Mambo Bold, Moonbase Alpha, Revue, Blur, Souvenir, Eckmann, Broadway

»Die Forderung des Inhalts
an die Typografie ist,
dass der Zweck betont wird,
zu dem der Inhalt
gedruckt werden soll.«
Die Optima mit einem Zitat von Kurt Schwitters

Eine Frage
des Stils
Arnold Böcklin

8. Klasse: Schreibschriften

Als Vorlage für die Schreibschriften dienten Handschriften, die mit der Feder gezeichnet wurden. Sie haben häufig einen Wechselstrich sowie auffällige, geschwungene Anfangsbuchstaben und sollten deswegen eher als Auszeichnungsschrift denn als Leseschrift verwendet werden. Zwischen den Kleinbuchstaben findet man oft kleine Verbindungsstriche, als wäre der Text in einem Stück geschrieben.

- **Merkmale** der Schreibschriften im Überblick
  - Feder- oder Pinselcharakter
  - Wechselstrich
  - geschwungene Anfangsbuchstaben
- **Beispiele:** Die bekanntesten Schreibschriften sind die Zapfino von Hermann Zapf, die englische Schreibschrift, die Künstlerschreibschrift, die Berthold-Script, die Poetic und die Lino-Script.

9. Klasse: Handschriftliche Antiqua

Während die Schreibschriften einen gleichmäßigeren Stil haben, zeichnen sich die Schriften dieser Gruppe durch eher unregelmäßige, handschriftliche und auch originelle Merkmale aus. Teilweise ähneln sich die Schriften der Klasse 8 und 9 sehr, sodass eine Einteilung oft nicht problemlos möglich ist.

- **Merkmale** der Handschriftlichen Antiqua im Überblick:
  - handschriftlicher Charakter
  - Wechselstrich
  - geschwungene Anfangsbuchstaben
- **Beispiele:** Beispielschriften für die Gruppe der Handschriftlichen Antiqua sind die Mistral, die Tekton und die Vivaldi, weiterhin die Kaufmann, die Delphi und die Pepita. Die Mistral beispielsweise wird abhängig vom Typografen teilweise in die Klasse der Schreibschriften, teilweise in die Klasse der Handschriftlichen Antiqua eingeteilt. Aufgrund ihres handschriftlichen Charakters plädiere ich eindeutig dafür, sie in die Klasse der Handschriftlichen Antiqua einzusortieren.

Abbildung 1.37 ▶ Schreibschriften und Handschriftliche Antiqua werden häufig im Kunst- und Schmuckbereich verwendet, in dem noch handwerklich gearbeitet wird.

1.3 Schriftklassifikation

Zapfino

LinoScript

Kuenstler Script

&

Kaufmann

Pepita

Mistral

Tekton

1 Die Geschichte der Schrift

Gebrochene Schriften

10. Klasse: Gebrochene Schriften

Während schon Gutenberg mit der Gotisch einen Vorläufer der gebrochenen Schriften entwickelt, entstehen im 14. Jahrhundert durch die Weiterführung der Gotischen Minuskel die gebrochenen Schriften, die ihren Namen aufgrund ihrer gebrochenen Rundungen erhalten. Die häufige Verwendung findet im 20. Jahrhundert ihr Ende. Wenn auch zeitlich begrenzt, werden sie von den Nationalsozialisten als Propagandamittel verwendet und erhalten so den Makel den sie bis heute tragen. Umgangssprachlich wird die Gruppe der Gebrochenen Schriften auch als Gruppe der deutschen Schriften oder als Fraktur bezeichnet; Letzte ist jedoch nur eine Untergruppe der Klasse 10.

- **Gotisch**
  In dieser Gruppe sind die runden Kleinbuchstaben gebrochen, die Schriften wirken eher streng. Als Beispiel sei die Fette Gotisch und die Wilhelm-Klingspor-Gotisch genannt.

- **Rundgotisch**
  Die rundgotische Schrift basiert auf der Rotunda, weshalb die Gruppe auch als Rotunda bezeichnet wird, und ist die runde Form der Gotischen Minuskel. Schriften aus dieser Gruppe entstehen hauptsächlich im 14. Jahrhundert in Italien. Die Kleinbuchstaben sind kaum gebrochen, die Schrift wird runder und weniger streng als die Gotisch. Beispielschriften sind die Linotext, die Wallau von Rudolf Koch, die Weiß-Rundgotisch, die Duc de Berry und die Clairvaux.

▶ **Schwabacher**
Die dritte Untergruppe der gebrochenen Schriften stammt aus Süddeutschland. Die Buchstaben sind noch runder, weiter und offener und wirken breit – typisch ist das kleine »o«, das einen deutlichen Unterschied zur Gotisch und Rundgotisch aufzeigt. Für die Lutherbibel wurde häufig eine Schwabacher verwendet. Zu der Gruppe der Schwabacher zählen die Renata und die Alte Schwabacher.

▶ **Fraktur**
Die Frakturschriften verdrängten im 16. Jahrhundert die weit verbreiteten Schwabacher Schriften und wurden dann zu den meist verwendeten Druckschriften. Die Frakturschriften wirken eleganter und schlanker als die Schwabacher und die Rotunda. Zu den Schriften zählen die Fette Fraktur, die Neue Fraktur und die Walbaum-Fraktur.

▶ **Fraktur-Varianten**
Diese Gruppe enthält schlussendlich sämtliche Varianten der gebrochenen Schriften, die sich nicht in die vier anderen Untergruppen einsortieren lassen.

Fraktur

▼ Abbildung 1.38
Gebrochene Schriften findet man immer wieder; besonders häufig bei Tageszeitungen oder in Verbindung mit deutschem Gut wie der »deutschen Küche«.

11. Klasse: Fremdsprachliche Schriften

Der Vollständigkeit halber sei hier noch die letzte Gruppe der DIN 16518 erwähnt: die Gruppe der fremdsprachlichen Schriften. In diese Gruppe gehören all die Schriften, die nicht auf unserem lateinischen Schriftsystem basieren, wie kyrillische, japanische oder arabische Schriften.

1.4 DIN 16518 von 1998

1998 wurde die DIN-Norm 16518 überarbeitet und ein neuer Entwurf geschaffen. Danach werden die Schriften in fünf Gruppen eingeteilt. Die Klassifikation besteht aus zwei Grundelementen:
- die horizontale Einteilung nach formalen Merkmalen sowie
- die vertikale Einteilung nach differenzierten stilistischen Merkmalen.

Diese Unterteilung gilt immer noch als Entwurf. Letztlich gibt es bezüglich der »korrekten« Klassifikation keine allgemeingültigen Aussagen, und auch in der Lehre findet man genauso viele Dozenten, die nach der alten Klasse unterrichten wie solche, die dem neuen Entwurf folgen.

Tabelle 1.1
Klassifikation der Schriften nach DIN 16518 von 1998

Gruppe 1 Gebrochene Schriften	Gruppe 2 Römische Serifenschriften	Gruppe 3 Lineare Schriften	Gruppe 4 Serifenbetonte Schriften	Gruppe 5 Geschriebene Schriften
1.1 Gotisch	2.1 Renaissance-Antiqua	3.1 Grotesk	4.1 Egyptienne	5.1 Flachfederschrift
1.2 Rundgotische	2.2 Barock-Antiqua	3.2 Anglo-Grotesk	4.2 Clarendon	5.2 Spitzfederschrift
1.3 Schwabacher	2.3 Klassizismus-Antiqua	3.3 Konstruierte Grotesk	4.3 Italienne	5.3 Rundfederschrift
1.4 Fraktur	2.4 Varianten	3.4 Geschriebene Grotesk	4.4 Fraktur	5.4 Pinselschrift
1.5 Varianten	2.5 Dekorative	3.5 Varianten	4.5 Varianten	5.5 Varianten
1.6 Dekorative		3.6 Dekorative	4.6 Dekorative	5.6 Dekorative

Mit dem Wissen um die alte Klassifikation lässt sich aber problemlos mit dem neuen Entwurf arbeiten, da es sich um eine Reduzierung des Ursprungsentwurfs auf fünf Gruppen handelt. Deswegen wird hier auch nicht näher auf die neue Klassifikation eingegangen.

1.5 Beinert-Matrix

Eine weitere Einteilung ist die Beinert-Matrix für das Electronic Publishing. Im Jahre 2001 hat der deutsche Typograf Wolfgang Beinert eine Abwandlung der DIN-Norm für die digitalen westeuropäischen Schriften herausgebracht, die er 2005 aktualisierte. Dabei unterscheidet Beinert neun Gruppen:
1. Antiqua (Druckschriften mit Serifen)
2. Egyptienne (Druckschriften mit betonten Serifen)
3. Grotesk (Druckschriften ohne Serifen)
4. Corporate Typography (Schriftsysteme, CD-Schriften, DIN, ISO und OCR)
5. Zierschriften (Decorative, Display, Schreibmaschinen- und Schreibschriften)
6. Bildschirmschriften (Pixel- und World-Wide-Web-Fonts)
7. Gebrochene Schriften
8. Nichtrömische Schriften
9. Bildzeichen (Piktogramme, Ornamente, Zierrat, Logos usw.)

Alle Gruppen weisen noch Unter- und Nebengruppen auf. Ein Klassifikationsbeispiel nach Beinert lautet:
- Schriftgattung: Antiqua
- Hauptgruppe: Antiqua
- Untergruppe [Schriftart]: Klassizistische Antiqua
- Nebengruppe: Bodoni-Varianten
- Schriftbezeichnung: Bauer Bodoni®
- Schriftstil: Kursiv
- Figurenverzeichnis: Mitteleuropa (nach ISO), Mac
- Bibliothek: Linotype® Library 1996
- Technik: PostScript 1
- Schriftgestalter: Giambattista Bodoni (1790)
- Quelle: Fundicion Tipografica Neufville, S.A. 1926
- Überarbeitet: Jost, Heinrich 1926/1927 und Höll, Lois
- Distributor: Linotype-Hell AG®, Adobe Systems Incorporated®

1.6 Schriftkünstler

Otl Aicher
Typograf und Autor (1922–1991)
Bekannte Schriften: Traffic und Rotis

Otl Aicher absolviert 1946 das Studium der Bildhauerei an der Akademie der Bildenden Künste in München; 1947 gründet er ein grafisches Atelier in Ulm und wirkt ab 1967 auch in München. Er fungiert als Gründungsmitglied der Hochschule für Gestaltung in Ulm und als Dozent in der Abteilung für visuelle Kommunikation. Von 1967–72 ist er als Gestaltungsbeauftragter der Olympischen Spiele in München tätig und entwickelt unter anderem ein international gebräuchliches System von Piktogrammen. Aicher lebt ab 1972 in der Stadt Rotis im Allgäu, die Namensgeber für seine Schrift Rotis wird.

Mit der Rotis will Otl Aicher eine Gebrauchsschrift schaffen, deren einzelne Buchstaben weniger maßgeblich sind als das Zusammenspiel – ein Versuch, die Vorteile der Grotesken mit den Vorteilen der Serifenschriften zu vereinen. Die Rotis entsteht in vier Varianten:
1. Die Rotis Serif (Rotis Antiqua) verfügt über Serifen.
2. Bei der Rotis Semi Serif (Rotis Semi-Antiqua) sind die Serifen leicht angedeutet.
3. Die Rotis Sans Serif (Rotis Grotesk) hat keine Serifen.
4. Die Rotis Semi Sans (Rotis Semi Grotesk) hat keinen Serifen, aber Kontraste in den Strichstärken.

Der Befürworter der serifenlosen Schriften sagt: »Typografie ist nichts anderes als die Kunst, jeweils herauszufinden, was das Auge mag, und Informationen so schmackhaft anzubieten, dass es ihnen nicht widerstehen kann.«

Abbildung 1.39 ▲
Otl Aicher; Quelle: Ein Typografisches Handbuch, Martin Binder

Rotis Serif 55
Rotis Serif 56 Italic
Rotis 65 Bold
Rotis Semi Serif 55
Rotis Semi Serif 65 Bold
Rotis Sans Serif 45 Light
Rotis Sans Serif 46 Light Italic
Rotis Sans Serif 55
Rotis Sans Serif 56 Italic
Rotis 65 Bold
Rotis 75 Extra Bold
Rotis Semi Sans 45 Light
Rotis Semi Sans 46 Light Italic
Rotis Semi Sans 55
Rotis Semi Sans 56 Italic
Rotis Semi Sans 65 Bold
Rotis 75 Extra Bold

Neville Brody

Grafikdesigner, Typograf (geboren 1957 in London)
Bekannte Schriften: Arcadia, Industria, Isignia, Blur, Pop, Gothic, Harlem

Brody startet mit einem Kunststudium, sattelt dann aber zum Grafikdesign um und arbeitet zunächst bei einem freien Plattenlabel als Art Director. Inspiriert durch die Punkerszene in London versucht Brody, die Problematik der Industrialisierung und der Konformität der modernen Kommunikation und des heutigen Arbeitsalltags herauszuarbeiten.

In den 80er-Jahren prägt er das Lifestyle-Magazin »The Face«, danach arbeitet er für das englische Magazin Arena. In seinen Werken arbeitet Brody häufig mit Rätseln, die er durch hervorgehobene Texte und Kontraste herausarbeitet. Besonders mit dem Durchbrechen sämtlicher typografischer Regeln bis hin zur Unleserlichkeit macht Brody von sich reden. Er gilt als einer der ersten Designer und Typografen, die den Macintosh konsequent als Arbeitsmittel einsetzen. Mit seiner Ausstellung »The Graphic Language of Neville Brody« 1988 sowie dem gleichnamigen Buch gelingt ihm der internationale Durchbruch, 1994 folgt der zweite Band.

Er arbeitet unter anderem für Swatch, Nike, The Body Shop, ORF, Premiere, das Berliner Haus der Kulturen der Welt und das Hamburger Schauspielhaus und gründet 1990 zusammen mit Stuart Jenson FontWorks (*www.fontworks2.type.co.uk*). 1994 gründet er das erste Research Studios (*www.researchstudios.com*). Als Direktor von FontShop International und Gründungsmitglied des Typedesign-Magazins FUSE von FontShop entwirft er die FState und FCrash und steht zusammen mit Jon Wozencroft für experimentelle Schriften. Die Arcadia, Blur, FF Pop oder die FF Pop LED sind weitere seiner vielen Schriften. Als anfänglich belächelter und umstrittener Querdenker wird Neville Brody nun schon seit Jahren als einer der Kultdesigner gehandelt.

▲ **Abbildung 1.40**
Neville Brody; Quelle: Ein Typografisches Handbuch, Martin Binder

Interview
Interessante Gespräche mit Brody findet man unter *www.zeit.de/archiv/1997/40/titel.txt.19970926.xml* sowie unter *www.apple.com/pro/design/brody/*

Tobias Frere-Jones
Designer, Typograf (geboren 1970)
Bekannte Schriften: Benton Sans, Garage Gothic, Grand Central, Griffith Gothic, Interstate, Niagara, Nobel, Text, Reiner Script

Nach seinem Abschluss an der Kunsthochschule Rhode Island School of Design arbeitet Tobias Frere-Jones sieben Jahre als Senior Designer bei Font Bureau. Während dieser Zeit entstehen zahlreiche Schriften wie die Interstate oder die Poynter Oldstyle & Gothic. 1999 verlässt er Font Bureau und beginnt die Zusammenarbeit mit Jonathan Hoefler in New York. Die beiden Künstler arbeiten unter anderem für das Wall Street Journal, Nike, Esquire, The New York Times, Business 2.0 und das New York Times Magazine. 2004 gründen Tobias Frere-Jones und Jonathan Hoefler die Font-Company Hoefler Frere-Jones. Ihre Schwerpunkte sind Werksatzschriften und Fonts für Editorial Design.

Zudem unterrichtet Frere-Jones an Schulen und Universitäten. Die Zahl der im Laufe der Jahre von ihm entworfenen und überarbeiteten Schriften wird mit über zweihundert angegeben.

Mehr Informationen
Die Website der Font-Company Hoefler Frere-Jones lautet *www.typography.com*.

Interstate
1994 entwirft Frere-Jones die Interstate. Sie basiert auf dem Alphabet, das auf den Landstraßen der USA verwendet wird.

Adrian Frutiger

Zeichner, Schriftsetzer, Designer (geboren 1928)
Bekannte Schriften: Frutiger, Univers, Egyptienne, OCR-B, Herculanum, Pompeijana

Der Schweizer Adrian Frutiger ist gelernter Schriftsetzer und zählt zu den bekanntesten und umstrittensten Schriftdesignern des 20. Jahrhunderts. Er wird auch als lebende Legende bezeichnet. Er studiert Zeichnen und Holzschnitt, gründet in den 60er-Jahren ein Designstudio in Paris und arbeitet von dort aus als Schriftdesigner für Firmen wie Linotype, IBM oder AirFrance. Neben den von ihm entworfenen Schriften kreiert er Logos und Corporate Images. Zu seiner Bekanntheit trägt mit Sicherheit die Univers bei, mit der er auf die Futura von Paul Renner reagiert: Bezeichnend für die Univers ist trotz ihrer 63 Schnitte, dass alle Gemeinen die gleiche x-Höhe haben.

1968 entwirft Frutiger die OCR-B (Optical Character Recognition). Dabei handelt es sich um eine Schrift, die gleichermaßen vom Menschen und von Lesegeräten erkannt werden kann und im Vergleich zu ihrer Vorgängerin, der OCR-A, auf einem feineren Raster beruht und somit für den Betrachter angenehmer zu lesen ist. Fünf Jahre später wird die OCR-B von der Computerindustrie aller Industrieländer zum Weltstandard erklärt.

Am Beschriftungssystem der Pariser Metro ist er ebenfalls maßgeblich beteiligt. Auch die Schrift Frutiger ist ein Klassiker. Sie wurde zunächst 1959 als neuartige Textschrift unter dem Namen Concorde veröffentlicht und elf Jahre später von Frutiger überarbeitet, leicht verändert und unter dem Namen Roissy für den Pariser Flughafen verwendet. Erst 1975 wird sie zur Frutiger.

Auch die Egyptienne, eine serifenbetonte Linear-Antiqua, stammt aus Frutigers Feder.

HERCULANUM

Egyptienne

Univers

Frutiger

Zitat Adrian Frutiger
»Wenn du dich an die Form des Löffels erinnerst, mit dem du die Suppe gegessen hast, dann war es eine schlechte Form. Löffel und Letter sind Werkzeuge: Das eine nimmt Nahrung aus der Schale, das andere nimmt Nahrung vom Papierblatt. Die Schrift muss so sein, dass der Leser sie nicht bemerkt ...«

Frutiger 47 Light Condensed

Frutiger 57 Condensed

Frutiger 67 Bold Condensed

Frutiger 77 Black Condensed

Frutiger 87 Extra Black Condensed

Frutiger 45 Light

Frutiger 55 Roman

1 Die Geschichte der Schrift

Abbildung 1.41 ▲
Claude Garamond; Quelle: Ein Typografisches Handbuch, Martin Binder

Mediävalziffern
Mehr Informationen zu Zahlen und Mediävalziffern finden Sie in Abschnitt 2.4, »Zahlen«.

Claude Garamond
Französischer Schriftgießer, Schriftentwerfer, Stempelschneider und Verleger (1499–1561)
Bekannte Schriften: Garamond

Garamond lernt zunächst in Paris den Beruf des Druckers und arbeitet anschließend als Schriftgießer und Drucker. Unter dem Einfluss seines Lehrmeisters Antoine Augereau entwirft er ab 1530 die ersten Schnitte seiner Antiqua, die später als Garamond bekannt wird.

1540 entstehen drei Grade der Grec du Roi, die Garamond nach den Vorlagen von Angelo Vergecio fertigt. Die Grec du Roi ist eine Auftragsarbeit für den französischen König François I.

Später arbeitet Garamond auch als Verleger in der Druckerei seines Schwiegervaters. 1550 überarbeitet er seine Antiqua und ergänzt sie um einen kursiven Schnitt. Die Schrift wird allerdings erst etwa 100 Jahre später von Jean Jannon nachgeschnitten und unter dem Namen Garamond veröffentlicht. Sie gilt heute noch als Vorbild für jede elegante Französische Renaissance-Antiqua.

Garamond entwickelte auch die erste Schrift mit arabischen Zahlen, die ähnliche Proportionen aufweisen wie Kleinbuchstaben – heute als Mediävalziffern bezeichnet. Sie war als Vorbild für die folgende Entwicklung der Zahlen maßgeblich.

Heute verfügt nahezu jeder große Schriftanbieter über seine eigene Garamond, die – mehr oder weniger unverändert – überarbeitet und an die Bedürfnisse des digitalen Satzes angepasst wurde. So stammt beispielsweise die Berthold-Garamond von Günter Gerhard Lange, die Garamond von Adobe wurde von Robert Slimbach überarbeitet.

Garamond Pro Regular Adobe

Garamond Monotype

Garamond 3 Medium Adobe

Stempel Garamond von Linotype
Garamond
Garamond

1.6 Schriftkünstler

Luc(as) de Groot

Schriftdesigner (geboren 1963 in den Niederlanden)
Bekannte Schriften: Thesis, Spiegel, taz, Corpid

Luc(as) de Groot entwirft 1998 für die Neugestaltung der Tagesschau die Thesis, die in den Varianten TheSans, TheSerif, TheMix sowie Monospace vorliegt. Bei der Monospace-Variante entspricht die Schriftbreite eines jeden Zeichens exakt 60 Prozent der Schriftgröße. Speziell die serifenlose Thesis TheSans hat sich zu einer Standardschrift entwickelt. De Groot erstellt zudem die Headline-Schriften der Zeitschrift Spiegel (SpiegelSans) sowie Schriften für die taz (Taz und TazText).

Die Corpid und Corpid Condensed entstehen aus einem Corporate-Design-Projekt für das Holländische Ministerium für Landwirtschaft und Fischfang. Beim Überarbeiten des Corporate Designs des Ministeriums vertritt das Designstudio Dumbar die Meinung, dass auch einem Ministerium ein wenig Modernität nicht schaden könne, und schlägt vor, die bisher verwendete Frutiger zu ersetzen. Für eine möglichst reibungslose Umstellung soll das Erscheinungsbild des neuen Fonts der Frutiger zumindest ähneln. In den ersten Jahren setzt das Ministerium die Corpid exklusiv ein, aber als de Groot dann seine eigene Type Foundry eröffnet, wird sie als AgroSans aufgenommen und seitdem überarbeitet und erweitert.

Luc(as) de Groots Website:
www.lucasfonts.com

IN PREPARATION
ExtraBlack
Corpid OT
ABCABCabc123123etc

Of all the achievements
of the human mind, the birth of the alphabet is the most momentous. **"Letters, like men, have now** an ancestry, and the ancestry of words, as of men, is *often a very noble* **possession** *making* them capable of great things"**: indeed, it has been said that the invention of writing

Abbildung 1.42 ▲
Rudolf Koch; Quelle: Ein Typografisches Handbuch, Martin Binder

Zitat Rudolf Koch
»Das Buchstabenmachen in jeder Form ist mir das reinste und größte Vergnügen meines Lebens.«

Abbildung 1.43 ▼
Die blumigen Antiqua-Initialen; Quelle der Koch-Abbildungen: http://moorstation.org/Koch_Memorial

Abbildung 1.44 ▶
Das ABC-Büchlein ist aus der gemeinsamen Arbeit von Rudolf Koch und seinen Schülern Fritz Kredel und Berthold Wolpe entstanden. Es besteht aus 25 Blättern mit verschiedenen Alphabeten und erschien 1934 im Insel-Verlag. Mit freundlicher Genehmigung des Insel-Verlags.

Rudolf Koch
Typograf, Kalligraf, Lehrer und Designer (1876–1934)
Bekannte Schriften: Koch-Fraktur, auch Deutsche Schrift genannt; Frühling, Maximilian, Deutsche Zierschrift, Deutsche Anzeigenschrift, Wilhelm-Klingspor-Gotisch, Jessen, Wallau, Neu-Fraktur, Deutsche Werkschrift

Nach einer Zeichenlehrerausbildung an der Kunstgewerbeschule Nürnberg und an der Technischen Hochschule München arbeitet Koch als Maler und Zeichner in einer lithografischen Anstalt in Leipzig. Ab 1898 verdient der Künstler sein Geld hauptsächlich als Zeichner, acht Jahre später beginnt er als künstlerischer Mitarbeiter bei der Rudhardschen Gießerei in Offenbach, die später in Druckerei Gebrüder Klingspor umbenannt wird. Kochs Ehrgeiz gilt der Erneuerung der Druckschriften sowie der deutschen Schreibschrift. Die Groteskschrift Kabel, die er für die Schriftgießerei Gebrüder Klingspor entwirft, ist eine seiner bekanntesten Schöpfungen. Durch seine Leidenschaft für die gebrochenen Schriften entstehen unter anderem die Wilhelm-Klingspor-Gotisch und die Koch-Fraktur, zunächst Deutsche Schrift genannt, die auf der Schwabacher basieren und mit denen er sich zur Leitfigur der Frakturschrift-Designer entwickelt.

Berühmt ist Rudolf Koch auch für seine Deutschlandkarte, die er Anfang der 30er-Jahre erstellt und die ein Jahr nach seinem Tod im Insel-Verlag erscheint. Nachdem er über Jahre hinweg keine Deutschlandkarte gefunden hat, die seinen Ansprüchen genügt, erstellt er selbst eine Karte. Es ist ein Kunstwerk mit klarer Gliederung, das zum ersten Mal über die schematische Darstellung hinaus ein perspektivisches Bild von Deutschland zeichnet.

1.6 Schriftkünstler

Günter Gerhard Lange

Schriftentwerfer, Typograf, Lehrer (geboren 1921 in Frankfurt/Oder)
Bekannte Schriften: Regina, El Greco, Concorde, AG Buch, Garamond (Neuschnitt), Walbaum (Neuschnitt), Caslon (Neuschnitt), Berthold Script, Baskerville (Neuschnitt), Bodoni Old Face (Neuschnitt).

Nach seiner Ausbildung an der Akademie für grafische Künste und Buchgewerbe in Leipzig und weiteren Studien, die er auch parallel zur Arbeit betreibt, ist Günter Gerhard Lange als freischaffender Maler und Grafiker tätig. 1950 beginnt seine freie Mitarbeit bei der H Berthold Schriftgießerei, wo er ab 1961 als künstlerischer Direktor arbeitet. Bei der Entwicklung der Berthold-Schriften spielt er eine entscheidende Rolle. Im Laufe der Jahre entwirft er zahlreiche neue Schriften und überarbeitet viele Klassiker wie die Bodoni oder die Walbaum. Mit der Berthold-Schriftenkollektion gelingt ihm ein Qualitätssprung, der ihn zu einem der bedeutendsten Typografen unserer Zeit werden lässt. Lange erhält zahlreiche Auszeichnungen und Preise.

Neben seiner typografischen Arbeit ist Günter Gerhard Lange immer wieder auch lehrend tätig und unterrichtet ab 1955 typografische Gestaltung an der Meisterschule für Grafik, Druck und Werbung in Berlin und in den Siebzigern in Kassel das Lehrfach Typografik. Er ist Lehrbeauftragter an der Hochschule für angewandte Kunst in Wien. Nicht zuletzt dank seiner Sprachgewandtheit ist der »rhetorisch brillant-provokante Vortragende«, wie ihn der Typograf Wolfgang Beinert bezeichnet, ein vortrefflicher, beliebter und kurzweiliger Dozent.

Zitat Günter Gerhard Lange
»Typografie im Internet sieht aus wie Scheiße vor Weihnachten.« Typo 99

Concorde Roman
Concorde Italic
Concorde Bold
Concorde Bold Italic

»Eine Bleiletter in den Händen zu halten und deren Punzen zu fühlen – das wäre eine Therapie für euch tastaturgläubige Bildschirmglotzer!«
Zitat von Günter Gerhard Lange, gesetzt in der Concorde italic

Abbildung 1.45 ▲
Hans Eduard Meier; Quelle: Linotype GmbH

Zitat Hans Eduard Meier
»Schriftgestaltung ist halt fast wie eine Sucht.«

Die Linotype Syntax im Einsatz
Die Grundschrift des vorliegenden Buchs ist die Linotype Syntax, Beispieltexte im unteren Drittel findet man häufig in der Linotype Syntax Serif.

Hans Eduard Meier

Schweizer Typograf, Kalligraf, Grafikdesigner (geboren 1922)
Bekannte Schriften: Syntax, Barbedor, ITC Syndor, Oberon, SNB-Alphabet, Elysa, ABCSchrift

Hans Eduard Meier schließt 1943 seine Schriftsetzerlehre und wenige Jahre später seine Ausbildung zum Grafiker in Zürich ab. Nach einigen Jahren Verlagsarbeit ist er als freier Mitarbeiter bei Verlagen und Agenturen in Paris und Zürich tätig. Von 1950 an unterrichtet er an der Kunstgewerbeschule in Zürich Schrift und Zeichnen.

Der Typograf entwirft die Schriften für die neuen Banknoten der Schweizer Nationalbank. Mit der Oberon schafft Meier eine serifenlose Schrift im humanistisch-handschriftlichen Stil.

m Auftrag der D. Stempel AG entstehen 1955 die ersten Entwürfe für die Syntax, 1967 wird sie in Blei gegossen. Als serifenlose Linear-Antiqua liegt den Gemeinen der Syntax-Antiqua die Renaissance-Antiqua zugrunde. Nach über dreißig Jahren überarbeitet Hans Eduard Meier seine Syntax und präsentiert im Jahr 2000 mit Linotype eine neue, komplett ausgestattete Linotype Syntax mit sechs aufrechten und sechs kursiven Schnitten, mit Kapitälchen sowie gänzlich neuen Zeichen.

Linotype Syntax Serif Light

Linotype Syntax Serif Light Italic

Linotype Syntax Serif Regular

Linotype Syntax Italic

Linotype Syntax Serif Medium

Linotype Syntax Serif Medium Italic

Linotype Syntax Serif Bold

Linotype Syntax Serif Bold Italic

Linotype Syntax Serif Heavy

Linotype Syntax Serif Heavy Italic

Linotype Syntax Light

Linotype Syntax Light Italic

Linotype Syntax Regular

Linotype Syntax Italic

Linotype Syntax Medium

Linotype Syntax Medium Italic

Linotype Syntax Bold

Linotype Syntax Bold Italic

Linotype Syntax Heavy

Linotype Syntax Heavy Italic

1.6 Schriftkünstler

Stanley Morison
Herausgeber, Autor, Journalist und Typograf (1889–1967)
Bekannte Schriften: Times, Plantin, Baskerville (Neuinterpretation), Bembo (Neuinterpretation)

Angeblich hat sich das Leben Morisons, der zunächst als Hilfsarbeiter und in einer Bank jobbt, durch einen Artikel über Typografie vollständig gewendet. Der Artikel, der in der englischen Zeitschrift »Times« erscheint, enthält eine Stellenanzeige, über die Morison Verlegerluft schnuppern kann. Er arbeitet im Folgenden als Herausgeber, Autor, Journalist und Typograf. Als typografischer Berater der Monotype Corporation und der Cambridge University Press entwickelt er 1932 die Times, die in der »Times« als Titelschrift verwendet wird. In seiner Zeit bei Monotype überarbeitet er ältere Schriften wie die Baskerville und die Bembo von Francesco Griffo aus dem 15. Jahrhundert.

Die Times ist heute aus der typografischen Landschaft nicht mehr wegzudenken, auch wenn sie für weitaus weniger Projekte geeignet ist, als sie verwendet wird.

▲ Abbildung 1.46
Stanley Morison; Quelle: Ein Typografisches Handbuch, Martin Binder

Webadresse
Die Website von Jim Parkinson lautet *www.typedesign.com*.

Jim Parkinson
Typograf, Logo-Designer, Schriftenmaler
(1941 in Kalifornien geboren)
Bekannte Schriften: Amador, Amboy, El Grande, ITC Bodoni, Parkinson, Diablo, Bonita, Dreamland, Modesto, Poster Black, Richmond, Manchester

Inspiriert von einem Nachbarn in Richmond beginnt Jim Parkinson bereits in seiner Kindheit, sich für Schriften zu interessieren. Er absolviert ein Werbedesign- und Zeichenstudium. Während seiner anschließenden Arbeit bei Hallmark Cards ist Hermann Zapf einer seiner Lehrer.

In den folgenden Jahren arbeitet Parkinson als freier Schrift- und Logo-Designer. Hauptsächlich entwirft er typografische Logos für Magazine und Zeitschriften. In den Siebzigern gestaltet er den weltberühmten Schriftzug der Zeitschrift Rolling Stone, aber auch Logos für Newsweek, Esquire, Wall Street Journal und die Chicago Tribune. Seine anfängliche Abneigung gegen Computer legt sich, und seit 1990 arbeitet Parkinson nur noch digital.

Abbildung 1.47 ▶ ▼
Rechts die vereinfachte Version der Schrift für die Zeitschrift Rolling Stone. Unten das Logo für Esquire, das in Zusammenarbeit mit Roger Black und Ann Pomeroy entstanden ist.

1.6 Schriftkünstler

Jean-François Porchez

Designer, Typograf (geboren 1964)
Bekannte Schriften: Le Monde Journal (1994), Parisine (1996), Costa (1999), Sabon Next (2002), Renault Identité (2004)

Bereits während seiner Ausbildung zum Grafikdesigner spezialisiert sich Porchez auf das Schriftdesign. Während seiner anschließenden Tätigkeit als Type Director bei der Werbeagentur Dragon Rouge gestaltet er vorwiegend Schriften für Logos. 1994 entdeckt er einen Artikel über die geplante Neugestaltung des Schriftzugs der Pariser Tageszeitung »Le Monde«, bei der noch die Times verwendet wird. Mit einem Leserbrief macht Porchez auf sich aufmerksam und ist schließlich für die Neugestaltung von »Le Monde« zuständig. Damit gelingt ihm der große Durchbruch, und fortan arbeitet er für Peugeot, Costa Crocieres, France Télécom sowie internationale Unternehmen.

Ob als Jurymitglied, Vice President von ATypI oder als Gewinner diverser Schrift- und Designwettbewerbe entwickelt sich Porchez zu einem bedeutenden Schriftkünstler unserer Zeit. 1996 entwickelt er eine neue Schrift für das Pariser Metro-Netzwerk (RATP). Die Schrift soll auf den Hinweistafeln zum einen leicht lesbar, zum anderen platzsparend sein. Mit der Parisine erfüllt Porchez alle Ansprüche und baut die Schriftfamilie drei Jahre später noch um weitere Schnitte aus.

2002 gelingt ihm mit dem Redesign der Sabon ein großer Wurf. 1965 entwickelt Jan Tschichold die Sabon auf Basis der Garamond, und 35 Jahre später passt Porchez die Schrift an die digitalen Bedürfnisse an. Entstanden ist die Linotype Sabon Next mit 47 neuen Schnitten und sechs Gewichtungen, unter anderem Kapitälchen, Minuskelziffern und einem Ornament-Zeichensatz.

Webadresse
Die Type Foundry von Jean-François Porchez lautet
www.typofonderie.com.

Zitat Jean-François Porchez
»Beim Schriftdesign hat man dann beste Arbeit geleistet, wenn keiner merkt, was man geleistet hat.«

Abbildung 1.48 ▲
Paul Renner; Quelle: Ein Typografisches Handbuch, Martin Binder

Zitat Paul Renner
»Auch der Dienst am Scheinbaren verlangt genaueste Präzisionsarbeit; niemand weiß das besser als der Schriftgießer.« Aus: »Die Kunst der Typografie«

Buchempfehlung
Ein lesenswerter Klassiker ist »Die Kunst der Typografie« von Paul Renner aus dem Jahr 1939, das beim Maro Verlag Augsburg erhältlich ist.

Paul Renner
Typograf, Schriftentwickler, Autor, Maler (1878–1956)
Bekannte Schriften: Futura, Plak, Ballade, Renner

Paul Renner kann ohne Zweifel als einer der Vorreiter und Leitbilder der »Modernen Typografie« bezeichnet werden. Nach dem Studium der Malerei und Architektur gründet er 1911 die Münchner Schule für Illustration und Buchgewerbe und leitet später die grafischen Berufsschulen in München. Seine Bekanntheit verdankt er der Futura, an deren Entwürfen er ab 1924 arbeitet; 1928 erscheint der erste Schnitt. Die Futura kommt einer typografischen Revolution gleich, gilt sie doch als die erste moderne serifenlose Schrift, die auf geometrischen Formen beruht und offensichtlich die Grundideen des Bauhaus-Stils widerspiegelt. Dabei beschäftigt sich Renner immer wieder mit der Frage, wie Klein- und Großbuchstaben zusammenpassen und ein harmonisches Bild abgeben können. Während die Großbuchstaben auf der römischen Kapitalschrift basieren, lehnen sich die Kleinbuchstaben an die karolingische Minuskel an. Die notwendige Annäherung beider Bestandteile und deren Bedeutung für das gesamte Schriftbild und den Grauwert beschäftigen den Typografen, und die Futura ist sein Versuch, dies umzusetzen.

Mit dem »Kulturbolschewismus« von Paul Renner erscheint 1932 eine Kampfschrift für die moderne Kunst, in der er deutliche Kritik an der Kulturpolitik der Nazis übt. Bereits kurz darauf wird Renner vorübergehend verhaftet, Verleger sind nicht mehr zu finden, und das Buch erscheint nur noch in der Schweiz. Mittlerweile gibt es einen Reprint im Verlag Stroemfeld.

Abbildung 1.49 ▶
Mit der Futura erstellt Renner eine Buchschrift, die lange Zeit wegweisend und heute ein Klassiker ist.

ABCDEFGHIJKLMNOPQRSTUVWXYZ
abcdefghijklmnopqrstuvwxyz
1234567890

book

ABCDEFGHIJKLMNOPQRSTUVWXYZ
abcdefghijklmnopqrstuv
wxyz 1234567890

bold

1.6 Schriftkünstler

Werner Schneider
Schriftgestalter, Typograf, Kalligraf (geboren 1935 in Marburg)
Bekannte Schriften: Schneider-Antiqua, Libretto, Vialog

Nach dem Studium bei Prof. Friedrich Poppl an der Werkkunstschule Wiesbaden arbeitet Werner Schneider zunächst als Assistent von Poppl und beginnt 1959 als Dozent für Grafikdesign. Mittlerweile kann Professor Werner Schneider auf nahezu 40 Jahre Lehrtätigkeit an der Werkkunstschule/Fachhochschule Wiesbaden zurückblicken. Sein bevorzugtes Arbeitsgebiet ist das Schriftdesign (Type-, Logo- und Logotype-Design). Werner Schneider hat zahlreiche internationale Auszeichnungen erhalten, so unter anderem viele Preise für kalligrafische Arbeiten und die Goldmedaille für Type-Design für die Schneider-Antiqua.

1988 entwickelt Professor Werner Schneider im Auftrag des Bundesverkehrsministeriums die Euro Type. Dabei gilt es, lesetechnische Untersuchungen in Bezug auf die Optimierung und Vereinheitlichung europäischer Verkehrsschriften zu beachten. In Zusammenarbeit mit Helmut Ness vom Designbüro Fuenfwerken überarbeitet Schneider dann die Euro Type. Es entsteht die Vialog, eine Schrift, die robust ist und gleichzeitig eine große Detailqualität, speziell auch bei den Zahlen, aufweist. Durch die Öffnungen sowie das große Schriftbild in der x-Höhe ist sie auch bei extremer Unschärfe noch verhältnismäßig gut lesbar und wird bereits von der Münchner Verkehrsgesellschaft eingesetzt. Schneider und Ness entwickelten 22 Schnitte sowie die Vialog Signs, die aus zehn verschiedenen Symbolschriften besteht.

◄ Abbildung 1.50
Werner Schneider;
© Schneider

Ausstellung
Werkzeichnungen von Type-Design befinden sich im Archiv der Akademie der Künste in Berlin.

◄ Abbildung 1.51
Entwurfsmodifikationen vom Versal-W einer neuen Schreibschrift. Eines von Dutzenden Studienblättern von Werner Schneider, bezogen nur auf einen einzigen Buchstaben

Abbildung 1.52 ▲
Erik Spiekermann;
© Spiekermann

FF
Die Abkürzung FF steht für FontFont, das Kennzeichen für eine Schrift von FontShop.

Erik Spiekermann
Fachautor, typografischer Gestalter und Schriftentwerfer (geboren 1947)
Bekannte Schriften: FF Meta, ITC Officina, FF Info, FF Unit, Nokia, Glasgow 99, LoType, Berliner Grotesk

Nach seinem Studium der Kunstgeschichte geht Erik Spiekermann nach London, wo er unterrichtet und als Berater für Designunternehmen arbeitet. Zurück in Berlin gründet er im Jahre 1979 MetaDesign. Zu den Kunden zählen Audi, Skoda, Volkswagen, Lexus, Heidelberger Druckmaschinen und die Stadt Berlin. Mit FontShop ruft Erik Spiekermann 1988 den Vertrieb von elektronischen Fonts ins Leben.

Seit 2000 arbeitet er als freier Gestalter unter dem Label United Designers Network. Er erledigt Auftragsarbeiten für internationale Firmen und ist unter anderem Honorarprofessor an der HfK in Bremen, arbeitet als Autor typografischer Fachbücher und als Jurymitglied internationaler Gestaltungswettbewerbe.

Eine seiner bekanntesten Schriften ist die FF Meta. Die ursprünglich als Hausschrift für sein Büro United Designers gestaltete Schrift mit vielfältigen Schnitten erfüllt sämtliche Wünsche nach guter Typografie. »Keine überflüssigen Mätzchen, aber viel Charakter ... «, so Spiekermann über die Meta. Mit der FF Unit schafft Spiekermann die »große, strenge Schwester von FF Meta«. Durch die deutlichen Strichstärkenunterschiede bei den horizontalen und vertikalen Linien eignet sich die kontrastreiche und sachliche FF Unit auch für kleine Schriftgrößen. Neben den Mediäval- und Tabellenziffern hat Spiekermann der Schrift eine »geschmeidige« Ziffernvariante spendiert, bei der die Zeichen nach oben und unten tanzen.

1.6 Schriftkünstler

Ludwig Sütterlin
Grafiker (1865–1917)
Bekannte Schriften: Sütterlin

Der Berliner Grafiker Ludwig Sütterlin unterrichtet an der Vereinigten Staatsschule für freie und angewandte Kunst das Fach »künstlerische Schrift«. Ab 1924 wird seine Schreibschrift Sütterlin für den Schreibunterricht an allen preußischen Grundschulen verbindlich. Trotz der Konkurrenz wie beispielsweise der Offenbacher Schrift von Rudolf Koch unterrichtet man in den Schulen der meisten deutschen Länder die Sütterlin, die auch heute noch als die »deutsche Schrift« bezeichnet wird.

Kurz nach der Einführung der Sütterlin ändert der Typograf seine Schrift noch einmal ab, sodass sie sich für Schreibanfänger besser eignet. Die Worte bestehen aus einem einzigen Schriftzug, die Buchstaben stehen gerade und sind auf das Notwendigste reduziert. Die Sütterlin wurde etwa 30 Jahre an deutschen Schulen gelehrt, nach dem Zweiten Weltkrieg aber langsam von den Druckschriften verdrängt.

Abbildung 1.53 ▲
Jan Tschichold; Quelle: Ein Typografisches Handbuch, Martin Binder

Zitat Jan Tschichold
»Gute Schrift, richtige Anordnung – das sind die beiden Pfeiler der Schriftkunst.«

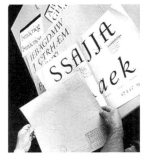

Abbildung 1.54 ▲
Entwurf der Sabon-Antiqua, 1965; Foto: Ronald Schmets, D. Stempel AG, Frankfurt/Main

Abbildung 1.55 ▼
Die überarbeitete Sabon Next von Jean-François Porchez

Jan Tschichold
Typograf, Kalligraf, Autor, Lehrer (1902–1974)
Bekannte Schriften: Transit, Saskia, Zeus, Sabon

Tschichold absolviert sein Studium an der staatlichen Akademie für grafische Künste und Buchgewerbe in Leipzig. Ab 1923 arbeitet er als Typograf bei Fischerl und Wittig, in den Folgejahren unterrichtet er Typografie und Schrift an der Städtischen Berufsschule München und an der Meisterschule für Deutschlands Buchdrucker. Der Besuch der ersten Ausstellung des Weimarer Bauhauses 1923 regt Tschichold zur intensiven Auseinandersetzung mit der Rolle der Typografie in der Kunst an. Fortan spielt er in der »Neuen Typografie« eine zentrale Rolle und steht für das asymmetrische Design. Mit dem Sonderheft »elementare typografie«, das er 1925 herausgibt, sind er und seine Thesen zur klaren, zweckbetonten Typografie in aller Munde. Aufgrund seiner Begeisterung für Russland nennt er sich Iwan, muss unter dem Druck der Nationalsozialisten seinen Namen nur ein Jahr später aber wieder in Jan ändern. Nach einer Verhaftung 1933 geht er nach Basel und setzt dort seine Arbeit in einem Verlag sowie an der Berufsschule fort.

Die Sabon-Antiqua ist sicherlich die bekannteste, aber nicht typischste Schrift von Tschichold, die er für Stempel, Linotype und Monotype erschafft. Namensgeber ist der Typograf und Schüler von Garamond, Jacques Sabon; die Basis wird von der Garamond gestellt Die Sabon hat eine klassische und elegante Wirkung und wird beispielsweise in der Beck'schen Reihe im Verlag C. H. Beck verwendet.

Die digitale Überarbeitung der Stempelvariante von Tschichold hat der französische Typograf Jean-François Porchez übernommen. Die daraus resultierende Sabon Next strahlt gewollt den Charakter einer Bleisatzschrift aus.

ABCDEabcde
&@€$54321edcbaEDCBA&

Kurt Weidemann

Typograf, Grafikdesigner, Autor und Lehrer (geboren 1922)
Bekannte Schriften: ITC Weidemann, Biblica, Corporate A · S · E

Weidemann beginnt 1949 nach seiner Entlassung aus der russischen Gefangenschaft mit einer Ausbildung zum Schriftsetzer und studiert anschließend an der staatlichen Akademie der Bildenden Künste in Stuttgart. Dort unterrichtet Weidemann und ist ab 1958 als freier Gestalter tätig. Er arbeitet unter anderem als Buchgestalter, Gebrauchsgrafiker, Werbeberater und Texter und ist am Erscheinungsbild von COOP, Zeiss, Mercedes-Benz, Daimler-Benz und der Deutschen Bahn beteiligt.

Die Lehrtätigkeit des gefragten Typografen ist breit gefächert. Seit 1983 ist er Dozent für Verbale und visuelle Kommunikation an der Wissenschaftlichen Hochschule für Unternehmensführung in Koblenz und seit 1991 an der Hochschule für Gestaltung im Zentrum für Kunst- und Medientechnologie in Karlsruhe.

Die Biblica entsteht für die Deutsche Bibelgesellschaft, die Corporate A·S·E (eine serifenlose, eine serifenbetonte und eine Variante mit Serifen) wird als Hausschrift für den Daimler-Benz-Konzern entwickelt. Auch mit seinen Werken wie »Wo der Buchstabe das Wort führt« und »Wortarmut« trägt er zur Bereicherung der typografischen Landschaft bei.

◄ Abbildung 1.56
Kurt Weidemann; Quelle: Ein Typografisches Handbuch, Martin Binder

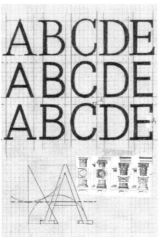

◄ Abbildung 1.57
Eine erste Konzeption der Corporate A·S·E von 1984/85. Quelle: Wo der Buchstabe das Wort führt, Kurt Weidemann; Cantz Verlag, 1994

Abbildung 1.58 ▲
Hermann Zapf; Quelle: Heidelberger Druckmaschinen AG

Hermann Zapf
Typograf und Designer (geboren 1918)
Bekannte Schriften: Optima (1958), ITC Zapf International (1977), ITC Zapf Dingbats (1978), Edison (1978), ITC Zapf Chancery (1979), Zapfino (1998)

Hermann Zapf ist einer der wichtigsten Schriftgestalter des 20. Jahrhunderts. Von ihm stammen Klassiker wie die Palatino von 1950, die Linotype Zapfino oder die Optima, die Zapfs Lieblingsschrift sein soll. Nach seiner Ausbildung zum Retuscheur betätigt sich Zapf bereits früh als freier Schriftgrafiker und Kalligraf. In den 50er-Jahren arbeitet er als künstlerischer Leiter der typografischen Abteilung der Schriftgießerei D. Stempel AG, unterrichtet an Hochschulen und hält Kalligrafie-Kurse im Ausland. Als Berater sowie künstlerischer Leiter der Linotype AG prägt er mit seiner Frau Gudrun Zapf von Hesse die letzten Jahrzehnte der Typografie und ist spätestens durch die Zapf Dingbats, die auf den meisten Druckern vorinstalliert ist, allen Publishern bekannt.

Mit der Zapfino Extra Pro hat Zapf für Linotype eine OpenType-Schrift entwickelt, bei der die Buchstabenform abhängig von den Zeichenformen automatisch variiert, sofern dies die Anwendung unterstützt.

1.7 Typografisches Maßsystem

Heutzutage sind zwei Maßeinheiten zur Messung von Schriftgrößen relevant: der Didot-Punkt, auch Berthold-Fotosatzpunkt genannt, und der DTP-Punkt. Der Didot-Punkt des Franzosen François-Ambroise Didot kam hauptsächlich in Europa zum Einsatz.

Didot-Punkt

Der französische Dichter, Drucker und Typograf Firmin Didot entwickelte zusammen mit seinem Vater Ambroise Didot um 1800 das typografische Maßsystem zur Bestimmung der verschiedenen Schriftkegelgrößen. Dessen Ansätze stammten vom Pariser Typografen Pierre Simon Fournier. Didot löst mit seinem nicht metrischen »Didot'schen Maßsystem« das Fournier-Punkt-System ab. Die Größe ergab sich aus dem 864sten Teil des französischen Grundmaßes des königlichen Fußes, des »Pied du Roi«, der mit etwa 32,4 Zentimetern angegeben war. Somit betrug der Didot-Punkt 0,376065 Millimeter. Im Laufe der Jahre wurde er gerundet und beträgt jetzt 0,375 Millimeter.

In der Didot-Maßeinheit bezeichnet man 3 Punkte als Billant, 6 Punkte nennt man auch Nonpareille, und der Cicero entspricht 12 Didot-Punkten, also 4,5 Millimetern.

DTP-Punkt

Durch die Einführung der DTP-Systeme wird der Didot-Punkt vom DTP-Punkt abgelöst. Seine Größe basiert auf einem 72stel eines Inches, das wiederum 25,4 Millimeter groß ist. Somit kommen wir beim DTP-Punkt ebenfalls auf eine für das metrische Maßsystem »krumme« Größe von 0,353 Millimetern.

Pica-Point

Streng genommen gibt es noch eine dritte Punktgröße: den Pica-Point. Er beträgt 1/996 von 35 Zentimetern und misst somit 0,35145 Millimeter, ist also fast identisch mit dem DTP-Punkt. Der Pica-Point wird fast ausschließlich im amerikanischen Raum eingesetzt.

Übrigens wurde 1978 in der Rechtsverordnung der EG festgelegt, dass nur noch das metrische Maß verwendet werden darf. Diese Verordnung konnte sich aber nicht durchsetzen. Schriftgrößen und zum Teil auch Zeilenabstände werden nach wie vor in Punkt angegeben.

Typometer

Das Typometer ist ein Messgerät, mit dem sich Schriftgrößen, Zeilenabstände, aber auch Linienstärken und Rasterweiten messen lassen. Es ähnelt einem herkömmlichen Lineal, ist transparent und weist als Maßeinheit neben den Millimetern auch Punkt auf. Achten Sie beim Erwerb eines Typometers auf das Vorhandensein der richtigen Punktgröße.

Abbildung 1.59 ▶▼
Das Typometer dient dem Ausmessen von Schriftgrößen und Zeilenabständen.

1.7 Typografisches Maßsystem

◀ Abbildung 1.60
Zum Ausmessen der Schriftgröße dienen Kästen, die an der Versalhöhe der Schrift eingepasst werden. Im Beispiel links beträgt die Schriftgröße der Überschrift 14 Punkt.

Abbildung 1.61 ▶
Für das Ausmessen des Zeilenabstands weist das Typometer eine Reihe mit verschiedenen Zeilenabständen auf. Im Beispiel ist der Abstand von 12 Punkt zu wenig, wie man nach der dritten oder vierten Zeile gut erkennen kann. Ein Zeilenabstand von 13 Punkt wäre wiederum um einiges zu groß, ergo beträgt der Zeilenabstand zwischen 12 und 12,5 Punkt.

2 Das Zeichen

Der kleinste gemeinsame Nenner in der Typografie

Sie werden lernen:
- Begrifflichkeiten aus dem Bleisatz
- Die Berechnung der Schriftgröße
- Die Entstehung und Verwendung von Ligaturen
- Wozu freie Räume?
- Korrekte Laufweiten und Wortabstände einstellen
- Unser Leseverhalten

Wir fangen mit dem kleinsten gemeinsamen Nenner der Typografie an: dem Zeichen. In diesem Kapitel dreht sich alles um den Buchstaben und die vielen verschiedenen Bezeichnungen rundherum, um seine Merkmale und um seine Form.

2.1 Der Buchstabe

Das Zeichen ist die kleinste Einheit der Typografie. Und obwohl es so klein ist, müssen wir seine Eigenheit, seine Aussage, seine Räume und Formen verstehen, damit wir darauf aufbauen können. Kein Mensch kann ein Mathematiker werden und mit Zahlen jonglieren, ohne die Zahlenreihe 0–9 zu beherrschen. Ähnliches gilt für die Typografie und ihre Künstler: Ohne die einzelnen Zeichen werden wir das Blatt Papier oder das Buch nicht mit typografisch anspruchsvollen Inhalten füllen können.

Form

Jedes Zeichen, jeder Buchstabe, jede Zahl und jedes Interpunktionszeichen weist seine ganz spezifische Form auf. Den Größenverhältnissen der einzelnen Bestandteile wie Oberlängen und Unterlängen liegt ein Prinzip zugrunde. Zwar sind die Verhältnisse der drei Bereiche »oben«, »mitte« und »unten« sowie auch die Verhältnisse von Zeichen zu Freiräumen bei jeder Schrift ein wenig anders, aber grundsätzlich liegt dem Zeichen eine harmonische Aufteilung zu-

Abbildung 2.1 ▲
Bei vielen Schriften ist zu sehen, wie das Quadrat Pate für den Buchstaben M gestanden hat. Oben die Myriad, darunter die Odoaker.

Abbildung 2.2 ▶
Ein Setzkasten aus dem Zeitalter des Bleisatzes.

2.1 Der Buchstabe

grunde. Speziell bei der Capitalis Monumentalis ist die Aufteilung schön zu sehen. Dabei beruht der breiteste Buchstabe, das M, auf einem Geviert; alle anderen Buchstaben sind Untergruppen davon.

Schriftgröße

Vielleicht ist es die erste, vielleicht auch erst die dritte Frage, die Sie sich stellen, wenn Sie ein Layout vorbereiten: Wie groß wird die Schrift? In jedem Fall stellt diese Größe einen wichtigen Faktor in der Gestaltung mit Schrift dar.

Sicherlich haben Sie sich auch schon einmal gefragt, warum eine Schrift, wenn wir sie auf dem Ausdruck messen, kleiner ist als die Schriftgröße, die wir im Programm eingegeben haben? Und warum Schriften – bereits am Bildschirm – unterschiedlich groß sind, auch wenn sie mit der gleichen Schriftgröße ausgezeichnet werden? Und sofort sind wir mitten drin in den Geheimnissen der Schriftgrößen und Bleikegel.

Kegelausnutzung
Warum berühren sich nicht zwingend die Buchstaben, wenn Zeilenabstand und Schriftgröße identisch sind? Die unterschiedliche Kegelausnutzung erklärt's.

Kegel und Kegelgröße
Den Metallkörper, der das Zeichen trägt, bezeichnet man als Kegel. Die Kegelgröße wird im heutigen DTP-Satz als Schriftgrad, Schriftgröße oder Buchstabengröße bezeichnet. Dabei misst man die Versalhöhe plus Unterlänge plus einen ungewissen Zuschlag.

◀ Abbildung 2.3
Der Bleikegel eines Versal-G. Die Bilder sind in der Druckerei Stempel in Berlin entstanden, die noch mit Bleisatz arbeitet.

2 Das Zeichen

Abbildung 2.4 ▲
Die druckenden Bereiche sind erhaben und werden, mit Farbe bestrichen, auf das Papier gepresst.

Der Bleisatz in wenigen Worten

Der Bleibuchstabe, die Letter genannt, besteht aus einer Metalllegierung aus Blei, Antimon und Zinn. Die Lettern weisen alle die gleiche »Schrifthöhe« auf. Der Fuß ist rechteckig oder quadratisch, auf der anderen Seite befindet sich das erhabene spiegelverkehrte Bild des Buchstabens. Die Lettern werden aufgereiht, in die Druckform gebracht, dann mit Farbe bestrichen und auf das Papier gepresst.

Kegelgröße und Schriftgröße

Aus verschiedenen Gründen ist der Bleikörper, der als Kegel bezeichnet wird, größer als der erhabene Buchstabe, das heißt, der Buchstabe reicht nicht bis an den Rand des Kegels. Der Raum um den Buchstaben herum wird als Fleisch bezeichnet. Im Druck wirken

Abbildung 2.5 ▼ ▶
Unten: Bleikästen übereinander gestapelt. Rechts: Der Bleikegel eines Versal-K.

besondere Kräfte auf den Kegel und auf den erhabenen Buchstaben. Ein Buchstabe auf einem 12-Punkt-Kegel wurde im Bleisatz nicht bis ganz an den Rand gegossen, sondern musste rundherum noch Raum aufweisen, um dem Bleikegel Festigkeit zu verleihen. Besonders bei Schriften mit feinen, geschwungenen Linien wie der englischen Schreibschrift würde ein Linienschwung, wenn er bis an den Kegelrand reichen würde, durch den Druck abbrechen oder sehr leicht beschädigt werden.

So findet auf einem 12-Punkt-Kegel ein Buchstabe Platz, der in jedem Fall etwas kleiner ist als 12 Punkt. Das bedeutet gleichzeitig, dass jede 12-Punkt-Schrift eine andere Größe aufweisen kann; besonders bei Schreibschriften sind die Größenunterschiede zwischen Kegelgröße und tatsächlich gedruckter Schriftgröße zum Teil erheblich.

Bleisatz und Digitalsatz?
Die messbare Schriftgröße ist also immer von der Kegelausnutzung abhängig, und diese wiederum wird vom Schriftdesigner bestimmt. Auch wenn die Zeit des Bleisatzes vorbei ist und wir mit QuarkXPress, InDesign oder Ähnlichem arbeiten, bestimmen wir doch in der Software immer die fiktive Kegelgröße und nicht die eigentliche Schriftgröße.

Minuskel und Majuskel
Kleinbuchstaben werden auch Gemeine oder Minuskeln genannt. Großbuchstaben bezeichnet man auch als Versalien oder Majuskeln.

Tipp Schriftgrößen
Welche ist denn nun die richtige Schriftgröße? Wenn Sie unsicher sind: Immer ein Punkt kleiner als vermutet…

▼ **Abbildung 2.6**
Von oben nach unten: Die Times, die Palatino und die Garamond. Alle drei Zeilen sind in 48 Punkt gesetzt, die Schriftgrößenunterschiede sind aber deutlich zu erkennen. Das graue Rechteck um den Buchstaben »M« symbolisiert das Geviert und weist die Größe von 48 Punkt im Quadrat auf.

M Hamburgefonts

M Hamburgefonts

M Hamburgefonts

Charakter und Aussage
Mehr zum Schriftcharakter und zu seiner Aussage finden Sie in Kapitel 4, »Anforderung und Wirkung«.

Weitere Faktoren für die Schriftgrößenmessung

Nicht zu vergessen sind das bedruckte Papier und die Tinte sowie natürlich das Druckverfahren. Besonders bei Schriften mit feinen Linien können Überraschungen entstehen, da diese auf einem Tintenstrahldrucker und ungestrichenem Papier sehr viel dicker werden können und die Schrift dadurch in ihren Ausmaßen wächst. Im Offsetdruck hingegen und auf einem nicht saugfähigen Papier wird die gleiche Schrift feiner wirken und kann auch messbar kleiner sein.

Schriftgröße per Versalhöhe

Eine andere Variante der Größenbestimmung funktioniert über die Versalhöhe (siehe Seite 90). Die Versalhöhe entspricht der Größe eines Versalbuchstabens, am einfachsten an einem Buchstaben ohne Rundungen wie einem H, Z oder E zu messen. Bestimmte Plug-Ins und XTensions für QuarkXPress wie TypoX von JoLauterbach Software erlauben statt der Eingabe der Schriftgröße die Eingabe einer Versalhöhe. Aber auch hier entstehen aus den genannten Gründen Abweichungen. Für eine wirklich exakte Schriftgrößenbestimmung helfen letztendlich nur der Probeausdruck sowie Erfahrungen darüber, wie die Kegelausnutzung einer Schrift ist und welche Größeneingabe zu welcher gedruckten Größe führt.

Versalhöhenbeispiele

Um Ihnen ein paar Beispiele der Kegelausnutzung zu geben und Ihnen eventuell auch den ein oder anderen Probeausdruck mit Mess-

Abbildung 2.7 ▶
Bei kleiner Schrift auf grobem Papier kann die Schrift verlaufen und ausfransen. Das Messen der Schriftgröße wird dadurch sehr schwierig.

2.1 Der Buchstabe

versuchen zu ersparen, habe ich Versal- und Mittellängengrößen einiger gängiger Schriften ausgemessen. Bitte beachten Sie, dass ich hier Angaben zur Versalhöhe und nicht zur Schriftgröße mache. Beachten Sie weiterhin, dass die Schriftgrößen auch vom Schrifthaus abhängig sind – so weist eine Adobe Garamond nicht zwingend die gleichen Versalhöhen und Mittellängen auf wie die Apple Garamond.

Versalhöhen

Adobe Caslon Pro	71 %
Antique Olive	74 %
ITC Avant Garde Gothic	74 %
Arial	71 %
Bodoni	68 %
Baskerville	67 %
Century Schoolbook	77 %
Franklin Gothic	70 %
Futura	76 %
Garamond	62 %
Gill Sans	67 %
Helvetica	77 %
Linotype Syntax	70 %
Myriad	68 %
News Gothic	78 %
Optima	68 %
Rotis Sans	70 %
Times	66 %
Univers	73 %

Uppercase und Lowercase
Die Bezeichnungen UPPERCASE LETTERS für Großbuchstaben und LOWERCASE LETTERS für die Kleinbuchstaben haben sich durch die Aufteilung des Bleisetzkastens entwickelt. Dort sind nämlich die Kleinbuchstaben, weil häufiger benötigt, weiter unten (low) platziert, damit sie leichter für den Setzer zu erreichen sind. Die Großbuchstaben werden weniger häufig benötigt und liegen deswegen weiter oben (up).

▼ Abbildung 2.8
Versalhöhen im Vergleich, bei einer Schriftgröße von 100 Punkt; links die Neue Helvetica, rechts die Futura.

Ein Beispiel: Die Helvetica weist eine Versalhöhe von 71 Prozent auf, die Höhe der Mittellänge beläuft sich auf 52 Prozent. Bei einer Schriftgröße von 100 Punkt ergibt sich bei einer Versalhöhe von 71 % eine tatsächliche Versalhöhe von 71 Punkt. Die Mittellänge beläuft sich bei 52 % von 100 Punkt also auf 52 Punkt.

Vielleicht ist es auch für Ihren Arbeitsablauf sinnvoll, von einigen Schriften, die Sie immer wieder verwenden, einen Ausdruck zu machen und die gedruckten Schriftgrößen, Versalhöhen und Mittellängen auszumessen und zu notieren.

Begriffsdefinition

Damit im Folgenden keine Missverständnisse aufkommen, klären wir zunächst einige Grundbegriffe der Typografie.

- Die VERSALHÖHE ist die Größe der Versalien, auch Großbuchstaben oder Majuskeln genannt. Am einfachsten misst man sie an einem großen H, E oder M. Runde Buchstaben wie das O eignen sich nicht dazu ❶.
- Die OBERLÄNGE ist die Strecke, mit welcher ein Kleinbuchstabe wie das b oder h über die Mittellänge nach oben hinausragt ❷.
- Die SCHRIFTLINIE oder GRUNDLINIE ist eine gedachte Linie, auf der alle Buchstaben aufsitzen. Die Rundungen ragen leicht über die Grundlinie hinaus ❸.

- Die MITTELLÄNGE ist die Höhe der Kleinbuchstaben ohne Oberlängen, wie beispielsweise beim e, m oder a. Die Mittellänge ❹ wird auch als x-Höhe bezeichnet und beträgt circa die Hälfte bis zwei Drittel der Gesamtschriftgröße. Die X-LINIE ❺ bildet den oberen Abschluss.
- Die UNTERLÄNGE ❻ ist die Strecke zwischen der Grundlinie und dem unteren Ende des Buchstabens, also bis zur P-LINIE ❼, wie sie beim g, j, p oder y vorkommt.
- Eine normale Laufweite beinhaltet, dass sich die Buchstaben nicht berühren – vorausgesetzt, dass es sich nicht um eine Schreibschrift oder eine handschriftliche Variante handelt. Besonders bei Serifen ist darauf zu achten, dass diese nicht aneinander stoßen. Für diesen natürlichen Abstand sind VOR- UND NACHBREITE ❽ eines jeden Zeichens zuständig, also ein pro Zeichen festgelegter freier Raum vor und nach dem Zeichen.
- Der Buchstabeninnenraum, der beim b, o oder d entsteht, wird als PUNZE bezeichnet ❾.
- Als DICKTE bezeichnet man die Breite des Zeichens inklusive der Vor- und Nachbreite ❿.
- Der aus der Kalligrafie stammende Begriff DUKTUS bezeichnet den Charakter eines Strichs. Abhängig von der Federführung entstehen Unterschiede in Strichstärke und Strichführung.

◀ Abbildung 2.9
Der Bleikegel mit seinen Begriffen:
⓫ Dickte
⓬ Schriftbild
⓭ Fleisch
⓮ Kegel
⓯ Kegel- bzw. Schriftgröße
⓰ Signatur

2.2 Serifen

Serifen sind die An- und Abstriche, auch Endstriche oder Füßchen genannt. Schriften können Serifen aufweisen oder gänzlich ohne erscheinen – wie bei der Gruppe der Groteskschriften üblich. Es gibt zudem noch die Gruppe der serifenbetonten Schriften, bei der die Serifen als Stilmittel besonders hervorgehoben werden, sowie halbe oder nur sehr unauffällig geformte Serifen. Die Serifen können rund in den Buchstaben auslaufen oder eckig angesetzt sein. Sie sind waagerecht oder schräg.

Ursprung der Serifen
Welchen Ursprung die Serifen haben, wird wohl immer umstritten bleiben. So gibt es Vermutungen, dass die Serife beim Einsatz des Meißels auf Stein die Arbeit erleichtert habe und der Stein dadurch nicht ungewollt aufbrechen konnte. Andere Untersuchungen widerlegen diese Theorie. Eine weitere Vermutung ist, dass durch die Verwendung von Tinte und Feder der Anstrich die Tinte zum Laufen bringen sollte. Edward Catich wiederum behauptet in »The Origin of the Serif«, dass die Serifen aus der Gravurtechnik stammen.

Adobe Garamond Pro

2.2 Serifen

Serif oder Sans Serif

Die Streitfrage um Sinn und Unsinn von Serifen treibt viele Schriftinteressierte genauso schnell in die Unentschlossenheit wie die Frage »Pizza oder Pasta«, bei anderen ruft sie die gleiche besessene Leidenschaft hervor wie die Frage »PC oder Mac«. Verfechter der Serifenschriften argumentieren mit dem Ergebnis wissenschaftlicher Untersuchungen, wonach die Augen aufgrund der Serifen nicht so schnell ermüden. Die Serifen führen sozusagen das Auge entlang der Zeile. Das zweite Argument für die Serifenschriften sind die Unterschiede in der Strichstärke – die meist gleichförmige Strichstärke einer serifenlosen Schrift führt ebenfalls zur schnelleren Ermüdung. Deswegen wären die Serifenschriften für längere Texte wie Bücher besser geeignet, was erst einmal logisch klingt. Für Sach- und Fachbücher werden aber aufgrund der Schriftcharaktere und Aussagen trotzdem meist serifenlose Schriften verwendet. Auch lassen sich serifenlose Schriften aufgrund ihrer Klarheit unter schwierigen Umständen wie in Dunkelheit oder bei Unschärfe leichter lesen und werden deswegen beispielsweise im Straßenverkehr verwendet.

Die Untersuchungen bezüglich der Ermüdung der Augen basieren auf bestimmten, klassischen Schriftarten. Dabei werden beispielsweise die neuen serifenlosen Schriften der jüngsten Zeit nicht berücksichtigt. In dem Artikel »Profile of a Modern Sans Serif« stellt John D. Berry, Typograf und Autor von »U&lc Upper and lowercase« sowie »U&lc Online« infrage, ob die Behauptung heute noch Gültigkeit hat. Serifenlose Schriften werden aber laut Berry nach wie vor als mechanisch und leblos bezeichnet, und der kalten, grausamen Logik des Computerzeitalters stehe die subtile Wärme einer stilvollen Serifenschrift gegenüber.

Humanistische serifenlose Schrift

Durch die Entwicklung eines neuen Schriftstils, der zwar als serifenlos bezeichnet wird, trotzdem aber lesefreundliche Vorteile einer Serifenschrift aufweist, sollte das alte Vorurteil überdacht werden – die serifenlosen Schriften lassen sich nicht mehr alle über einen Kamm scheren. In der FF Profile des Deutschen Martin Wenzel (www.martinplus.com), die seit 1999 von FontShop angeboten wird, sieht Berry den Stellvertreter für die neue Gruppe der humanistischen serifenlosen Schriften. Sie basiert auf der gleichen Grundidee wie die Proforma von Petr van Blokland, die Thesis von Luc(as) de Groot und auch die Meta von Erik Spiekermann, bei denen die Tradition der humanistischen holländischen Typografie unverkennbar ist. Die FF Profile steht auf der einen

Abbildung 2.10 ▼
Die FF Profile von Martin Wenzel gilt als serifenlose Schrift, zeigt aber vorsichtige Ansätze von Serifen.

Seite für die saubere und reine Wirkung der humanistischen Serifenlosen, gleichzeitig lässt sie sich aber nicht mit der geometrischen, rationalen Ausstrahlung der klassischen serifenlosen Schriften in Verbindung bringen.

Der Schriftdesigner Wenzel selbst beschreibt die Entstehung der FF Profile etwa so: »Man nehme die Form einer klassischen Schrift [...] wie zum Beispiel die Garamond. Dann gilt es, den Kontrast vorsichtig auf ein Minimum zu reduzieren. Abschließend werden die Serifen so reduziert, dass nur noch kleine Details an ihr Vorhandensein erinnern. Anschließend unskaliert und mit genügend Zeilenabstand servieren«.

Der persönliche Stil

In Anbetracht der Tatsache, dass diese neue Form von Schriften als serifenlos bezeichnet wird, aber Ansätze beziehungsweise Reste von Serifen hat, sollte man Berry Recht geben: Die Diskussion um lesefreundliche Schriften mit und ohne Serifen muss neu durchdacht und untersucht werden. Die Schönheit und Eleganz der humanistischen serifenlosen Schriften ist sicher unumstritten.

Grundsätzlich muss man bedenken: Genauso wie sich Personen nur hinsichtlich einiger Merkmale in Gruppen einteilen lassen und jede dabei doch eine eigene Ausstrahlung und persönlichen Stil hat, genauso sind Schriften zu beurteilen. Deswegen sollte nicht die Frage nach vorhandenen oder fehlenden Serifen, sondern vielmehr die Frage nach der Schrift selbst in den Vordergrund treten.

FF Profile Light   FF PROFILE SC LIGHT
FF Profile Light Italic   *FF PROFILE SC LIGHT ITALIC*
FF Profile Regular   FF PROFILE SC REGULAR
FF Profile Regular Italic   *FF PROFILE SC REGULAR ITALIC*
FF Profile Medium   **FF PROFILE SC MEDIUM**
FF Profile Medium Italic ***FF PROFILE SC MEDIUM ITALIC***
FF Profile Bold   **FF PROFILE SC BOLD**
FF Profile Bold Italic   ***FF PROFILE SC BOLD ITALIC***
FF Profile Black   **FF PROFILE SC BLACK**
FF Profile Black Italic   ***FF PROFILE SC BLACK ITALIC***

2.3 Ligaturen

Manche Schriften beziehungsweise Schnitte enthalten Ligaturen. Dabei handelt es sich um eine Buchstabenkombination von mindestens zwei Zeichen, die ursprünglich aus der Notwendigkeit des schnelleren und flüchtigeren Schreibens entstand und die im Bleisatz auf einen Schriftkegel gegossen wurde, um Probleme mit Vor- und Nachbreiten zu vermeiden. Besonders bei Kombinationen, die stark unterschnitten werden mussten und sich somit an manchen Stellen fast berührten, erleichterte ein gemeinsamer Kegel die Arbeit. Zudem erhöhen Ligaturen die Lesbarkeit.

Buchstabenform

Bei Ligaturen geht es jedoch nicht ausschließlich um die Verringerung der Laufweite – auch die Buchstabenform variiert, wie in Abbildung 2.13 zu sehen ist. Die beiden bekanntesten Ligaturen sind sicherlich das & und das ß. Das & ist aus der Kombination von e und t entstanden; das ß hat sich parallel aus zwei verschiedenen Quellen entwickelt: In englischen und französischen Antiquaschriften findet man die Ligatur ß für das lange und das kurze s. Als zweite Quelle dienen die Frakturschriften, in denen bereits seit dem Mittelalter das lange s und das z zu einer Ligatur verbunden wurden. Auch wenn Typografen wie Jan Tschichold für die erste Quelle plädierten, beruht zumindest der Name unseres heutigen ß zweifellos auf dem langen s und dem z. Ein schönes Beispiel dafür findet man in den

Abbildung 2.11 ▼
Hier ist schön zu sehen, wie aus der Kombination des langen und des kurzen s das ß entstanden ist. Es gibt allerdings auch andere Fachbeiträge, die der These der Zusammenziehung von langem und kurzem s widersprechen.

Abbildung 2.12 ▼
Ein Straßenschild in Ostberlin; Das ß setzt sich bei dieser Schrift deutlich aus dem langen s und dem alten z zusammen.

Abbildung 2.13 ▶
Ligaturen im Bleisetzkasten

2.3 Ligaturen

alten Straßenschildern von Ostberlin: Hier ist zu sehen, wie sich das ß aus dem langen s und dem z zusammenfügt.

Wenn auch im Bleisatz noch der Großteil der Schriften über Ligaturen verfügte, findet man im Computersatz leider nur eine beschränkte Anzahl von Schriften, die Ligaturen enthalten.

Weitere Ligaturen
Weitere Ligaturen sind ck, fl, fi ft, ll, sch, si, sl, ss, st, tt und tz. In der verwendeten Schrift Linotype SyntaxOsF sind lediglich die beiden Ligaturen fl und fi vorhanden.

Voraussetzung
Voraussetzung für den Einsatz von Ligaturen ist natürlich das Vorhandensein der Zeichen in der Schrift, der Schriftdesigner muss die Ligaturen also auch geschaffen und in seine Schrift eingebaut haben. Wenn mehr als die wenigen Standardligaturen, die in einigen PostScript-Schriften enthalten sind, benötigt werden, müssen zudem das Betriebssystem und die Software den Einsatz von OpenType-Schriften unterstützen.

OpenType
OpenType, das plattformübergreifende Schriftformat mit einem erweiterten Schriftsatz sowie erweiterten Layoutfunktionen basiert auf der Unicode-Norm und kann somit über 65 000 Zeichen enthalten. Unicode hält auch ein paar wenige Codes für Ligaturen bereit wie zum Beispiel für das lange »s«, für die Ligaturen »ff«, »fi« oder »fl«. Auch andere typografische Besonderheiten wie Mediävalziffern, echte Kapitälchen oder Brüche, Währungssymbole und fremdsprachige Sonderzeichen lassen sich auf der Unicode-Basis unterbringen.

Formate und Normen
Mehr zu Unicode, OpenType und PostScript finden Sie in Kapitel 8, »Schrifttechnologien«.

▼ **Abbildung 2.14**
Die Zapfino ist ein Paradebeispiel für eine OpenType-Schrift mit unzähligen Sonderzeichen und typografischen Feinheiten. Auch Ligaturen sind in dem großen Zeichenumfang enthalten. Die obere Zeile zeigt die normalen Buchstabenkombinationen, die untere Zeile die entsprechenden Ligaturen.

97

2.4 Zahlen

Arabische Zahlen

Unser Zahlensystem besteht aus arabischen Ziffern und stammt anders als unsere Buchstaben ursprünglich aus Indien. Während Griechenland und Rom als die Wiege der Buchstaben angesehen werden, kann man wohl Indien als die Wiege der Zahlen und Mathematiker bezeichnen. Das Zahlensystem der Inder wurde von der arabischen Welt übernommen und weiterentwickelt. Durch die Null, deren Fehlen lange Zeit die mathematische Entwicklung behinderte, gelang dem arabischen Rechensystem ein gewaltiger Sprung nach vorn. Über Spanien gelangte das Zahlensystem dann nach Europa.

Römische Zahlen

Die römischen Zahlen I, V, X, L, C, D und M haben ihren Ursprung im Römischen Reich, wobei nicht klar ist, ob die Römer die Zahlen neu entwickelten oder aus einem anderen Alphabet ableiteten. Auch wenn sich der Handel durch die Verwendung der römischen Zahlen umständlicher gestaltete, setzte sich das arabische Zahlensystem erst im Mittelalter durch. Heutzutage werden römische Ziffern nur in speziellen Fällen eingesetzt, zum Beispiel beim Nummerieren von Kapiteln, bei Zifferblättern von Uhren oder für eine Nummerierung zu Dekorationszwecken.

Linotype Syntax Medium **Versalziffern**
1234567890

Lintoype SyntaxOsF Medium **Mediävalziffern**
1234567890

Aufbau des arabischen Zahlensystems

Der einfache Aufbau wird besonders beim Rechnen deutlich. Die rechte Stelle einer Zahlenreihe zählt einfach, die zweite Stelle von rechts zählt zehnfach, die dritte Stelle von rechts zählt hundertfach und so fort – vergleicht man diese Rechenweise mit römischen Ziffern, wird schnell klar, warum sich das arabische Zahlensystem durchgesetzt hat.

Mediäval- und Versalziffern

Die erste Schrift mit arabischen Zahlen entwickelte Claude Garamond. Der Schriftkünstler wollte Zahlen schaffen, die zur Schrift passen und sich optimal in das Schriftbild integrieren. Als logische Folge entstanden Zahlen mit ähnlichem Größenverhältnis wie die Kleinbuchstaben, mit Oberlängen, Mittellängen und Unterlängen sowie unterschiedlichen Breiten. Garamond schuf mit diesen Zahlen, die heute als Mediävalziffern, Minuskel- oder gemeine Ziffern bezeichnet werden, ein Vorbild für die folgenden Jahrhunderte. Die heute sehr viel gängigeren Tabellenziffern, die sich auf die gesamte Versalhöhe erstrecken, entstanden erst sehr viel später.

Im Zuge der Digitalisierung verschwanden die Mediävalziffern immer mehr aus dem Schriftbild. Mittlerweile findet man sie nur noch als eigenen Schriftschnitt oder innerhalb einer Kapitälchenschrift. Durch ihre Lebendigkeit fügen sie sich besser in einen Fließtext ein, da sie sich optisch ähnlich verhalten wie die Buchstaben selbst mit ihren Ober- und Unterlängen. Die VERSALZIFFERN mit einheitlicher Breite hingegen eignen sich für Tabellen oder Formulare.

Charakterziffern
Da Mediävalziffern nicht in Einheitsgröße erscheinen, sondern einen eigenen Charakter aufweisen, nennt man sie auch Charakterziffern.

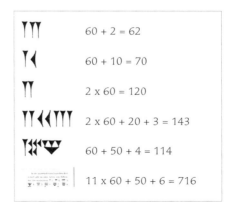

◄ Abbildung 2.15
In der assyrisch-babylonischen Keilschrift verwendete man zwei Arten von Ziffern: Im linken Kasten ist das Dezimalsystem zu sehen; rechts daneben sind Beispiele für das Sechziger-System, bei dem das Symbol ⟨ eine große Einheit, also 60 darstellt. Quelle: Schriftzeichen und Alphabete alter Zeiten und Völker, von Carl Faulmann, 2004; Mit freundlicher Genehmigung des Marixverlags, Wiesbaden.

2.5 Auszeichnungen

Auszeichnungen im Text werden überwiegend als optische Hervorhebung wichtiger Textpassagen verwendet. Dadurch wird dem Leser das Querlesen erleichtert, und der Text ist schneller zu erfassen. Besonders in Dokumentationen oder Nachschlagewerken helfen Auszeichnungen, die Begriffe schneller zu finden. Aus typografischer Sicht unterscheiden wir dabei zwischen ästhetischer und optischer Auszeichnung.

Ästhetische und optische Auszeichnungen

Zu den ästhetischen oder auch typografischen Auszeichnungen gehören der kursive Schnitt, Kapitälchen und Versalien. Zu den optischen Auszeichnungen gehören halbfette und fette Schriften, Sperrungen und Unterstreichungen sowie farbiger Text. Sie fallen dadurch auf, dass sie sich nicht nur deutlich aus dem Satzbild hervorheben, sondern auch den Grauwert des Satzes unterbrechen. Natürlich hängt die optimale Auszeichnung nicht nur, aber auch von der Art des Druck- oder Online-Erzeugnisses ab: Innerhalb eines wissenschaftlichen Textes sollte in jedem Fall mit einer ästhetischen Auszeichnung gearbeitet werden; Flugblätter zu Sonderangeboten im Supermarkt oder dem neuen Pizzadienst setzen optische Auszeichnungen ein, was zum Teil sogar gerechtfertigt ist. Grundsätzlich gilt: Wer innerhalb eines längeren Textes dezente Auszeichnungen erstellen möchte, verwendet die ästhetischen Auszeichnungen.

Abbildung 2.16 ▶
In diesem Beispiel sind ausschließlich ästhetische Auszeichnungen verwendet worden. Dadurch kann der Grauwert des Textes erhalten bleiben.

> Zu den ästhetischen Auszeichnungen gehören der *kursive Schnitt*, Kapitälchen und Versalien. Zu den optischen Auszeichnungen gehören *halbfette* und *fette* Schriften, Sperrungen und Unterstreichungen sowie farbiger Text. Sie fallen dadurch auf, dass sie sich nicht nur deutlich aus dem Satzbild hervorheben, sondern auch den *Grauwert* des Satzes unterbrechen. Natürlich hängt die optimale *Auszeichnung* auch von der Art des Druck- oder Online-Erzeugnisses ab: Innerhalb eines wissenschaftlichen Textes sollte in jedem Fall mit einer ästhetischen Auszeichnung gearbeitet werden; Flugblätter zu Sonderangeboten im Supermarkt oder dem neuen Pizzadienst setzen optische Auszeichnungen ein, was zum Teil sogar gerechtfertigt ist.

Sparsame Verwendung optischer Auszeichnungen

Auch wenn sich bestimmte Arten der optischen Auszeichnung wie zum Beispiel die Unterstreichung bei einem Weblink durchgesetzt haben, sollte man sie nur äußerst sparsam und sehr gezielt einsetzen. Besonders das Sperren von Text ist eine typografische Unart, die lediglich den Lesefluss stört.

Um ganze Absätze auszuzeichnen und den Text zu gliedern, setzt man andere Gestaltungsmittel ein. Hierzu verwendet man Einzüge oder Initialen – mehr Informationen dazu finden Sie in Kapitel 3.

Wenige Auszeichnungsarten
Typo-Tipp: Beschränken Sie sich auf möglichst wenige unterschiedliche Auszeichnungsarten.

◀ Abbildung 2.17
In manchen Anwendungsbereichen kann das Mischen von optischen und ästhetischen Auszeichnungen sinnvoll sein. In diesem Lexikon wurde mit fetten und kursiven Schnitten sowie mit Kapitälchen gearbeitet.

Zu den ästhetischen Auszeichnungen gehören der **kursive Schnitt**, Kapitälchen und Versalien. Zu den **optischen Auszeichnungen** gehören halbfette und fette Schriften, S p e r r u n g e n und Unterstreichungen sowie **farbiger Text**. Sie fallen dadurch auf, dass sie sich nicht nur deutlich aus dem S a t z b i l d hervorheben, sondern auch den Grauwert des Satzes unterbrechen. Natürlich hängt die optimale **Auszeichnung** auch von der Art des Druck- oder Online-Erzeugnisses ab: Innerhalb eines wissenschaftlichen Textes sollte in jedem Fall mit einer ästhetischen A u s z e i c h n u n g gearbeitet werden; Flugblätter zu Sonderangeboten im Supermarkt oder dem neuen **Pizzadienst** setzen optische Auszeichnungen ein, was zum Teil sogar

◀ Abbildung 2.18
In diesem Beispiel sind ausschließlich optische Auszeichnungen verwendet worden. Der Grauwert des Textes geht dabei verloren.

2.6 Lesegewohnheiten

Bevor ich nun im Folgenden auf die Feinheiten bei Wort- und Zeichenabständen eingehe, möchte ich beschreiben, warum man sich als verantwortungsvoller Typograf überhaupt Gedanken darüber machen sollte. Damit kommen wir zu den Sakkaden und zum Grauwert.

Art und Weise des Lesens: die Sakkaden

Geschwindigkeit der Sakkaden
Sakkaden bezeichnen die schnellstmöglichen Bewegungen des Auges, wobei die Geschwindigkeit der Sakkade nicht willentlich bestimmt werden kann. Allerdings verringern Müdigkeit und fehlende Aufmerksamkeit eindeutig die Geschwindigkeit.

Zunächst sollten wir uns klarmachen, auf welche Art und Weise der Mensch liest. Am deutlichsten wird dies, wenn man ein Kind bei seinen ersten Leseversuchen beobachtet und ihm zuhört. Sie werden merken, wie sich der Leseanfänger von Buchstabe zu Buchstabe hangelt, eventuell bereits Silben erkennt.

Was ist der Unterschied zwischen dem Kind und einem geübten Leser? Der geübte Leser liest Wortbilder und keine einzelnen Buchstaben. Deswegen bewegt sich unser Auge beim Lesen auch nicht gleichmäßig von Buchstabe zu Buchstabe, sondern verhält sich ähnlich wie beim Sackhüpfen: Wir bewegen uns nicht in kleinen, regelmäßigen Schritten, sondern in Sprüngen vorwärts, springen in so genannten Sakkaden.

Genau genommen sind Sakkaden die ruckhaften Bewegungen, in denen unsere Augen von einem interessanten Punkt zum nächsten springen, und unser Gehirn setzt die Einzelteile zu einem Gesamtbild zusammen. Das Gleiche passiert beim Lesen. Sieben bis zwölf Buchstaben sind als Sakkadenlänge normal; die Sakkaden werden kürzer, je schwieriger und anspruchsvoller der Text ist. Eine Informationsaufnahme findet in dieser Phase nicht statt.

Etwa 15 Prozent der Sakkaden bestehen aus Regressionen, auch als Regressionssakkaden bezeichnet. Innerhalb dieser Zeit springt

Abbildung 2.19 ▶
An den Fixationsstellen ist der Text am schärfsten. Hier verweilen wir, um die Informationen zu verarbeiten.

Die Augensprünge beim Lesen werden als Sakkaden bezeichnet. Der Leser springt damit von Fixationspunkt zu Fixationspunkt. An diesen Stellen ist der Text am schärfsten.

2.6 Lesegewohnheiten

das Auge rückwärts, entgegen der Leserichtung. Wie vermutet erhöhen sich die Phasen der Regression und der Fixation mit der Schwierigkeit des Textes.

Ruhe zwischen den Sakkaden

Zwischen den Sprüngen, also an der Stelle, wo wir beim Sackhüpfen rasten, findet die so genannte Fixation statt. An welcher Stelle sie vorkommt, darüber sind sich die Wissenschaftler nicht einig – einige behaupten zwischen den Wörtern, andere glauben mitten im Wort. Erst in der Phase der Fixation verarbeiten und verstehen wir die Information, über die wir gerade hinweggesprungen sind. Lesewissenschaftler haben herausgefunden, dass die Fixation mit 90 Prozent den größten Teil der Lesezeit in Anspruch nimmt.

Erschwerte Lesbarkeit durch breite Schrift

Basierend auf der Sakkadentheorie lässt sich die Lesbarkeit von Text einfach forcieren. Ein Beispiel: Ein Text in einer breiten Schrift ist grundsätzlich schwieriger zu lesen als Text in einer schmalen Schrift: Bei der breiten Schrift können nämlich weniger Zeichen während einer Sakkade vom Auge aufgenommen und somit während der Fixation verarbeitet werden als bei einer schmalen Schrift.

Aber auch weiße Räume, Leerzeilen und andere Mittel, die auf das Graubild einwirken, üben einen starken Einfluss auf die Sakkaden aus.

Reihenfolge der Buchstaben

Wussten Sie, dass unsere Wortbilderkennung wesentlich vom ersten und vom letzten Buchstaben abhängig ist? Stimmen diese beiden Buchstaben, spielt die Reihenfolge der restlichen Buchstaben eine eher untergeordnete Rolle.

Wesstun Sie, dsas die Eknunnerg enis Tteexs wlesctenih vom etresn und vom lzetten Bebhcustan agähnibg ist? Snid dseie bieedn Bebhcustan kreorkt, spielt die Roghelifene der rhilstecen Bebhcustan enie unregdetenrote Rlole.

◄ Abbildung 2.20
Testen Sie selbst: Dieser Text liest sich erstaunlich einfach, obwohl lediglich der erste und der letzte Buchstabe eines jeden Wortes korrekt gesetzt ist. Die Reihenfolge der anderen Buchstaben innerhalb des Wortes spielt eine untergeordnete Rolle.

Die obere Hälfte des Textes

Sie sitzen am Frühstückstisch und Ihr Gegenüber teilt das Brötchen in eine obere und eine untere Hälfte. Für welchen Teil entscheiden Sie sich? Falls Sie einmal in die Verlegenheit kommen sollten, die gleiche Entscheidung bei einer Zeile Text treffen zu müssen, lautet mein Tipp: Entscheiden Sie sich für den oberen Teil. Untersuchungen haben nämlich ergeben, dass wir hauptsächlich aus dem oberen Teil des Wortes die Informationen beziehen.

Sie werden die Untersuchungsergebnisse leicht nachvollziehen können, wenn Sie das Textbeispiel unten auf der Seite betrachten. Der Text, bei dem der untere Teil fehlt, ist ohne Probleme zu lesen; hingegen erhalten wir beim Betrachten der unteren Hälfte nur mangelhafte Informationen. Übrigens erleichtern Serifen in diesem Fall das Erkennen zusätzlich.

Grauwert

Je anstrengender das Lesen, desto schneller ermüdet das Auge und desto kürzer wird sich der Leser mit dem Text auseinandersetzen. Es gibt einige wissenschaftliche Untersuchungen darüber, welche Fak-

Abbildung 2.21 ▶
Testen Sie es selbst: Welcher Text lässt sich leichter erkennen? Der obere Textblock, in dem nur die obere Hälfte erkennbar ist, oder der untere Textblock, in dem die untere Texthälfte zu sehen ist?

toren zur Ermüdung der Augen beitragen beziehungsweise welche Faktoren wir als anstrengend empfinden. Dabei spielt der Grauwert eines Textes die Hauptrolle.

Der Grauwert ist am einfachsten abzuschätzen, wenn Sie das Druckerzeugnis mit circa 40 Zentimeter Abstand vor die Augen halten und diese dabei leicht zukneifen. Bei einem guten Grauwert erscheinen die Textzeilen dann als gleichmäßige graue Balken. Unterstreichungen oder fette Auszeichnungen zerstören diesen Grauwert und erscheinen beim Testblick als dunkle Klumpen.

Bei der Erstellung von Büchern oder längeren Texten spielt der Grauwert eine wichtige Rolle – je gleichmäßiger der Grauwert, desto ruhiger das Bild und desto entspannter das Lesen. Deswegen greift man hier eher zu den ästhetischen Auszeichnungen und sollte auch ein besonderes Augenmerk auf die Verteilung der Abstände und Weißräume legen. Im Anzeigensatz oder in der Werbung kann der Grauwertfaktor eher vernachlässigt werden.

Kapitälchen und Versalien
Um einen optimalen Grauwert zu erhalten, sollte man Kapitälchen und Versalien leicht sperren. Je nach Schriftart kann Versaltext zudem noch leicht in der Schriftgröße reduziert werden, damit er sich optimal in das Schriftbild einfügt.

Grauwert

Testen Sie selbst: Halten Sie den Text in etwa 40 Zentimetern Abstand vor Ihre Augen, und kneifen Sie die Augen dabei leicht zusammen. Weist der Text einen ausgewogenen *Grauwert* auf, sehen Sie gleichmäßige GRAUE BALKEN. Typografische Auszeichnungen wie kursive Schnitte oder Kapitälchen im Text zerstören diesen Grauwert nicht. Optische Auszeichnungen hingegen erscheinen bei dem Test mit zusammengekniffenen Augen als dunkle Klumpen.
Um den Test korrekt durchführen zu können, decken Sie am besten die umliegenden TEXTBEREICHE ab.

Grauwert

Testen Sie selbst: Halten Sie den Text in etwa 40 Zentimetern Abstand vor Ihre Augen, und kneifen Sie die Augen dabei leicht zusammen. Weist der **Text** einen ausgewogenen **Grauwert** auf, sehen Sie gleichmäßige graue Balken. Typografische Auszeichnungen wie kursive Schnitte oder Kapitälchen zerstören diesen Grauwert nicht. Optische Auszeichnungen hingegen erscheinen bei dem Test mit zusammengekniffenen Augen als dunkle **Klumpen**.
Um den Test korrekt durchführen zu können, decken Sie am besten die umliegenden Textbereiche ab.

◀ Abbildung 2.22
Der Grauwert eines Textes lässt sich leicht mit zusammengekniffenen Augen testen.

2.7 Leere Räume

Nachdem wir uns verdeutlicht haben, welch wichtige Rolle den Räumen und Abständen zukommt, betrachten wir sie im Einzelnen. Beginnen wir mit dem Begriff Geviert, auf dem viele typografische Größen basieren.

Geviert – die feste Größe

Beim Geviert handelt es sich um eine feste Größe – ein Quadrat, dessen Länge und Breite der Kegelhöhe entspricht. Da umgangssprachlich die Kegelgröße mit der Schriftgröße gleichgesetzt wird, kann man auch sagen, dass die Höhe des Gevierts der Schriftgröße gleicht. Vom Geviert abgeleitete Größen sind das Halbgeviert (50 % der Geviertbreite), das Viertelgeviert (25 % der Geviertbreite) und das Achtelgeviert (12,5 % der Breite eines Gevierts).

Geviert statt flexible Räume

Das Geviert ist aber nicht so angestaubt, wie es im ersten Moment scheint. Auch in der heutigen DTP-Welt begegnet man ihm oder seinen Verwandten immer wieder, speziell bei den Programmeinstellungen zu Laufweite und Kerning. Auch beim Einsatz von Freiräumen bieten sich die alten Herren an – das Leerzeichen ist nämlich nicht immer die beste Wahl.
Bei Blocksatz beispielsweise kann die Größe eines Leerzeichens stark variieren, was zu hässlichen Löchern führen kann. Zudem kann an der Stelle eines Leerzeichens immer auch eine Zeilenschaltung stattfinden, was manchmal nicht gewünscht ist, beispielsweise zwischen Titel und Namen. Für all diese Fälle sollte man andere, feste Leerräume wie ein Geviert, Halbgeviert oder Viertelgeviert verwenden.
 Die meisten Layoutprogramme bieten zudem die geschützten Räume an, in denen keine Zeilenschaltung stattfindet. Für die Gliederung von Telefonnummern oder Bankleitzahlen bieten QuarkXPress und InDesign den so genannten Interpunktionsraum an.

em und en
Wenn jemand den Begriff »M« statt Geviert verwendet, benutzt er lediglich die englische Bezeichnung. In der englischen Sprache wird das Geviert nämlich als »em« bezeichnet, weil es ursprünglich der Größe eines großen M glich. Das Halbgeviert heißt somit »en«, da es traditionell der Breite eines »N« entsprach.

Abbildung 2.23 ▼
Adobe InDesign bietet unter SCHRIFT · LEERRAUM EINFÜGEN eine Menge verschiedener Größen an Leerräumen an.

2.8 Wortabstand

Die Größe des Wortzwischenraums, auch Wortabstand oder Leerzeichen genannt, spielt neben anderen Faktoren eine wichtige Rolle für die Lesbarkeit des Textes. Bei zu kleinen Abständen kann das Auge die einzelnen Wörter nicht richtig trennen, bei zu großen Abständen zerfällt der Text, was die Erkennung der Wortbilder erschwert. Wir haben es also mal wieder mit einer Größe zu tun, die wir mit unserem kritischen Typografen-Auge betrachten und eventuell sorgfältig nachbearbeiten sollten. Dabei ist es aber sinnlos, den Wortabstand isoliert zu sehen – Sie sollten gleichzeitig die Laufweite und den Zeilenabstand beachten, da diese Größen alle miteinander in Beziehung stehen und nicht unabhängig voneinander wirken.

Die optimale Größe
Bei der Größe des Wortabstands handelt es sich um eine feste Breite, die der Schriftdesigner seiner Schrift mitgegeben hat. Grob gesagt ist das klassische Maß hier ein Drittelgeviert. Dem pingeligen Typografen wird allerdings auffallen, dass der Wortzwischenraum genauso wie die Laufweite beziehungsweise die Buchstabenabstände auch von der Schriftart und -form abhängig sind. Spätestens bei besonders schmalen oder breiten Schriftschnitten drängt sich die Punzenbreite wieder in den Vordergrund: Hier entspricht der Wortzwischenraum in etwa dem Innenraum eines n.

Punze
Als Punze wird der Innenraum eines Buchstabens bezeichnet.

▼ Abbildung 2.24
Bei schmalen Schriften gilt der Innenraum eines kleinen n als Anhaltswert für die Größe eines Wortzwischenraums.

Der Wortzwischenraum einer sehr eng laufenden Schrift weicht von dem Drittelgeviert ab. Bei der Univers 59 Ultra Condensed beträgt der Wortzwischenraum ein Viertelgeviert.

Der Wortzwischenraum einer sehr weit laufenden Schrift weicht von dem Drittelgeviert ab. Bei der Univers 53 Extended beträgt der Wortzwischenraum ein Halbgeviert.

Der Wortzwischenraum der Myriad Pro Light in 44 Punkt beträgt 16,5 Punkt.

Der Wortzwischenraum der Myriad Pro Black in 44 Punkt beträgt 13,8 Punkt.

Abbildung 2.25 ▼
Unterschiedliche Wortzwischenräume und deren Einfluss auf die Lesbarkeit: links zu kleine Abstände, im rechten Text zu große Wortzwischenräume.

Große Größen bei dünnen Schriften

Durch den Einsatz der Punzen entsteht eine Größenzuordnung, die im ersten Moment merkwürdig anmutet. Einer besonders fetten Schrift würde man vielleicht intuitiv einen genauso fetten, also relativ großen Wortabstand zutrauen. Ebenso würde man im ersten Moment vermuten, dass mit einer sehr dünnen Schrift eher ein ebenso dünner Wortabstand harmoniert. Doch genau das Gegenteil ist der Fall.

Eine fette Schrift weist eine fette Strichstärke auf. Dadurch wird die Punze schmal, weil weniger Platz vorhanden ist. Lehnt sich der Wortabstand also an die Größe der Punze des »n« an, ist auch der Wortzwischenraum einer fetten Schrift schmal. Umgekehrt verhält es sich bei einer Schrift mit dünner Strichstärke. Hier kann die Punze und somit auch der Wortabstand sehr viel größer sein als bei einem normalen oder fetten Schnitt.

Unfreiwillige Größenänderung

Im Optimalfall, das heißt bei Text, der sich in keine Form passen muss und nach rechts, links oder mittig flattert, wird in den Anwendungsprogrammen der vom Schriftdesigner festgelegte Wortzwischenraum auch verwendet. Anders sieht dies beim Blocksatz aus, bei dem jede Zeile eine vorgegebene Länge aufweisen muss – hier ist der Wortzwischenraum neben dem Buchstabenabstand eine der beiden Variablen, mit denen man arbeitet. Mehr zum Blocksatz finden Sie in Kapitel 3, »Wort und Zeile«.

Im linken Text wird ein zu kleiner Wortzwischenraum verwendet. Das Ergebnis ist ein Text, der nur schwer zu lesen ist, da das Auge des Lesers Mühe hat, die Wörter als eigenständige Gruppen zu erkennen. Im rechten Textblock hingegen ist der Wortzwischenraum zu groß gewählt. Auch das bedeutet Mehrarbeit für das Auge: Der Text zerfällt durch die zu großen Abstände, und der Leser kann ebenfalls nur schwer die Wortgruppen erkennen. In beiden Fällen verhindern die falschen Wortzwischenräume den optimalen Grauwert.

Im linken Text wird ein zu kleiner Wortzwischenraum verwendet. Das Ergebnis ist ein Text, der nur schwer zu lesen ist, da das Auge des Lesers Mühe hat, die Wörter als eigenständige Gruppen zu erkennen. Im rechten Textblock hingegen ist der Wortzwischenraum zu groß gewählt. Auch das bedeutet Mehrarbeit für das Auge: Der Text zerfällt durch die zu großen Abstände, und der Leser kann ebenfalls nur schwer die Wortgruppen erkennen. In beiden Fällen verhindern die falschen Wortzwischenräume den optimalen Grauwert.

2.8 Wortabstand

Manuelle Bearbeitung

Zwar haben die meisten Designer mit viel Liebe und Sorgfalt die Größe des Wortabstandes berechnet, jedoch gibt es immer wieder Gründe, die Größe manuell zu ändern.

Dies ist wie so oft bei sehr großen Schriftgraden der Fall; hier sollte man den Wortzwischenraum in der Regel verkleinern. Zudem sollte – gerade bei großen Überschriften oder anderen Hinguckern – der Wortzwischenraum optisch reguliert werden. Je nachdem, welche Zeichen den Wortabstand einrahmen, kann er zu groß, in seltenen Fällen aber auch zu klein wirken. Ähnlich wie beim manuellen Ausgleichen von Buchstabenabständen spielt es also auch hier eine Rolle, ob der Wortzwischenraum Buchstaben wie L und V oder L und T trennt oder ob er sich zwischen der Buchstabenkombination H und L befindet. Sind Interpunktionszeichen im Spiel, verschärft sich die Situation: Die Zeichenreihenfolge p, V schreit geradezu nach manueller Verringerung, speziell in großen Schriftgrößen.

Wurde die Laufweite des gesamten Textes erhöht, sollten natürlich auch die Wortabstände erhöht werden.

Optische Löcher

Das Drittelgeviert oder die Punze eines n sind also wieder nur Anhaltspunkte, die sich bei Mengentext eignen. Spätestens bei großen Schriftgraden ist jedoch auch hier das feine typografische Auge gefragt, mit dem es das optische Loch auszumachen und zu entfernen gilt.

▼ Abbildung 2.26
Durch die reduzierte Buchstabenanzahl bei schmalen Spalten stehen dem Programm weniger Möglichkeiten zur Verfügung, die Zeile im Blocksatz zu füllen. Somit entstehen schnell die Flughäfen – riesige Wortzwischenräume im Text. Silbentrennungs- und Laufweiteneinstellungen können das Problem vergrößern oder reduzieren.

GABEL TRIFFT LÖFFEL

NAH LIEBT FERN

Stop, Vorfahrt!

Bei Blocksatz entstehen, abhängig von den gewählten ● Einstellungen im●Programm,●schnell große ● Wortzwischenräume,● speziell●wenn die Spaltenbreite im Verhältnis zur Schriftgröße sehr schmal ausfällt.

Beim Blocksatz entstehen, abhängig von den gewählten Einstellungen●im●Programm,●schnell große Wortzwischenräume, speziell●wenn die Spaltenbreite im Verhältnis zur Schriftgröße sehr schmal ausfällt.

2.9 Der Zeichenabstand

Auch für den Zeichenabstand beziehungsweise Buchstabenabstand gilt die Aussage: Nur ein optimaler Wert fördert die Lesbarkeit. Ein zu kleiner Abstand lässt schnell die beiden Zeichen optisch miteinander verschmelzen – denken Sie nur an die Entstehung des »ß«! Auch die Kombination »uu« wird schnell zu einem »w«, aus »rl« entsteht leicht ein »d«. Ein zu großer Abstand hingegen zerreißt die Wörter und hindert uns beim Erkennen der Sakkaden. Ergo heißt es mal wieder, dass wir uns um eine optimale Laufweite bemühen sollten.

Automatisch optimale Laufweiten

Früher war alles besser? Nun, zumindest gab es grundsätzlich weniger Anlass, sich über Laufweiten den Kopf zu zerbrechen. Auch wenn die Arbeitszeit, die vor einigen hundert Jahren im Satz eines Buches steckte, nicht mit der heutigen zu vergleichen ist – der Vorteil war, dass der Schriftschneider bis zum Siegeszug des Fotosatzes jede Schriftgröße einzeln schnitt, was zwar eine enorme Arbeit beinhaltete, logischerweise aber auch implizierte, dass er die Zeichenabstände der Schrift auf die Größe zuschneiden und optimieren konnte. Somit besaß eine 12-Punkt-Garamond auch die Laufweite, die sich für 12 Punkt optimal eignet.

Laufweiten und Schriftgrößen

Auch wenn Schriftgestalter heutzutage die Laufweite ihrer Schrift in der Regel in liebevoller Kleinarbeit optimieren, gibt es verschiedenste Gründe, warum sie vom Anwender nachträglich verändert werden sollte. Denn durch das Desktop-Publishing verwenden wir ein und dieselbe Schrift für alle Größen. Die Laufweite einer Schrift kann aber in 8 Punkt zu eng erscheinen, in 12 Punkt optimal und in 48 Punkt viel zu weit. Hier greifen zwar teilweise schriftgrößenabhängige Kerning-Tabellen, allerdings sind dies meist softwaregesteuerte Standardwerte, und letztendlich gilt es mal wieder, den Charakter einer jeden Schrift zu erkennen und ihren Stil durch die optimale Zurichtung zu unterstreichen.

Laufweiten und Einsatzzweck

Welche Ansprüche und Anforderungen werden an eine Schrift gestellt? Wo wird sie eingesetzt? Einige Schriftdesigner planen bereits vor oder während der Entwicklung ihrer Schrift, für welche Zwecke

---

Spatium
Im Bleisatz wurde so genanntes Ausschlussmaterial oder Blindmaterial verwendet, um Räume freizuhalten, zum Beispiel um Telefonnummern zu gliedern oder um die Laufweite zu erhöhen. Dabei handelt es sich um nicht druckendes, weil weniger hohes Material in einer bestimmten Breite. Das Spatium ist ein solcher nicht druckender Zwischenraum. Die exakte Breite eines Spatiums ist nicht festgelegt – alle Zwischenräume, die kleiner als ein Achtelgeviert sind, werden als Spatium bezeichnet. Zu den Zwischenräumen zählen weiter das Geviert, das Halbgeviert, das Viertelgeviert und das Achtelgeviert.

Laufweite
Als Laufweite wird der Abstand der Buchstaben zueinander bezeichnet.

Sperren, Spationieren, Unterschneiden, Tracking
Sperren, Spationieren oder die Laufweite erhöhen bedeutet, die Abstände der Buchstaben zueinander zu vergrößern. Das Verringern des Abstandes wird als Unterschneiden bezeichnet, im DTP-Zeitalter vermischen sich aber unter dem Begriff Unterschneiden beide Vorgänge. Der Begriff Tracking taucht ebenfalls immer wieder auf und bezeichnet üblicherweise das Verringern der Laufweite.

sie sich eignen soll – wird sie mehr als Gebrauchsschrift in kleinen Größen dienen oder doch als eigenwillige Auszeichnungsschrift in großen Größen Verwendung finden? Je klarer der berufliche Werdegang der Schrift im Vorhinein bestimmt werden kann, desto besser wird auch die Qualität der Schrift in der entsprechenden Größe sein – und dazu zählt eben auch eine optimierte Laufweite. Nichts anderes hat Gutenberg mit seiner 42-zeiligen Bibel gemacht. Auch heute lässt nahezu jedes Unternehmen, das etwas auf sich hält, eine eigene Schrift entwerfen, deren Einzigartigkeit dem Unternehmen

> Die Laufweite dieses Textes ist zu eng gewählt. Deswegen lässt sich der Text nur schwer lesen. Die Laufweite dieses Textes ist zu eng gewählt. Deswegen lässt sich der Text nur schwer lesen. Die Laufweite dieses Textes ist zu eng gewählt. Deswegen lässt sich der Text nur schwer lesen. Die Laufweite dieses Textes ist zu eng gewählt. Deswegen lässt sich der Text nur schwer lesen.

> Die Laufweite dieses Textes ist zu weit gewählt. Deswegen lässt sich der Text nur schwer lesen, die Worte wirken gesperrt und zerfallen. Die Laufweite dieses Textes ist zu weit gewählt. Deswegen lässt sich der Text nur schwer lesen, die Worte wirken gesperrt und zerfallen. Die Laufweite dieses Textes ist zu weit gewählt. Deswegen lässt sich der Text nur schwer lesen, die Worte wirken gesperrt und zerfallen.

> Die Laufweite dieses Textes ist optimal gewählt und entspricht den Vorgaben des Schriftdesigners. Der Text ist problemlos zu lesen. Die Laufweite dieses Textes ist optimal gewählt und entspricht den Vorgaben des Schriftdesigners. Der Text ist problemlos zu lesen. Die Laufweite dieses Textes ist optimal gewählt und entspricht den Vorgaben des Schriftdesigners. Der Text ist problemlos zu lesen. Die Laufweite dieses Textes ist optimal gewählt und entspricht den Vorgaben des Schriftdesigners. Der Text ist problemlos zu lesen.

Abbildung 2.27 ▼
Auweia. Das Entziffern macht hier keinen Spaß.

Abbildung 2.28 ▼
Auch hier geht die Laufweite auf Kosten der Zeilenbreite. Allerdings ist es völlig unnötig, dass alle Zeilen gleich lang sind.

nicht nur Profil verleiht, sondern die auch den Ansprüchen entsprechend entwickelt werden kann. Bekannte Beispiele sind die Schrift VAG Rounded für Volkswagen sowie die bereits erwähnte Corporate A · S · E für den Daimler-Benz-Konzern. So mancher Schriftdesigner lebt heute ausschließlich von der Auftragsarbeit.

Unterschneidungstabellen und AFM-Dateien

Schriftdesigner liefern mit ihrer Schrift so genannte Kerning- oder Unterschneidungstabellen mit aus, in denen im Optimalfall sämtliche Buchstabenkombinationen enthalten sind und deren Abstand festgelegt ist. Ein gutes Kerning zeichnet auch eine gute Schrift aus – schlechte oder fehlende Kerning-Werte erkennen wir an mangelnder Ästhetik im Schriftbild.

Die Unterschneidungstabellen sind in der Regel in der Schrift enthalten. Einige Schrifthäuser wie Adobe legen ihrer PostScript-Schrift eine separate Textdatei bei, die als AFM-Datei (Adobe Font Metric) bezeichnet wird. Diese ASCII-Datei enthält Informationen zum Copyright, zum Namen des Fonts, zum Gewicht (normal oder fett), Schrägstellung, zu diversen metrischen Angaben sowie zu den Kerning-Werten. Üblicherweise werden die AFM-Dateien aber weder am Macintosh noch auf der Windows-Plattform benötigt; in den

2.9 Der Zeichenabstand

PostScript-Schriften für den Macintosh sind die Metadaten bereits enthalten, unter Windows befinden sie sich in der PFM-Datei (PostScript Font Metrics).

Mehr zu PostScript und anderen Schriftformaten finden Sie in Kapitel 8, »Schrifttechnologien«.

Standardregeln

Trotz allem wollen wir die Schuld nicht dem Desktop-Publishing und unentschlossenen Schriftdesignern zuweisen und mit verschränkten Armen »Ich bin unschuldig« proklamieren. Mit ein paar Standardregeln kann man zwar nicht jede Schrift optimieren, aber zumindest lassen sich grobe Fehler vermeiden.

▼ Abbildung 2.29
Auszüge aus der AFM-Datei der Schrift AquilliaComic-HandBold

```
StartFontMetrics 2.0                                    C 52 ; WX 508 ; N four       ; B 12  -23 448 771 ;
Comment Generated by Fontographer 3.5 31.12.1992        C 53 ; WX 508 ; N five       ; B -5  -11 464 772 ;
19:40:48 Uhr                                            C 54 ; WX 508 ; N six        ; B -1  -18 448 751 ;
FontName AquilliaComicHandBold                          C 55 ; WX 508 ; N seven      ; B 12  -23 456 771 ;
FullName AquilliaComicHandBold                          C 56 ; WX 508 ; N eight      ; B -5   0 448 771 ;
FamilyName Aquillia                                     C 57 ; WX 508 ; N nine       ; B -8   3 441 772 ;
Weight Bold                                             C 58 ; WX 212 ; N colon      ; B 6   -5 160 517 ;
Notice ©1992, all rights reserved, by Aquillia          C 59 ; WX 212 ; N semicolon  ; B 6 -143 172 517 ;
ItalicAngle 0                                           C 60 ; WX 305 ; N less       ; B 8  -26 279 607 ;
IsFixedPitch false                                      C 61 ; WX 549 ; N equal      ; B 15 166 526 500 ;
UnderlinePosition -238                                  C 62 ; WX 323 ; N greater    ; B 27 -26 298 607 ;
UnderlineThickness 31                                   C 63 ; WX 486 ; N question   ; B 13 -18 408 771 ;
Version 001.000                                         C 64 ; WX 622 ; N at         ; B 6 102 568 663 ;
EncodingScheme AdobeStandardEncoding                    C 65 ; WX 615 ; N A          ; B 10 -23 574 657 ;
FontBBox -137 -232 991 788                              C 66 ; WX 477 ; N B          ; B 9  -28 405 654 ;
CapHeight 628                                           C 67 ; WX 566 ; N C          ; B 2  -17 564 654 ;
XHeight 517                                             C 68 ; WX 569 ; N D          ; B 18 -23 515 648 ;
Descender -226                                          C 69 ; WX 514 ; N E          ; B 15 -23 508 652 ;
Ascender 752                                            C 70 ; WX 517 ; N F          ; B 15 -23 508 652 ;
StartCharMetrics 111                                    C 71 ; WX 658 ; N G          ; B -2 -17 600 628 ;
C 32 ; WX 500 ; N space      ; B 0 0 0 0 ;              C 72 ; WX 569 ; N H          ; B 22 -23 517 651 ;
C 33 ; WX 292 ; N exclam     ; B 45 -25 246 771 ;       C 73 ; WX 265 ; N I          ; B 40 -23 209 651 ;
C 34 ; WX 346 ; N quotedbl   ; B 22 480 306 771 ;       C 74 ; WX 363 ; N J          ; B 11 -212 323 651 ;
C 35 ; WX 705 ; N numbersign ; B 9 55 694 697 ;         C 75 ; WX 502 ; N K          ; B 12 -26 446 652 ;
C 36 ; WX 458 ; N dollar     ; B -6 -23 442 771 ;       C 76 ; WX 471 ; N L          ; B 15 -22 409 651 ;
C 37 ; WX 745 ; N percent    ; B 15 -23 718 771 ;       C 77 ; WX 797 ; N M          ; B 18 -23 727 651 ;
C 38 ; WX 628 ; N ampersand  ; B 15 -23 605 771 ;       C 78 ; WX 637 ; N N          ; B 18 -23 566 651 ;
C 39 ; WX 240 ; N quoteright ; B 15 466 172 757 ;       C 79 ; WX 665 ; N O          ; B -2 -27 568 652 ;
C 40 ; WX 337 ; N parenleft  ; B -5 -43 318 788 ;       C 80 ; WX 538 ; N P          ; B 15 -23 467 652 ;
C 41 ; WX 375 ; N parenright ; B 18 -43 342 788 ;       C 81 ; WX 622 ; N Q          ; B -2 -127 568 652 ;
C 42 ; WX 540 ; N asterisk   ; B 11 66 522 601 ;        C 82 ; WX 545 ; N R          ; B 15 -25 467 652 ;
C 43 ; WX 425 ; N plus       ; B 11 118 597 626 ;       C 83 ; WX 520 ; N S          ; B -6 -21 442 634 ;
C 44 ; WX 200 ; N comma      ; B 15 -134 172 148 ;      C 84 ; WX 489 ; N T          ; B 3  -23 440 652 ;
C 45 ; WX 477 ; N hyphen     ; B 15 318 452 425 ;       C 85 ; WX 508 ; N U          ; B -1 -31 452 651 ;
C 46 ; WX 191 ; N period     ; B 6  -5 160 148 ;        C 86 ; WX 508 ; N V          ; B -2 -23 443 651 ;
C 47 ; WX 437 ; N slash      ; B 15 -23 374 771 ;       C 87 ; WX 834 ; N W          ; B -2 -23 800 651 ;
C 48 ; WX 508 ; N zero       ; B 0 -18 471 771 ;        C 88 ; WX 498 ; N X          ; B 8  -23 441 651 ;
C 49 ; WX 508 ; N one        ; B 132 -23 302 771 ;      C 89 ; WX 412 ; N Y          ; B 23 -23 371 651 ;
C 50 ; WX 508 ; N two        ; B 10 -23 452 771 ;       C 90 ; WX 535 ; N Z          ; B -3 -25 483 655 ;
C 51 ; WX 508 ; N three      ; B 17 -22 466 772 ;       C 91 ; WX 382 ; N bracketleft ; B 18 -25 311 771 ;
```

2 Das Zeichen

Laufweiten bei großen und kleinen Schriften

Auch wenn die erste Grundregel lautet: »Niemals die Laufweite einer Schrift ändern«, lautet bereits die zweite Regel: »Je größer die Schrift, desto eher sollte man die Laufweite verringern«. Verwendet man hingegen eine sehr kleine Schriftgröße in 5 oder 6 Punkt, verbessert eine erhöhte Laufweite normalerweise die Lesbarkeit.

Abbildung 2.30 ▼
Im oberen Text ist die Laufweite unverändert, im unteren Text ist sie leicht erhöht.

Versalsatz und Kapitälchen

Wie bereits erwähnt, wird sich ein typografisch anspruchsvolles Auge fast immer über eine minimale Laufweitenerhöhung bei Versalsatz und Kapitälchen freuen. Übrigens empfiehlt es sich dabei, nicht nur die Laufweite der Buchstaben, sondern auch der Wortzwischenräume zu erhöhen, da diese durch die Versalienform gedrängt und zu klein wirken könnten.

Auch bei Kapitälchensatz und Versalsatz sollte man die Laufweite des Textes leicht erhöhen, um die Lesbarkeit zu verbessern. Im oberen Beispiel ist die Laufweite unverändert, im unteren Beispiel wird sie leicht erhöht, in diesem Fall um 10/1000 Einheiten eines Gevierts.

Auch bei Kapitälchensatz und Versalsatz sollte man die Laufweite des Textes leicht erhöhen, um die Lesbarkeit zu verbessern. Im oberen Beispiel ist die Laufweite unverändert, im unteren Beispiel wird sie leicht erhöht, in diesem Fall um 10/1000 Einheiten eines Gevierts.

Abbildung 2.31 ▶
Gut gemeint, mäßig umgesetzt. Zwar wurde hier die Laufweite des Versaltextes erhöht, allerdings ist der Wortzwischenraum zwischen »Alte« und »Kantine« nicht merkbar erweitert worden. Dadurch wirken die beiden einzelnen Wörter fast wie ein Wort, und die Lesbarkeit wird erschwert statt verbessert.

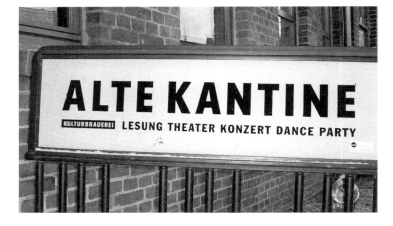

Negativsatz

Eine Erhöhung der Laufweite ist auch beim Negativsatz zu empfehlen. Weißer oder heller Text, der auf einer schwarzen oder dunklen Fläche platziert wird, überstrahlt immer etwas und wird durch die Erhöhung der Laufweite besser lesbar. Ähnliches gilt für Screendesign – auch hier sollte man die Laufweite leicht erhöhen.

◀ Abbildung 2.32
Das lädt nicht zum Lesen ein ... Negativtext mit einer schmalen Schrift, mit enger und ungleichmäßiger Laufweite.

◀ Abbildung 2.33
Im oberen Negativsatz ist die Laufweite unverändert, im unteren Beispiel wurde sie leicht erhöht, was die Lesbarkeit verbessert.

Don't
Typo-Tipp: Verwenden Sie niemals Schreibschriften oder gebrochene Schriften für Versalsatz.

◀ Abbildung 2.34
Sogar namhafte Autohersteller füllen Zeilen auf Kosten der Laufweite.

Zeichenkombinationen verändern

Neben der generellen Veränderung der Laufweite für einen ganzen Absatz oder das Layout gibt es natürlich auch Fälle, in denen nur bestimmte Zeichenkombinationen in ihrem Abstand zueinander verändert werden sollen. Dabei handelt es sich zum einen um die Gliederung von Zahlen wie Telefonnummern, Bankleitzahlen oder Ähnlichem, zum anderen haben bestimmte Buchstabenkombinationen besondere Aufmerksamkeit verdient. Der optimale Abstand zwischen zwei Buchstaben ist nämlich immer auch von ihrer Form abhängig. Folgt auf ein e ein o, wird der Abstand im Optimalfall größer sein als bei einer Kombination von e und v. Diese exakte Zurichtung bei besonders kritischen Buchstabenkombinationen wie beim Y, T, P und V mit einem gemeinen Folgebuchstaben, aber auch zum Beispiel bei vo, v. oder wa, nennt man KERNING, wobei die Erhöhung als SPERREN, eine Verringerung der Abstände als UNTERSCHNEIDEN bezeichnet wird.

Ausgleich in der Praxis

Schlussendlich kann und sollte aber jeder DTPler bei bestimmten, kritischen Buchstabenkombinationen selbst Hand anlegen, und dies wird dringender, je größer der Schriftgrad ist. Das optische Loch, das zum Beispiel bei der Kombination LT oder wie im Bild rechts bei Ve entsteht, wirkt umso extremer, je größer der Schriftgrad ist. In der Praxis können natürlich nicht sämtliche kritischen Kombinationen manuell ausgebessert werden, da dies zu viel Zeit erfordern würde.

Abbildung 2.35 ▼
In der oberen Zeile wurde das automatische Kerning der Schrift entfernt. Die untere Zeile weist die vom Designer integrierte Laufweitenkorrektur auf.

Vo LT Ya

Vo LT Ya

2.9 Der Zeichenabstand

D es ist aber bei kleinen Schriftgraden auch gar nicht unbedingt nötig. Wichtig ist der Ausgleich hingegen bei Überschriften und Text, der als Blickfang eingesetzt wird wie in großen Schriftgraden erscheinende Zitate oder Ähnliches.

Grundsätzlich gilt: In folgenden Fällen sollte man manuell in die Laufweite beziehungsweise das Kerning eingreifen:

- bei Versalsatz: erhöhen
- bei weißem Text auf dunklem Hintergrund: erhöhen
- bei einem sehr schmalen Schnitt: erhöhen
- bei Headline-Satz mit großer Schriftgröße: verringern
- bei kritischen Buchstabenkombinationen: verringern
- In der Not: Fehlt in einem Layout eine Zeile Text oder gibt es eine Zeile zu viel, kann geschummelt werden: Dabei erhöht oder verringert man die Laufweite eines Absatzes mit einer entsprechend langen oder kurzen Ausgangszeile um maximal 2 Prozent eines Gevierts.

▼ Abbildung 2.36
Auch bei grundsätzlich sauber ausgeglichenen Schriften sollte ab einer bestimmten Schriftgröße manuell nachgearbeitet werden, da die optischen Löcher mit wachsender Schriftgröße unangemessen groß wirken. Die Kombination Ve im dunklen Grau wirkt in 300 Punkt unausgeglichen, der Abstand viel zu groß. Das e im hellen Grau steht hingegen optimal, muss aber manuell unterschnitten werden.

2.10 Anwendung in InDesign

Im Publishing-Bereich sind im Moment zwei Layoutprogramme verbreitet: Adobe InDesign und QuarkXPress. Wir sehen uns zunächst an, wie man in InDesign Einfluss auf die Laufweite und das Kerning nimmt.

Kerning und Laufweite in InDesign

Möchte man in InDesign die Werte zu Kerning und Laufweite ändern, benötigt man die Palette ZEICHEN oder die Palette STEUERUNG, die üblicherweise direkt unter der Menüleiste eingeblendet ist. Um Verwechslungen zu vermeiden, wird das Folgende anhand der Palette ZEICHEN erklärt. Hier finden wir unter der Schriftgröße die Einstellungen zum Kerning ❶, rechts daneben unter dem Wert für den Zeilenabstand bestimmen wir die Laufweite ❷.

Laut Grundeinstellung von InDesign werden zunächst die schrifteigenen Kerning-Werte übernommen, die Werte werden also aus den Schriften ausgelesen und verwendet. Deswegen lautet auch der Eintrag unterhalb der Schriftgröße entweder (0) oder METRISCH ❸. Ist eine Null sichtbar, sehen wir im Aufklappmenü, dass die Einstellung METRISCH standardmäßig ausgewählt ist.

Die Alternative zu METRISCH lautet OPTISCH ❹. Mit dieser Einstellung prüft das Programm die Form und Abfolge der Buchstaben und entscheidet intern, ob die Laufweite – wie im Beispiel unten – korrigiert werden muss.

Abbildung 2.37 ▼
Mit der Einstellung OPTISCH prüft InDesign, ob die Abstände optisch auch wirklich optimal sind, und korrigiert gegebenenfalls. In diesem Fall wird die Laufweite verringert.

Das Kerning prüfen

Wenn wir nun einen Kerning-Wert prüfen möchten, setzen wir den Cursor zwischen die beiden Zeichen. Dadurch erscheint in der Zeile beim Kerning der Unterschneidungswert.

Da in InDesign das Geviert aus 1000 Einheiten besteht, ist der angezeigte Wert ein Vielfaches von einem 1000stel Geviert. Ein Rechenbeispiel zur Verdeutlichung: Bei einer Schriftgröße von 24 Punkt und einem Eintrag von –50 würde das 50/1000 von 24 Punkt, also einer Unterschneidung von 5 Prozent beziehungsweise 1,2 Punkt entsprechen.

Auch wenn Sie manuell keine Werte eingetragen haben, kann es sein, dass in der Zeile KERNING ein Wert auftaucht. Dieser stammt dann von den Einstellungen OPTISCH beziehungsweise METRISCH und wird, um Verwechslungen zu vermeiden, in Klammern gesetzt.

Die Laufweite prüfen

Um die Laufweite und gegebenenfalls vorgenommene Einträge zu prüfen und zu ändern, werfen wir einen Blick auf den Eintrag rechts neben dem Kerning, auf die Laufweite. Die Werte geben ebenfalls die Größe in 1000stel Einheiten eines Gevierts an.

Die Laufweitenkorrektur bezieht sich im Gegensatz zum Kerning immer auf mehr als eine Buchstabenkombination. Um Einträge vorzunehmen oder zu kontrollieren, genügt es somit nicht, den Cursor zu platzieren – Sie müssen mindestens ein Zeichen markieren, um eine Wirkung zu erzielen.

InDesign CS3
Die Erklärungen zu Adobe InDesign beziehen sich auf die Version CS3.

◀ Abbildung 2.38
Die Anzeige der Laufweite in InDesign. Links eine unveränderte Laufweite mit Metrisch, der Eintrag lautet 0. Rechts wurde die Laufweite um 20/1000 Einheiten eines Gevierts verringert.

Das gesamte Dokument überprüfen

In der Praxis ist es kaum möglich, sämtliche Buchstabenkombinationen auf eventuell vorhandene Laufweiten- und Kerning-Änderungen zu überprüfen. Hierfür bietet InDesign die hilfreiche Möglichkeit, automatisch Änderungen an Kerning und Laufweite im gesamten Dokument anzuzeigen. Für die Anzeige wählt man in den Voreinstellungen in der Kategorie Satz den Befehl Laufweite/Kerning benutzerdefiniert. Sämtliche Texte, in denen benutzerdefinierte Laufweitenänderungen beziehungsweise benutzerdefiniertes Kerning angewendet wurde, hinterlegt das Programm nun mit der Farbe Grün. Bereiche, an denen man weder mit Metrisch noch mit Optisch arbeitet, dafür aber manuell die Laufweite korrigiert wurde, sind orange hinterlegt. Um sämtliche Kerning- und Laufweitenänderungen zu entfernen, aktiviert man den gesamten Text und wendet den Befehl Alt + Befehl + Q an.

Änderung per Tastatur

Wie wir gerade gehört haben, besteht in InDesign das Geviert aus 1000 Einheiten. Um manuell einen Kerning- oder Laufweitenwert zu ändern, trägt man den gewünschten Wert entweder ein oder sucht einen Wert aus der Ausklappliste aus.

Auch bestimmte Tastenkombinationen lassen sich dazu verwenden, die Werte zu ändern. So verringert die Kombination Alt + Pfeil nach links den Abstand um 20/1000 eines Gevierts. Die Kombina-

Abbildung 2.39 ▼
Die Voreinstellung Laufweite/Kerning benutzerdefiniert markiert sämtliche Änderungen an der Laufweite beziehungsweise am Kerning im gesamten Dokument.

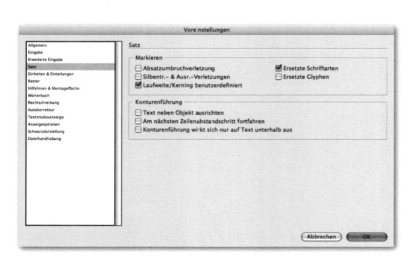

tion ALT+PFEIL NACH RECHTS erhöht den Abstand um 20/1000 eines Gevierts. Nimmt man zu den Tastenkombinationen noch die Befehlstaste hinzu, vergrößern sich die Schritte auf 100/1000. Ein Beispiel: Drückt man bei einer 10-Punkt-Schrift die Tastenkombination BEFEHL+ALT+PFEIL NACH LINKS, verkleinert sich der Raum um einen Punkt.

Die Standardschrittgröße von 20/1000 eines Gevierts, die zunächst gültig ist, lässt sich übrigens ändern. In den Voreinstellungen in der Kategorie EINHEITEN & EINTEILUNGEN findet man den Wert KERNING, wo die Standardvorgabe 20 verändert werden kann.

Kerning auf Wortzwischenräume beschränken

InDesign-Anwender können das Kerning auch auf die Wortzwischenräume beschränken. In diesem Fall wird lediglich der Abstand zwischen dem ersten Buchstaben eines Wortes und dem Wortzwischenraum davor verändert. Dies ist dann sinnvoll, wenn beispielsweise bei Versalsatz lediglich die Wortzwischenräume, nicht aber die Buchstabenabstände vergrößert werden sollen.

Möchte man den Abstand vergrößern, aktiviert man den Text und wendet den Kurzbefehl ALT+BEFEHL+< an. Um den Abstand zu verkleinern, drückt man bei aktivem Text die Kombination ALT+BEFEHL+RÜCKSCHRITT-TASTE. Auch hier kann die Umschalttaste hinzugenommen werden. Sie bewirkt ebenso wie bei der Kerning-Änderung eine Multiplikation mit fünf.

Tastaturbefehle
Eine Übersicht über Tastaturkurzbefehle für Laufweitenänderung und andere typografische Feinheiten in InDesign finden Sie am Ende des Kapitels.

◀ Abbildung 2.40
In InDesign lassen sich nahezu sämtliche Tastenkurzbefehle einstellen beziehungsweise selbst belegen. Dazu wählt man im Menü BEARBEITEN den Befehl TASTATURBEFEHLE.

2 Das Zeichen

2.11 Anwendung in QuarkXPress

QuarkXPress 7
Die Beschreibungen zu QuarkXPress beziehen sich auf die Version XPress 7.

Laufweite ändern

Möchte man in QuarkXPress die Laufweite ändern, verwendet man die Palette Maße. Dort findet man im Reiter CLASSIC und im Reiter ZEICHENATTRIBUTE die Laufweite des Textes. XPress unterscheidet hier nicht zwischen Kerning und Laufweite, sondern verwendet lediglich einen Eintrag für den Abstand der Buchstaben zueinander.

Die Werte, die bereits in den Schriften hinterlegt sind, werden erst ab einer bestimmten Schriftgröße eingesetzt. Den Grenzwert, ab dem die Werte verwendet werden, legt man als Anwender in den Voreinstellungen fest. Standardmäßig werden die Werte ab vier Punkt Schriftgröße verwendet. Wer den Wert ändern möchte, macht dies in den Vorgaben in der Kategorie DRUCKLAYOUT · ZEICHEN.

Eintrag vornehmen

Um nun Laufweiten zu korrigieren, trägt man in der Palette Maße bei der Laufweite ❶ den gewünschten Wert ein. Möchte man nur den Abstand zwischen zwei Zeichen verändern, genügt es, den Cursor zwischen den beiden Zeichen zu platzieren und dann den Eintrag vorzunehmen.

Abbildung 2.41 ▼
Klickt man auf den Reiter Zeichenattribute der Palette Maße, kann man Einfluss auf die Laufweite des Textes nehmen ❶.

Abbildung 2.42 ◄▼
Das Standard-Geviert, das in der vorletzten Zeile eingegeben wurde, entspricht – wie darunter zu sehen – exakt der Schrift- beziehungsweise Kegelgröße, die durch das Kästchen dargestellt ist.

Geviertgröße

Wie auch in InDesign beziehen sich die Werte, die man bei der Laufweitenänderung einträgt, auf ein Geviert. Allerdings unterscheiden sich die beiden Programme in zwei wesentlichen Punkten: Zum einen unterteilt XPress sein Geviert lediglich in 200 Teile, zum anderen bietet XPress zwei verschiedene Gevierte an; abhängig von der Voreinstellung arbeitet man dann auch mit dem einen oder dem anderen Geviert, die beide unterschiedliche Größen aufweisen.

Sehen wir uns zunächst die beiden verschiedenen Gevierte an: XPress bietet das Standard-Geviert und das so genannte Quark-Geviert an. Letzteres kommt dann zum Einsatz, wenn der Befehl für das Standard-Geviert deaktiviert wird. Da sich einige Einstellungen wie die gerade betrachteten Laufweitenkorrekturen und auch Einstellungen zum Blocksatz auf einen Verwandten, nämlich auf das Halbgeviert beziehen, ist die Wahl des Gevierts außerordentlich wichtig; eine nachträgliche Änderung führt eventuell zu einem Neuumbruch, da sich sämtliche erwähnten Abstände verändern würden.

Das Standard-Geviert basiert auf den herkömmlichen typografischen Regeln. Es entspricht also der Schrift- beziehungsweise der Kegelgröße. Wir haben demnach bei einer Schriftgröße von 24 Punkt eine Geviertgröße von 24 Punkt. Wählt man das Standard-Geviert, haben wir die gleiche Größe wie in InDesign – lediglich die Unterteilung findet nicht in 1000stel, sondern in 200stel Einheiten statt.

Einheiten
Unabhängig von der Wahl des Gevierts bezieht sich die Eingabe auf 1/200 eines Gevierts. Ein Wert von 100 bedeutet also ein Halbgeviert.

Abbildung 2.43 ▼ ▶
Das XPress-Geviert, das in der vorletzten Zeile eingegeben wurde, entspricht der Breite von zwei Nullen. Das klassische Geviert wie in der letzten Zeile ist bei einer schmalen Schrift entsprechend breiter.

Die Größe des Quark-Gevierts hingegen entspricht der Breite von zwei Nullen. Somit weist das Quark-Geviert keine fixe Größe auf, sondern ändert sich mit der Schrift. Eine schmale Schrift enthält in der Regel auch eine schmale Null, womit wir ein kleineres Geviert hätten. Eine breit laufende Schrift mit breit ausladenden Nullen ergibt ein größeres Geviert. Dies bedeutet gleichzeitig, dass sich auch bei einem Schriftwechsel Abstände verändern können. Das Quark-Geviert wirkt aufgrund seiner flexiblen Größe unzuverlässig, aber genau diese Flexibilität ist auch sein Vorteil: So wird es gerne beim Tabellensatz eingesetzt, bei dem mit Halbgevierten die Zahlen freigeschlagen werden. Eine grundsätzliche Empfehlung für das eine oder andere Geviert gibt es aber nicht.

Laufweitenänderung per Tastaturkürzel

Die Erhöhung oder Verringerung der Laufweite kann auch mit einem Tastaturkurzbefehl erfolgen. Drückt man beispielsweise die Kombination Befehl+Umschalt+Ä, wird die Laufweite um zehn Einheiten, also um 1/20 Geviert verringert. Die Kombination Befehl+Umschalt+# erhöht die Laufweite um den gleichen Wert. Um mit feineren Einheiten zu arbeiten, kombinieren wir die Alt-Taste dazu: Die Kombination Befehl+Alt+Umschalt+Ä verringert die Laufweite um eine Einheit, also um 1/200 eines Gevierts; hingegen wird die Laufweite durch die Kombination Befehl+Alt+Umschalt+# um eine Einheit erhöht.

Übrigens lassen sich Laufweitenänderungen genauso wie in InDesign auf die Wortzwischenräume beschränken. Die Kurzbefehle finden Sie in der Tastaturkürzelübersicht am Ende des Kapitels.

Laufweiten prüfen und entfernen

In XPress ist seit der Version 5 die XTension TypeTricks für das Entfernen von manuell veränderten Laufweiten zuständig. Die Xtension ist seit der Version 6 im Programmumfang enthalten, muss also nicht mehr separat installiert werden. Sie bewirkt, dass im Menü Hilfsmittel der Befehl Manuelle Unterschneidung löschen auftaucht. Um die manuelle Veränderung zu entfernen, aktiviert man also den Text und wählt den Befehl aus.

Kerning- und Laufweitentabellen

Wie bereits erwähnt bringt jede Schrift eine eigene Tabelle mit, die Informationen und Werte zu Laufweite und Unterschneidung enthält. In QuarkXPress haben Sie auf diese Werte Zugriff beziehungs-

---

Tastaturbefehle
Eine Übersicht über Tastaturkurzbefehle für Laufweitenänderung und andere typografische Feinheiten in QuarkXPress finden Sie am Ende des Kapitels.

weise können neue Werte hinzufügen. Allerdings sollte man hier Vorsicht walten lassen: Verändert man beispielsweise die Kerning-Tabelle der Rotis Serif, greift XPress zukünftig immer auf diese Werte zu, das heißt, die neuen Werte kommen immer dann zum Einsatz, wenn die Rotis Serif in QuarkXPress genutzt wird, unabhängig vom Dokument. Die neuen Werte sind dann im Dokument sowie in der Preferences-Datei von XPress enthalten. Die Schrift selbst bleibt dabei allerdings unverändert. Wird sie in einem anderen Programm verwendet, hat die Änderung keine Auswirkung.

Zurück zu den Originalen
Möchte man sämtliche Änderungen an Laufweite und Kerning entfernen und auf die Standardeinstellung der Schrift zugreifen, löscht man die Datei XPress Preferences und startet das Programm neu.

Tabellen bearbeiten

Im Menü HILFSMITTEL finden Sie die beiden zuständigen Befehle SPATIONIERUNG BEARBEITEN sowie UNTERSCHNEIDUNG TABELLE BEARBEITEN. Hier sind sämtliche Schriftschnitte aufgeführt, auf die Sie Zugriff haben. Die Änderungen werden pro Schnitt und nicht pro Schrift vorgenommen.

Mit dem ersten Befehl SPATIONIERUNG BEARBEITEN verändern Sie die Laufweite einer Schrift abhängig von ihrer Größe. So würde es sich anbieten, die Laufweite zu verringern, je größer der Schriftschnitt ist. Allerdings sollte man die Änderungen nicht »aus dem Bauch heraus« vornehmen, sondern Werte verwenden, die sich in Laufweitentests bewährt haben.

Der zweite Befehl UNTERSCHNEIDUNGSTABELLE BEARBEITEN zeigt die Kerning-Werte von Buchstabenkombinationen. Die Werte lassen sich einsehen und anhand einer kleinen Vorschau ändern. Werden keine Unterschneidungswerte angezeigt, sind entweder keine vorhanden oder es besteht kein Zugriff. Sie können aber jederzeit neue Unterschneidungspaare hinzufügen.

▼ **Abbildung 2.44**
Links die Spationierungswerte, die in Abhängigkeit zur Schriftgröße verändert werden können. Rechts die Unterschneidungspaare und die dazugehörigen Werte.

2.12 Schreibregeln

Im Folgenden möchte ich einige Regeln zu Schreibweisen und der Gliederung von Zahlengruppen behandeln – denn wie so vieles unterliegt auch diese Schreibung klaren Vorgaben. Man sollte jedoch das Regelwerk nicht nur als Bürde, sondern auch als Erleichterung sehen – wie wir wissen, lesen wir in Sprüngen, unser Auge erfasst Blöcke. Nicht anders verhält es sich beim Erfassen von Zahlenreihen, und durch die genormte Gliederung von Telefonnummern oder Bankleitzahlen erleichtern wir – ähnlich wie bei korrekter Rechtschreibung – das Lesen.

An- und Abführungszeichen

Bei den An- und Abführungszeichen sind mehrere Variationen im Umlauf, streng genommen ist aber in Deutschland nur eine Form korrekt, nämlich die deutschen Anführungszeichen in Form der 99 unten und der 66 oben („Das Wort") beziehungsweise in abgewandelter Form für das Hervorheben von Begriffen mit der 9 unten und der 6 oben (‚Das Wort'). Allerdings ist mittlerweile auch eine Abwandlung der französischen, schweizerischen und italienischen Anführungszeichen üblich. Während diese spitzen Anführungszeichen dort mit der Spitze nach außen zeigen, werden sie in Deutschland mit der Spitze nach innen verwendet (»Le mot«).

Die englischen Anführungszeichen "The word" sind 66 und 99 oben.

Deutsch:
„Das Wort"
‚Das Wort'
Auch möglich:
»Le mot«
Englisch:
"The word"
Französisch, italienisch und schweizerisch:
«Le mot»

„Korrekte Anführungszeichen"

»Auch das ist möglich«

Zahlen und Formeln

Mehr als drei Zeichen werden für eine bessere Übersicht mit einem halben oder einem Viertel Wortzwischenraum getrennt, drei Ziffern von rechts bilden eine Gruppe. In wissenschaftlichen Dokumentationen werden auch Punkte zur Trennung verwendet.

Dezimalstellen werden mit einem Komma getrennt, Stunden und Minuten mit einem Doppelpunkt. Reiht man Wörter und Zahlen aneinander, verbindet man diese mit dem kurzen Strich, dem Divis. Rechenzeichen werden mit einem halben oder ganzen Wortzwischenraum von den Zahlen getrennt.

```
12 345
10,3 m
18:30 Uhr
5-km-Strecke
61 – 5 = 56
```

Preise

Euro und Cent werden mit einem Komma getrennt; die Euro-Angabe steht entweder vor oder hinter der Zahl. Bei großen Beträgen werden drei Stellen vor dem Komma mit einem Punkt abgetrennt. Volle Euro-Beträge schreibt man ohne Komma und Strich aus. Besteht der Kunde auf Komma und Strich, kommt nach dem Komma der Gedankenstrich.

Im Fließtext kann man die Zahlen ausschreiben, solange die Einheit auch ausgeschrieben wird. So ist die Schreibweise »achtzehn Euro« ebenfalls korrekt, während man »achtzehn €« vermeidet.

```
30,45 Euro
3.456,70 Euro
18 Euro
18,– Euro
€ 18,–
Achtzehn Euro
```

Prozent und Grad

Steht das Prozentzeichen für das Wort »Prozent«, sollte zwischen der Zahl und dem Prozentzeichen ein halber Wortzwischenraum stehen. Wird das Prozentzeichen als Ableitung wie bei »100%ig« verwendet, fällt der Raum weg.

Bei der Gradregelung ist es wichtig, ob der Angabe eine Einheit wie Grad oder Fahrenheit folgt. Ist dem so, wird die Zahl vom Gradzeichen getrennt, und zwar mit einem Wortzwischenraum. Folgt hingegen keine Einheit, wird das Gradzeichen ohne Zwischenraum an die Zahl angesetzt. Wer die Einheit ausschreibt, sollte auch das Gradzeichen ausschreiben.

```
25 %
100%ige Lösung
+17 °C
+17°
17 Grad Celsius
```

Abkürzungen

Abkürzungen, bei denen der volle Wortlaut gesprochen wird, erhalten einen Punkt. Ausnahmen bilden metrische Maße, Gewichte, Einheiten aus der Naturwissenschaft, der Technik, den Himmelsrichtungen und den Währungseinheiten, wo der Punkt wegfällt.

Steht eine Abkürzung mit Punkt am Ende eines Satzes, gilt der Abkürzungspunkt gleichzeitig als Satzpunkt.

```
z. B. (zum Beispiel)
Dr. (Doktor)
m (Meter)
kg (Kilogramm)
NO (Nordosten)
```

Telefon, Fax, Postfach

> Telefon +49 228 4567-32
> Fax 7654 8907
> (030) 76 65
> Postfach 12 34

Die Telefon-, Fax- oder Postfachnummern werden funktionsbezogen getrennt. Die Telefon- und Faxnummer wird mit Leerzeichen unterteilt, und zwar nach Anbieter, Landesvorwahl, Ortsnetzkennzahl und Anschluss. Die alte Schreibweise mit Klammern wird aber ebenfalls noch verwendet. Die Durchwahl wird mit einem Bindestrich abgetrennt. Internationale Rufnummern erhalten vor der Landeskennzahl das Pluszeichen.

Das Postfach wird in Zweiergruppen von rechts gegliedert, in der Regel mit einem halben Wortzwischenraum.

Bankleitzahlen und Kontonummern

> Kto.-Nr. 1 345 456
> BLZ 123 456 78

Kontonummern werden in Dreiergruppen von rechts gegliedert; hier verwendet man einen halben Wortzwischenraum. Die Bankleitzahl besteht aus acht Ziffern und wird in zwei Dreiergruppen und eine Zweiergruppe gegliedert. Alle Gliederungen erhalten einen halben Wortzwischenraum. Die Bankleitzahl muss nicht mehr in runde Klammern eingefasst sein, obwohl dies noch häufig gemacht wird.

DIN- und ISBN-Nummern

> DIN 5008
> DIN 16 567
> ISBN 4-123-12007-1
> ISBN 4 123 12007 1

DIN-Nummern werden ab der fünften Stelle in Dreiergruppen von rechts nach links gegliedert.

Die ISBN-Nummer besteht aus vier Angaben mit insgesamt zehn Ziffern und wird mit Divis oder Leerraum in vier vorgegebene Gruppen unterteilt.

Striche

Bei den Strichlängen unterscheidet man zwischen dem kurzen Trennstrich, auch Divis genannt, und dem Halbgeviertstrich beziehungsweise Gedankenstrich.

Divis

> Müller-Thurgau
> Im- und Export

Den Divis setzt man bei Trennungen, gekoppelten Wörtern (»Müller-Thurgau«) oder Auslassungen (»Im- und Export«) ein. Diesen Strich bezeichnet man auch als Bindestrich.

Halbgeviertstrich

> Als Gedankenstrich:
> »Wir sollten – wenn auch nur kurz – nachdenken.«

Der Halbgeviertstrich entspricht der Breite eines halben Gevierts. Er wird auch als Gedankenstrich bezeichnet und entsprechend verwendet. Aber auch als »Gegen«-Strich (England – Deutschland), Währungsstrich, Streckenstrich und »Bis«-Strich kommt er zum Einsatz.

2.12 Schreibregeln

Setzt man ihn als Gedankenstrich ein, kommen normale Wortzwischenräume zum Zug. Wird der Halbgeviertstrich im Sinne von »gegen« verwendet, nimmt man ebenfalls einen Wortzwischenraum. Beim Einsatz als Währungsstrich (20,– Euro) entfällt der Raum zwischen Komma und Strich; beim Streckenstrich wird ebenfalls ohne Raum gearbeitet (Berlin–Moskau). Kommt der Strich als Bis-Strich (Geöffnet: 8–12 Uhr) vor, entfallen Zwischenräume, oder es wird ein Achtelgeviert eingefügt.

Als Gegenstrich:
England – Deutschland

Als Währungsstrich:
20,– Euro

Als Streckenstrich:
Berlin–Moskau

Als Bis-Strich:
Geöffnet: 8–12 Uhr oder
Geöffnet: 8–12 Uhr

Geviertstrich
Der Geviertstrich weist die Länge eines ganzen Gevierts auf und sollte nur als schmückendes Element oder als Platzhalter für zwei Ziffern in Tabellen verwendet werden.

— als Aufzählungszeichen
20,23 Euro
45,— Euro

Auslassungspunkte
Bei den Auslassungspunkten handelt es sich um drei Punkte, die allerdings nicht durch dreimaliges Eingeben des Satzpunktes erzeugt werden sollten. Das so genannte Ellipsenzeichen ist nämlich ein eigenes Zeichen, das auf dem Macintosh durch Drücken der Kombination WAHL+PUNKT, beim PC durch ALT+0133 erzeugt wird. Die Punkte des echten Ellipsenzeichens weisen einen geringeren Abstand auf als drei einzelne Satzpunkte.

»Wie sollte er sich das bloß alles merken …«
»Das ist doch Sch…!«

Am Satzende ersetzen die Auslassungspunkte den Satzpunkt eines Satzes. Folgt nach den Auslassungspunkten ein ? oder ein !, trennt man diese mit einem halben bis einem Wortzwischenraum.

Ersetzen die Auslassungspunkte einen Teil eines Wortes, wird kein Leerzeichen gesetzt. Stehen die Punkte aber für Wörter oder Wortgruppen, wird ein Leerzeichen verwendet.

▼ Abbildung 2.45
So schwer ist es doch eigentlich nicht … Weder vor noch nach dem Trennstrich steht ein Wortzwischenraum.

◄ Abbildung 2.46
Auch wenn das Apostroph an dieser Stelle laut neuer Rechtschreibung erlaubt ist, gilt es immer noch als Deppen-Apostroph.

2 Das Zeichen

2.13 Kurzbefehle Adobe InDesign

Tabelle 2.1 ▶
In der Tabelle sind Kurzbefehle für Adobe InDesign CS3 aus der Kategorie Typografie aufgelistet. Einige der in CS3 hinzugekommenen Leerzeichen wie das Viertelgeviert weisen standardmäßig keinen Kurzbefehl auf und sind deswegen auch nicht in der Liste aufgeführt. Bedenken Sie, dass Sie nahezu alle Tastaturbefehle in InDesign ändern beziehungsweise selbst belegen können.
Die Befehle findet man im Menü BEARBEITEN · TASTATURBEFEHLE.

Typografisches Zeichen	Macintosh	Windows
Bedingter Trennstrich	Befehl + Umschalt + Divis	Strg + Umschalt + Divis
Geschützter Trennstrich	Befehl + Wahl + Divis	Strg + Alt + Divis
Aufzählungspunkt	Wahl + Ü	Alt + Ü
Punkt auf Mitte	Wahl + Umschalt + 9	Alt + 0149
Geviert-Leerzeichen	Befehl + Umschalt + M	Strg + Umschalt + M
Halbgeviert-Leerzeichen	Befehl + Umschalt + N	Strg + Umschalt + N
Achtelgeviert-Leerzeichen	Befehl + Umschalt + Wahl + M	Strg + Umschalt + Alt + M
Geschütztes Leerzeichen	Befehl + Wahl + X	Strg + Alt + X
Geviertstrich	Wahl + Umschalt + Divis	Alt + Umschalt + Divis
Halbgeviertstrich	Wahl + Divis	Alt + Divis
Kerning um 20/1 000-Geviert verringern	Wahl + Pfeil nach links	Alt + Pfeil nach links
Kerning um 20/1 000-Geviert erhöhen	Wahl + Pfeil nach rechts	Alt + Pfeil nach rechts
Kerning um 100/1 000-Geviert verringern	Befehl + Wahl + Pfeil nach links	Strg + Alt + Pfeil nach links
Kerning um 100/1 000-Geviert erhöhen	Befehl + Wahl + Pfeil nach rechts	Strg + Alt + Pfeil nach rechts
Kerning in den WZR um 20/1 000 erhöhen	Befehl + Wahl + <	Strg + Alt + <
Kerning in den WZR um 20/1 000 verringern	Befehl + Wahl + Rückschritt	Strg + Alt + Rückschritt
Kerning in den WZR um 100/1 000 erhöhen	Befehl + Wahl + Umschalt + <	Strg + Alt + Umschalt + <
Kerning in den WZR um 100/1 000 verringern	Befehl + Wahl + Umschalt + Rückschritt	Strg + Alt + Umschalt + Rückschritt
Kerning im markierten Text entfernen	Wahl + Befehl + Q	Strg + Alt + Q

Geschützte Leerzeichen
InDesign CS3 bietet zwei verschiedene geschützte Leerzeichen an, die beide eine Zeilenschaltung verhindern. Das geschützte Leerzeichen mit variabler Breite ist so groß wie ein normaler Wortzwischenraum, kann aber bei Blocksatz seine Größe verändern; das Leerzeichen mit fester Breite verändert seine Größe nicht. QuarkXPress 7 bietet ein geschütztes Leerzeichen an, das seine Breite bei Blocksatz verändern kann.
Mehr Infos zum Blocksatz finden Sie in Abschnitt 3.1, »Die Ausrichtung«.

2.14 Kurzbefehle QuarkXPress

Typografisches Zeichen	Macintosh	Windows
Weicher Trennstrich	Befehl + Divis	Strg + Divis
Geviertstrich	Wahl + Umschalt + Divis	Strg + °
Geschützter Halbgeviertstrich	Wahl + Divis	Strg + ^
Aufzählungspunkt	Wahl + Ü	Alt + Ü
Punkt auf Mitte	Wahl + Umschalt + 9	Alt + 0149
Flexibles Leerzeichen	Wahl + Umschalt + Leer	Strg + Umschalt + 5
Viertelgeviert-Leerzeichen	Umschalt + Leer	Strg + Umschalt + 6
Halbgeviert-Leerzeichen	Wahl + Leer	Alt + Umschalt + 6
Geschütztes Leerzeichen	Befehl + Leer	Strg + 5
Interpunktionsraum	Umschalt + Leer	Umschalt + Leer
Laufweite um 1/20 Geviert (10 Einheiten) verringern	Befehl + Umschalt + Ä	Strg + Umschalt + ,
Laufweite um 1/20 Geviert (10 Einheiten) erhöhen	Befehl + Umschalt + #	Strg + Umschalt + .
Laufweite um 1/200 Geviert (10 Einheiten) verringern	Befehl + Wahl + Umschalt + Ä	Strg + Alt + Umschalt + ,
Laufweite um 1/200 Geviert (10 Einheiten) erhöhen	Befehl + Wahl + Umschalt + #	Strg + Alt + Umschalt + .
Laufweite in den WZR um 1/20 Geviert verringern	Befehl + Control + Umschalt + ,	Strg + Umschalt + 1
Laufweite in den WZR um 1/20 Geviert erhöhen	Befehl + Control + Umschalt + .	Strg + Umschalt + 2
Laufweite in den WZR um 1/200 Geviert verringern	Befehl + Control + Wahl + Umschalt + ,	Strg + Alt + Umschalt + 1
Laufweite in den WZR um 1/200 Geviert erhöhen	Befehl + Control + Wahl + Umschalt + .	Strg + Alt + Umschalt + 2

◄ Tabelle 2.2
In der Tabelle sind Kurzbefehle für QuarkXPress 7 aus der Kategorie Typografie aufgelistet.

Geschützte Leerzeichen
QuarkXPress 7 bietet ein geschütztes Leerzeichen an, dessen Breite im Blocksatz variabel ist.
Mehr Infos zum Blocksatz finden Sie in Abschnitt 3.1, »Die Ausrichtung«.

3 Wort und Zeile

Von Unterlänge zu Oberlänge

Ausrichtungen und Abstände

Sie werden lernen:
- Welche Ausrichtungsarten gibt es?
- Wie ist die optimale Zeilenlänge und warum?
- Welche Rolle spielt der Zeilenabstand?
- Welche Spaltenbreiten sind optimal?
- Was sind Hurenkinder und Schusterjungen?
- Wann arbeitet man mit Initial und Einzug?

Gelungene Typografie beinhaltet neben der passenden Schriftwahl, Schriftgröße und Laufweite auch das richtige Verhältnis der Zeilenlänge und des Zeilenabstands. In diesem Kapitel dreht sich alles um Zeilen, deren Abstände, Spalten und Breiten.

3.1 Die Ausrichtung

Als Ausrichtung bezeichnet man die horizontale Platzierung der Zeile. Wir wollen zunächst klären, auf welche Arten der Text ausgerichtet sein kann. Abhängig von der Ausrichtung gelten nämlich auch unterschiedliche Regeln, was beispielsweise die Zeilenlänge betrifft. Der Typograf unterscheidet sechs verschiedene Ausrichtungen: linksbündig, rechtsbündig, zentriert, Blocksatz, den freien Satz und den Formsatz.

▶ Links- und rechtsbündig: Wie bereits der Name vermuten lässt, weisen die Ausrichtungen links oder rechts einen Bund auf und flattern zur anderen Seite hin.

▶ Mittelachse: Der zentrierte Satz, der übrigens auch als Mittelachsensatz oder Axialsatz bezeichnet wird, flattert zu beiden Seiten links und rechts, da er seine Achse in der Mitte der Zeilen hat. Dies bedeutet in diesem Zusammenhang, dass die Zeilenenden eines linksbündigen Textes an unterschiedlichen Stellen aufhören und der Zeilenrand wie ein Fähnchen im Wind »flattert«.

▶ Blocksatz: Bei Blocksatz weist jede Zeile die gleiche Breite auf. In diesem Fall haben wir sozusagen an jeder Seite links und rechts einen Bund. Das bedeutet, dass wir beziehungsweise die Software ein wenig nachhelfen müssen, da die Zeilen ja nicht automatisch alle gleich lang sind.

▶ Freier Satz: Beim freien Satz gibt es keine Achse. Hier wird jede Zeile einzeln ausgerichtet und platziert.

▶ Formsatz: Schlussendlich gibt es noch den Formsatz, bei dem die Zeilenenden links und rechts eine bestimmte Figur formen.

Flattersatz und Rausatz

Apropos flattern: Genau genommen unterscheidet man zwischen Flattersatz und Rausatz. Wer von sich behauptet, er erstelle Text im Flattersatz, aber in XPress oder InDesign lediglich auf das Symbol für linksbündig klickt, schwindelt ein wenig. Flattersatz beinhaltet nämlich eigentlich einen schönen Zeilenfall mit einem relativ großen Flatterbereich. Abhängig von den Einstellungen in den Programmen entsteht aber nicht unbedingt automatisch ein schöner Rand – so fallen die Zeilen manchmal treppenförmig, oder mehrere Zeilen enden blockweise auf einer Länge. Diese zum Teil unschöne Form mit kurzem Flatterbereich wird genau genommen als Rausatz bezeichnet. Das »raue« Ende der Zeilen ist also das Ergebnis der Standardeinstellungen der Layoutprogramme.

Wer den althergebrachten Anspruch an echten Flattersatz befriedigen möchte, sollte zum einen den Flatterbereich vergrößern, zum anderen müsste er eigentlich jeden Zeilenfall kontrollieren und manuell nachbearbeiten – eine Arbeit, die beim heutigen Zeitdruck lediglich bei einem kleinen Textblock und bei wenigen Zeilen möglich ist.

Flatterbereich
Der Flatterbereich ist der Bereich zwischen dem Ende der kürzesten und dem Ende der längsten Zeile im Textblock.

▼ **Abbildung 3.1**
Der grau hinterlegte Bereich ist der Flatterbereich. Beim Rausatz im linken Beispiel fällt er sehr viel geringer aus als beim echten Flattersatz wie im rechten Beispiel.

Genau genommen sind Flattersatz und Rausatz nicht das Gleiche. Flattersatz beinhaltet einen schönen, ausladenden Flatterbereich, während Rausatz ein raues Ende der Zeilen vorsieht. Genau genommen sind Flattersatz und Rausatz nicht das gleiche. Flattersatz beinhaltet einen schönen, ausladenden Flatterbereich, während Rausatz ein raues Ende der Zeilen vorsieht. Genau genommen sind Flattersatz und Rausatz nicht das gleiche. Flattersatz beinhaltet einen schönen, ausladenden Flatterbereich, während Rausatz ein raues Ende der Zeilen vorsieht. Genau genommen sind Flattersatz und Rausatz nicht das gleiche. Flattersatz beinhaltet einen schönen, ausladenden Flatterbereich, während Rausatz ein raues Ende der Zeilen vorsieht. Genau genommen sind Flattersatz und Rausatz nicht das gleiche.

Genau genommen sind Flattersatz und Rausatz nicht das Gleiche. Flattersatz beinhaltet einen schönen, ausladenden Flatterbereich, während Rausatz ein raues Ende der Zeilen vorsieht. Genau genommen sind Flattersatz und Rausatz nicht das gleiche. Flattersatz beinhaltet einen schönen, ausladenden Flatterbereich, während Rausatz ein raues Ende der Zeilen vorsieht. Genau genommen sind Flattersatz und Rausatz nicht das gleiche. Flattersatz beinhaltet einen schönen, ausladenden Flatterbereich, während Rausatz ein raues Ende der Zeilen vorsieht. Genau genommen sind Flattersatz und Rausatz nicht das gleiche. Flattersatz beinhaltet einen schönen, ausladenden Flatterbereich, während Rausatz ein raues Ende der Zeilen vorsieht.

Links- und rechtsbündig

Der linksbündige Satz ist neben dem Blocksatz eine der häufigsten Ausrichtungsarten. Er wirkt grundsätzlich ein wenig unruhiger als der Blocksatz, kann somit aber auch eher Dynamik vermitteln. Ansonsten sind sich diese beiden Satzarten ähnlich, auch was das Graubild anbelangt. So findet man linksbündigen Satz auch in Magazinen oder Büchern. Ein Grund, linksbündigen Satz dem Blocksatz vorzuziehen, ist eine sehr schmale Satzbreite. Falls weniger als etwa 35 Zeichen in eine Zeile passen, greift man eher zum linksbündigen Satz, da beim Blocksatz häufig hässliche Löcher entstehen können.

Der rechtsbündige Satz kommt nur selten zum Einsatz, und das aus einem ganz einfachen Grund: Wir lesen die Zeilen von links nach rechts. Unser Auge sucht also am linken Rand einen Startpunkt, einen Bund, an dem es loslegen kann. Ist kein Bund zu finden, da jede Zeile links an einer anderen Stelle startet, ist kein flüssiges Lesen möglich, und wir sind es schnell leid, weiterzulesen. Deswegen: Verwenden Sie rechtsbündigen Satz nur sehr sparsam, beispielsweise in Auszeichnungstexten wie Zitaten oder Ähnlichem, die aus nur wenigen Zeilen bestehen.

Abbildung 3.2 ▼
Von links nach rechts und von oben nach unten: der linksbündige Satz, der rechtsbündige Satz sowie linksbündiger Satz und Blocksatz im Vergleich.

Der linksbündige Satz ist neben dem Blocksatz die am meisten verwendete Ausrichtungsart. Durch die linke Kante findet das Auge – im Gegensatz zum rechtsbündigen Satz – schnell zum Zeilenanfang.

Der rechtsbündige Satz sollte nur sparsam verwendet werden. Durch das Fehlen der linken Kante ist das Lesen besonders bei längeren Texten für die Augen ermüdend.

Bei besonders schmalen Spalten hat der linksbündige Satz große Vorteile gegenüber dem Blocksatz, da die Zeile nicht gefüllt werden muss und so auch keine optischen Löcher entstehen.

Bei besonders schmalen Spalten hat der linksbündige Satz große Vorteile gegenüber dem Blocksatz, da die Zeile nicht gefüllt werden muss und so auch keine optischen Löcher entstehen. Bei besonders schmalen Spalten

Mittelachsensatz

Ähnliches wie für den rechtsbündigen Satz gilt für den Mittelachsensatz. Auch hier muss unser Auge bei jeder Zeile aufs Neue den Start suchen. Mittelachsensatz wird gerne für Gedichtbände verwendet, für Hochzeits- und Gratulationskarten – also für wenige Zeilen Text. Auch wenn nicht sehr einfallsreich, kann man dabei mit dem zentrierten Satz nur wenig falsch machen.

Silbentrennzone in XPress und InDesign

Beide Programme verfügen über die Möglichkeit, eine Silbentrennzone einzutragen, die den Flatterbereich definiert. In XPress finden Sie die Silbentrennzone im Menü BEARBEITEN · S&B, in InDesign in der Palette ABSATZ im Palettenmenü unter dem Befehl SILBENTRENNUNG – es nennt sich hier TRENNBEREICH. Allerdings zeigt dieser nur Wirkung, wenn der ADOBE EIN-ZEILEN-SETZER aktiv ist.

Die Zone rechnet sich bei linksbündigem Text vom rechten Rand nach links. Gerät – unter Berücksichtigung der Silbentrennungseinstellungen – ein trennbares Wort in die Trennzone, wird es getrennt. Je größer die Trennzone, desto mehr flattert der Text. Allerdings bedeutet das nicht zwangsläufig, dass ein schöner Flatterrand entsteht! Übrigens sorgt auch der Befehl FLATTERSATZAUSGLEICH von InDesign nicht automatisch für einen schönen Flatterbereich, sondern sorgt bei mehrzeiligen Überschriften für etwa gleich lange Zeilen.

> Auch der Mittelachsensatz eignet sich nur für wenig Text. Bei Einladungen, Gedichten oder Ähnlichem kann er aber problemlos verwendet werden. In jedem Fall sollte es aber kein Rausatz werden!
>
> Auch der Mittelachsensatz eignet sich nur für wenig Text. Bei Einladungen, Gedichten oder Ähnlichem kann er aber problemlos verwendet werden. Man sollte aber auf einen ausgewogenen Zeilenfall achten!

▼ Abbildung 3.3
Beide Programme erlauben die Eingabe des Flatterbereichs. Links der Trennbereich in InDesign, rechts die Silbentrennzone in QuarkXPress.

Freier Satz und Formsatz

Häufig viel schöner, aber auch fehleranfälliger als zentrierter Satz ist der freie Satz mit freiem Zeilenfall. Bei dieser Satzart gibt es keine Achse – jede Zeile wird optisch platziert, und das kann schon mal dauern. So sollten wir in jedem Fall Treppen vermeiden, die Zeilen sollten weit flattern und einen gewissen Rhythmus aufweisen.

Beim Formsatz gibt es ebenfalls keine Achsen – es sei denn, die Form weist eine Achse auf. Die Zeilenkanten links und rechts formen also eine beliebige Figur, die sinnvollerweise zum Text passen sollte. So kann beispielsweise der Info-Text ein Ausrufezeichen formen, ein Rätsel formt ein Fragezeichen. Der Formsatz ist eine unübliche Ausrichtung, die nur in speziellen Fällen zum Einsatz kommt – das Lesen solcher Texte ist selbstverständlich mühsam.

Blocksatz

Der Blocksatz ist eine der meistverwendeten Ausrichtungsformen. Wir finden ihn in Tageszeitungen, Magazinen, Büchern oder Nachschlagewerken. Ein schöner Blocksatz wirkt ruhig, neutral, statisch und lässt sich gut lesen, eignet sich in erster Linie aber nur für längere Texte. Ein Dreizeiler im Blocksatz würde nämlich seltsam wirken.

In der deutschen und vielen anderen Sprachen, deren Schriften auf dem lateinischen Alphabet beruhen, bezeichnet es das Ende eines Fragesatzes. Im Spanischen wird ein Fragesatz zusätzlich durch ein auf dem Kopf stehendes eingeleitet. Die arabische Schrift kennt das Fragezeichen ebenfalls. Es ist jedoch an die Schreibrichtung angepasst. Auch andere Schriftsysteme, wie das Chinesische, haben es übernommen. Im Griechischen wird der Strichpunkt (;) als Fragezeichen benutzt. Das Fragezeichen taucht erstmals in den Schriftreformen Karls des Großen auf. Allerdings werden seine Funktion und Gestalt erst später auf die heutigen gebracht. Im deutschen Fragesatz kennzeichnet es meist eine Anhebung der Stimme am Ende des Fragesatzes. Durch ein Fragezeichen kann neben der Frage auch eine Aufforderung dargestellt werden: „Gehst du mal in den Keller das Bier holen?", das ist keine Frage, sondern eine Aufforderung. Hier handelt es sich um einen Spezi-

Abbildung 3.4 ▲
Beim Formsatz definiert der Text eine bestimmte Form wie im Beispiel ein Fragezeichen. Somit gibt es keine feste Achse, sondern die linken und rechten Kanten des Textes bilden die Form.

Abbildung 3.5 ▶
Beim freien Satz gibt es keine Achsen. Diese Satzart eignet sich für wenige Zeilen Text und bedarf der Handarbeit, damit keine unschönen Treppen oder ungewollte Achsen entstehen.

Die Ameisen

In Hamburg lebten zwei Ameisen,
Die wollten nach Australien reisen.
Bei Altona auf der Chaussee
Da taten ihnen die Beine weh.

Joachim Ringelnatz

3.1 Die Ausrichtung

Im Blocksatz sind alle Zeilen gleich lang. Da aber nicht automatisch jede Zeile gleich gefüllt sein kann, muss nachgeholfen werden. Was früher die Bleisetzer mit kleinen Scheiben beziehungsweise Papierstücken viele Nerven gekostet hat, passiert heute auf Knopfdruck. Doch was geschieht genau, wenn wir in XPress oder InDesign den Blocksatz wählen?

Die Variablen
Zwei bzw. drei Variablen stehen uns in der Layout-Software zur Verfügung, um eine Zeile auf eine fest vorgegebene Länge zu bringen:
1. die Wortabstände ❶
2. die Zeichenabstände ❷
3. die Zeichenbreite ❸

Wir können also theoretisch die Abstände zwischen den Wörtern sowie zwischen den einzelnen Zeichen verändern, in der Regel erhöhen, um auf die gewünschte Zeilenlänge zu kommen. Zudem könnten wir – automatisch aber nur in InDesign – auch noch die Breite der Zeichen variieren, den Buchstaben selbst also quetschen oder auseinanderziehen. Nun haben wir aber bereits eine Menge über diese Größen erfahren und über die damit verbundenen Grauwerte und die Lesbarkeit. Wir haben erfahren, dass eine optimale Lesbarkeit nur bei optimalen Wort- und Zeichenabständen gewährleistet ist, von der elektronischen Verzerrung ganz zu schweigen, und nun sollen wir das alles über Bord werfen?

sgeglichener
wirkt·ruhig u

139

Nun, sagen wir – ein bisschen. Beim Blocksatz muss nun einmal ein wenig an den Räumen gearbeitet werden, und da wir die Arbeit der Programme beeinflussen können, haben wir die Möglichkeit, den Schaden sehr gering zu halten.

Verändern der Zeichenbreite
Zunächst sollten Sie Variante drei, die in InDesign angeboten wird, gleich wieder vergessen. Die Breite eines Buchstabens sollte grundsätzlich unangetastet bleiben – Ausnahmen bestätigen die Regel. Bleiben also Variante ❶ und ❷, die Änderung der Wort- und der Zeichenabstände.

Verändern der Zeichen- und Wortabstände
Das Verändern der Zeichenabstände ❷, also das Unterschneiden oder Sperren, greift nachhaltig in den Grauwert und somit in die Lesbarkeit des Textes ein. Hier sollten wir also sehr vorsichtig sein. Würden wir aber lediglich den Wortzwischenraum ❸ als Variable

Abbildung 3.6 ▼
Die Glyphe-Skalierung führt zur Verformung der einzelnen Buchstaben. Im Beispiel unten ist zur Verdeutlichung mit hohen Werten und einer sehr schmalen Spalte gearbeitet worden. Man sieht deutlich, wie die einzelnen Zeichen in ihrer Breite verzerrt werden.

Verwenden Sie Blocksatz nur für längere Texte und nur dann, wenn die Spaltenbreite groß genug ist. Gut ausgeglichener Blocksatz lässt sich angenehm lesen, wirkt ruhig und entspannend. Aufgrund der geringen Anzahl der Wortzwischenräume im Vergleich zu der Buchstabenanzahl

Abbildung 3.7 ▼
Hier ist lediglich das Variieren in den Wortzwischenräumen erlaubt. Aufgrund der begrenzten Anzahl entstehen so leichter sehr große Wortzwischenräume, was den Lesefluss stört.

Abbildung 3.8 ▼
Etwa 50 Zeichen auf sieben Wortzwischenräume: Durch die große Zeichenanzahl im Vergleich zur Anzahl der Wortzwischenräume sollte man den Ausgleich auf beide Variablen verteilen, was hier geschehen ist.

Verwenden Sie Blocksatz nur für längere Texte und nur dann, wenn die Spaltenbreite groß genug ist. Gut ausgeglichener Blocksatz lässt sich angenehm lesen, wirkt ruhig und entspannend. Aufgrund der geringen Anzahl der Wortzwischenräume im Vergleich zu der Buchstabenanzahl empfiehlt es sich, den Ausgleich nicht nur in den Wortzwischenräumen, sondern auch zwischen den Zeichen vorzunehmen. Verwenden Sie Blocksatz nur für länge

Verwenden Sie Blocksatz nur für längere Texte und nur dann, wenn die Spaltenbreite groß genug ist. Gut ausgeglichener Blocksatz lässt sich angenehm lesen, wirkt ruhig und entspannend. Aufgrund der geringen Anzahl der Wortzwischenräume im Vergleich zu der Buchstabenanzahl empfiehlt es sich, den Ausgleich nicht nur in den Wortzwischenräumen, sondern auch zwischen den Zeichen vorzunehmen. Verwenden Sie Blocksatz nur für längere Texte und nur dann,

3.1 Die Ausrichtung

verwenden, was übrigens so mancher empfiehlt, wären wir schnell mit sehr großen Wortzwischenräumen konfrontiert, da wir in der Regel nur eine Handvoll davon finden. In einer Zeile, wie im Beispiel links unten zu sehen, befinden sich ca. 50 Buchstaben, aber nur sechs bis sieben Wortzwischenräume. Durch die begrenzte Anzahl entstehen so schnell die »Flughäfen«, die Löcher in das Satzbild reißen. Ich empfehle daher grundsätzlich, auch den Zeichenabstand ein wenig variieren zu lassen. Durch die Menge der Zeichen, im Beispiel sind es immerhin 50, addieren sich die kleinsten Veränderungen auf, und so kann durch minimale Veränderung der eine oder andere riesige Wortzwischenraum verhindert und der Grauwert optimiert werden. Dabei sollten wir natürlich beachten, dass wir die Variationen bei den Zeichenabständen auf einen kleinen Wert beschränken.

Grenzwerte

In den Publishing-Applikationen gibt es normalerweise drei Werte, und zwar jeweils für den Zeichenabstand sowie für den Wortabstand. Bei den drei Werten handelt es sich um Minimum-, Optimum- und Maximumwerte. Die Minimum- und Maximumwerte sind Unter- und Obergrenzen für den Blocksatz, der Optimumwert kommt beim Flattersatz (linksbündig, rechtsbündig oder zentriert) zum Tragen. Da sich Schriftdesigner üblicherweise Gedanken darüber gemacht haben, wie groß die Abstände zwischen Buchstaben und Wörtern sein dürfen, sollte man die Optimalwerte nur in speziellen Fällen ändern. Eine Ausnahme gilt für QuarkXPress: Hier beträgt der Standardwert für den optimalen Wortzwischenraum 110 Prozent. Tragen Sie hier besser 100 Prozent ein.

◀ **Abbildung 3.9**
Bis XPress 6 steht der Optimumwert für den Wortabstand nicht auf 100 Prozent. Sie sollten dieses Manko in jedem Fall beheben. Mit XPress 7 sind die Standardeinstellungen korrigiert.

Blocksatz in QuarkXPress

In QuarkXPress finden wir die Einstellungen im Menü BEARBEITEN unter S&B, was für Silbentrennung und Blocksatz steht. Hier lassen sich eigene Regeln definieren und absatzweise zuweisen, bestehende ändern und vor allem auch die Standardeinstellungen korrigieren, indem der Dialog aufgerufen wird, während kein Dokument geöffnet ist. Auf die Standard-S&B von XPress wird immer dann zugegriffen, wenn man dem Absatz keine andere Einstellung zugewiesen hat.

Um einem Textabsatz eine neue, bereits angelegte und benannte S&B zuzuweisen, wählt man bei aktivem Text aus dem Menü STIL · FORMATE und gibt die gewünschte Einstellung bei S&B an. Als Standardeinstellung empfiehlt es sich, bei WORTABSTAND die Werte 75%, 100%, 130% einzutragen, bei ZEICHENABSTAND in XPress etwa –3%, 0% und 3%.

Blocksatz in InDesign

In InDesign finden wir die Einstellungen unter anderem im Palettenmenü der Palette ABSATZ unter dem Befehl ABSTÄNDE. Hier taucht unter WORTABSTAND und ZEICHENABSTAND der bereits erwähnte GLYPHENABSTAND auf. Die eingetragenen Werte beziehen sich auf den aktiven Text, die Einstellungen lassen sich aber auch innerhalb der Absatzformate sichern.

Als Standardeinstellung empfiehlt es sich, bei WORTABSTAND genau wie in XPress die Werte 75%, 100%, 130% einzutragen, aufgrund anderer Berechnungen kann man bei ZEICHENABSTAND in InDesign getrost –10%, 0% und 10% eintragen. So beschränkt man die Veränderung der Zeichenabstände auf minimale Räume, die sozusagen nicht sichtbar sind, verhindert aber durch ihre Summe allzu große Wortzwischenräume.

Abbildung 3.10 ▼
Links die Einstellungen in QuarkXPress, rechts die von InDesign. Beide Einstellungen sind Richtwerte, die von Fall zu Fall angepasst werden müssen.

3.1 Die Ausrichtung

Grenzen überschreiten

Es gibt Fälle, in denen der Text ungünstig läuft, eventuell noch die Silbentrennung ausgeschaltet und die Zeilenbreite sehr kurz ist. Der Maximumwert ist ausgeschöpft, und trotzdem ist die Zeile noch nicht gefüllt. In diesen Fällen muss das Programm bestimmte Vorgaben ignorieren, um trotzdem auf den gewünschten Blocksatz zu kommen. In XPress wird dann grundsätzlich nur noch mit dem Wortabstand gearbeitet, die Vorgaben zum maximalen Zeichenabstand werden unverändert eingehalten. InDesign arbeitet mit einer Kombination und verändert beide Werte.

Trennung oder optimaler Abstand?

InDesign bietet noch eine weitere Option an, mit der man Einfluss auf die Trennungen nimmt: den Schieberegler, den man in der Dialogbox zur Silbentrennung findet. Damit steuern wir das Gleichgewicht zwischen den von uns vorgegebenen Abständen und der Anzahl der Trennungen. Je weiter man den Regler nach links schiebt, desto strenger hält sich InDesign an die vorgegebenen Abstandswerte, aber desto mehr Trennungen können entstehen. Wer weniger Trennungen bevorzugt und dafür lieber stärker variierende Abstände in Kauf nimmt, schiebt den Regler weiter nach rechts.

▼ Abbildung 3.11
Im linken unteren Bild steht der Schieberegler ganz links. Dadurch optimiert InDesign die Abstände und es können mehr Trennungen entstehen. Im Bild rechts liegt die Priorität bei möglichst wenig Trennstrichen, was auf Kosten der Abstände geht.

Mit dem Regler in der Dialogbox zur Silbentrennung steuert man das Verhältnis zwischen optimalen Abständen und Trennstrichen. Mit dem Regler in der Dialogbox zur Silbentrennung steuert man das Verhält-

Mit dem Regler in der Dialogbox zur Silbentrennung steuert man das Verhältnis zwischen optimalen Abständen und Trennstrichen. Mit dem Regler in der Dialogbox zur Silbentrennung steuert man das

Adobe-Absatzsetzer in InDesign

InDesign bietet für den Blocksatz noch eine Besonderheit: Den Absatzsetzer. Schaltet man ihn entweder im Dialog ABSTÄNDE oder direkt im Ausklappmenü der Palette Absatz ein, analysiert InDesign nicht nur eine Zeile, sondern den gesamten Absatz hinsichtlich ungünstiger Trennungen. Stellt er also in der vierten Zeile fest, dass die Vorgaben zu Zeichen- und Wortabständen kaum eingehalten werden können, da die Zeile sehr ungünstig läuft, kontrolliert das Programm in den Zeilen eins, zwei und drei die Trennungen und überprüft, ob eine Änderung der Trennungen in den ersten Zeilen die hässlichen Flughäfen in der Zeile vier verhindern könnte. Wenn das der Fall ist, ändert das Programm entsprechend den Textumbruch – in den meisten Fällen eine empfehlenswerte Einstellung, die aber bereits zu Beginn ausgewählt werden sollte.

Der Randausgleich: Hängende Interpunktion

Sie kennen das sicherlich auch: Viele Trennungen im Blocksatz hintereinander verursachen ein unschönes Bild: Der Text wirkt an dieser Stelle ausgedünnt, ein Loch hat sich in die rechte Textkante gefräst. Nun gibt es Möglichkeiten, die Anzahl der maximalen Trennungen auf drei oder vier zu beschränken. Trotzdem kann es zu den so genannten optischen Löchern kommen, vielleicht weil die Zeilen ober- und unterhalb noch mit einem Interpunktionszeichen wie einem Satzpunkt oder einem Komma abschließen. In diesen und anderen Fällen freut man sich über die Möglichkeit, die Interpunktionszeichen nach außen zu verschieben, sie also außerhalb des Textblocks hängen zu lassen – die so genannte hängende Interpunktion.

Was zu Luthers Zeiten eine Selbstverständlichkeit war, ist leider noch nicht zu allen Layoutprogrammen vorgedrungen – im Moment bietet nicht XPress, aber InDesign diesen typografisch schönen Komfort, der hier OPTISCHER RANDAUSGLEICH heißt. Übrigens gleicht der Befehl, den man im Menü SCHRIFT · TEXTABSCHNITT findet, auch den linken Rand des Textes aus. Hier finden sich zwar keine Trennstriche oder Satzpunkte, aber Gedankenstriche oder Anführungszeichen werden dadurch nach außen versetzt.

Entscheiden Sie sich!

Bei der Betrachtung aller Ausrichtungsarten ergibt sich in jedem Fall eine wichtige Regel, die Sie beachten sollten: Kombinieren Sie nicht mehr als zwei Ausrichtungen, in Ausnahmen wie auf Visitenkarten oder Ähnlichem können es auch drei sein.

3.1 Die Ausrichtung

„Der optische Randausgleich wirkt am linken sowie am rechten Rand und kommt deswegen nicht nur beim Blocksatz zum Tragen. Der optische Randausgleich wirkt am linken sowie am rechten Rand und kommt deswegen nicht nur beim Blocksatz zum Tragen. Der optische Randausgleich wirkt am linken sowie am rechten Rand und kommt des-

„Der optische Randausgleich wirkt am linken sowie am rechten Rand und kommt deswegen nicht nur beim Blocksatz zum Tragen. Der optische Randausgleich wirkt am linken sowie am rechten Rand und kommt deswegen nicht nur beim Blocksatz zum Tragen. Der optische Randausgleich wirkt am linken sowie am rechten Rand und kommt des-

Zahnfleischprobleme?

Plaquebakterien am Zahnfleischsaum sind die Hauptursache von Zahnfleischproblemen. Sie reizen das Zahnfleisch, es kommt zu Zahnfleischentzündungen und -bluten. Lassen Sie es nicht so weit kommen!

Die meridol® Zahnpasta

fördert die Regeneration von gereiztem Zahnfleisch

meridol® Zahnpasta mit der Wirkstoffkombination Aminfluorid/Zinnfluorid aus der meridol® Forschung

- inaktiviert die Plaque
- hemmt nachhaltig die Plaqueneubildung und
- fördert bei regelmäßiger Anwendung spürbar die Regeneration von gereiztem Zahnfleisch.

Machen Sie den Test!

Ideal in der kombinierten Anwendung mit meridol® Zahnbürste und meridol® Mundspül-Lösung.

Fragen Sie Ihren Zahnarzt!

GABA Beratungsservice: 08 00/8 85 63 51
montags bis freitags 9⁰⁰–12⁰⁰

▲ Abbildung 3.12
Im Beispiel oben ist der optische Randausgleich nicht verwendet, im Text darunter ist er aktiviert.

Abbildung 3.13 ▶
Unschön: In dieser Anzeige finden wir zentrierten und linksbündigen Satz sowie Blocksatz.

145

3.2 Die Zeilenlänge

Die Zeilenbreite ist die Distanz in horizontaler Richtung mit linker und rechter Begrenzung. Sie wird auch als Zeilenlänge bezeichnet. Die Breite trägt einen wesentlichen Teil zur Lesbarkeit bei. Natürlich ist sie abhängig von der Schrift, von der Schriftgröße und steht auch im Zusammenhang mit dem Zeilenabstand.

In einer Zeile sollen nicht mehr als 40 bis 60 Zeichen untergebracht sein, wobei als Zeichen auch die Wortzwischenräume mitgezählt werden. Als Untergrenze gelten 35 Zeichen pro Zeile. Kritiker lehnen solche Schulweisheiten mit der Begründung ab, dass wir in Sakkaden lesen und Wortbilder erfassen. Das ist in jedem Fall richtig, führt uns aber lediglich dazu, dass wir die optimale Breite einer Zeile in Wörtern angeben können. Sieben bis zwölf Wörter pro Zeile gelten dabei als Anhaltswert.

Abbildung 3.14 ▼
In diesem Fachbuch weisen die Zeilen des Grundtextes im Schnitt 75 Zeichen auf. Das ist zu lang – das Auge findet am Ende der Zeilen nur schwer den Anfang der Folgezeile. Ganz abgesehen davon wecken diese »Bleiwüsten« nicht gerade das Interesse des Lesers.

Zu lange Zeilen werfen aus der Reihe
Die Angaben zu minimaler und maximaler Zeichenanzahl in einer Zeile sind nicht aus der Laune eines Typografen heraus entstanden, sondern finden ihre Berechtigung mal wieder in unserer beschränkten Aufnahmefähigkeit. Sicher haben Sie auch schon einmal einen Text gelesen, bei dem Sie sich immer wieder in der Zeile vertan haben. Häufig trägt daran nicht mangelnde Konzentration, sondern einfach die Zeilenlänge die Schuld: Bei zu langen Zeilen misslingt schnell das Einfädeln in die Folgezeile: Man landet also beim Zeilenwechsel leicht in der gleichen Zeile oder überspringt eine Zeile.

Zu kurze Zeilen strengen Auge und Verstand an
Für die Mindestlänge einer Zeile gibt es gleich zwei Gründe; der eine gilt der Lesefreundlichkeit, der zweite der Optik. Bei sehr kurzen Zeilen muss der Leser sehr oft die Zeile wechseln, was jedes Mal einen Sprung mit den Augen erfordert und den Lesefluss unterbricht. Der zweite Grund liegt im optischen Anspruch, den nicht nur vergeistigte Typografen haben: Sie ärgern sich sicher auch schon mal über die hässlichen Lücken, die durch sehr schmale Spalten entstehen. So manche Tageszei-

3.2 Die Zeilenlänge

ungen und Boulevard-Blätter spendieren ihren Spalten gerade mal ungefähr 20 Zeichen pro Zeile, und das im Blocksatz. Je weniger Zeichen in der Zeile, desto weniger Buchstaben- und Wortabstände stehen zur Verfügung, um die Abstände auszugleichen und den Blocksatz herzustellen. Im Extremfall passt nur ein Wort in die Zeile, was bedeutet, dass zwischen den Buchstaben nicht nur große Zwischenräume, sondern ganze Flughäfen entstehen.

Auch wenn sich hin und wieder der Flattersatz statt des Blocksatzes besser eignet, sollte die Schlussfolgerung daraus jedoch nicht sein, 20 Buchstaben

NEU IM KINO
ab Donnerstag 29. 9. 2005

HORRORFILM

Wächter der Nacht
R: Timur Bekmambetow, Russland, 2004
Die ewige Auseinandersetzung zwischen Gut und Böse findet hier nicht in einem imaginären Märchenland, sondern auf den Straßen Moskaus statt. Dieser russische Fantasyfilm, Auftakt einer Trilogie, gefällt durch die Verbindung von Apokalypse und Alltag, von Fantastik und Menschen mit vollkommen durchschnittlichem Äußeren, von Computern und russischen Nationalgerichten.

■ KURZ & KNAPP

Von Alpha bis Omega

Prenzlauer Berg. Für alle, die ihre Kenntnisse über den christlichen Glauben auffrischen wollen oder sich unverbindlich über diese Religion informieren möchten, bietet die Evangelisch-Freikirchliche Gemeinde „Zoar" in der Cantianstraße 9 wieder so genannte Alpha-Kurse an. Die acht Abende beginnen jeweils mit einem Abendessen, gefolgt von einem Vortrag zu einem grundlegenden Thema des Christentums, zum Beispiel „Wer ist Jesus?" oder „Beten – Gespräch mit Gott". Danach können die Teilnehmer in kleinen Gruppen diskutieren und eigene Erfahrungen austauschen. Los geht's am Mittwoch, dem 19. Oktober, um 18.30 Uhr. Anmelden kann man sich für den kostenlosen

▲ Abbildung 3.15
Die typischen Tageszeitungsspalten. Eine linksbündige Ausrichtung macht es aber nicht unbedingt besser.

Vermeiden Sie zu enge Spalten. Die Wort- und Zeichenabstände können nicht mehr ausgeglichen werden. Auch bei linksbündigem Satz ergibt sich ein hässlicher Zeilenfall.

Vermeiden Sie zu enge Spalten. Die Wort- und Zeichenabstände können nicht mehr ausgeglichen werden. Auch bei linksbündigem Satz ergibt sich ein hässlicher Zeilenfall.

◄ ▼ Abbildung 3.16
Zu kurze Zeilen sind nicht lesefreundlich und unschön. Zu lange Zeilen werden unübersichtlich.

Vermeiden Sie zu lange Zeilen. Dies wirkt unübersichtlich, und das Auge springt aus Versehen schnell in die falsche Zeile. Vermeiden Sie zu lange Zeilen. Dies wirkt unübersichtlich, und das Auge springt aus Versehen schnell in die falsche Zeile. Vermeiden Sie zu lange Zeilen. Dies wirkt unübersichtlich, und das Auge springt aus Versehen schnell in die falsche Zeile.

Faustregel
Die untere Grenze der Zeichen pro Zeile im Blocksatz liegt bei etwa 35, die obere bei 60. Bei Zeileninhalten unter 35 Zeichen sollte linksbündiger Satz verwendet werden.

pro Zeile im Flattersatz zu setzen, denn dadurch verlagert sich nur die Problematik. Die richtige Quintessenz daraus sollte sein, Zeilen aus so wenigen Zeichen grundsätzlich zu vermeiden.

Satzbreite
Verwechseln Sie die Zeilenbreite nicht mit der Satzbreite. Die Satzbreite beschreibt die Distanz, die sich in horizontaler Richtung auch über mehrere Spalten erstreckt, also das Mehrfache der Zeilenbreite sein kann. Aufgrund der maximalen Zeichenzahl in einer Zeile sollte beispielsweise die Satzbreite in mehrere Spalten unterteilt werden, damit die Obergrenze der Zeichenanzahl nicht überschritten wird.

Zeilenbreite und Zeilenabstand
Wie bereits kurz erwähnt steht die Zeilenbreite auch im Zusammenhang mit dem Zeilenabstand. Je höher die Zeilenbreite ist, desto größer sollte man den Zeilenabstand halten. Breite Zeilen verdunkeln den Grauwert, ein vergrößerter Zeilenabstand gleicht dies wieder aus. Wir reden hier allerdings von minimalen Veränderungen: Arbeiten Sie beispielsweise mit einem Grundtext in einer 12-Punkt-Antiqua kann der Zeilenabstand aufgrund der Zeilenbreite um einen halben Punkt vergrößert oder verkleinert werden.

Zeilenbreite   Zeilenbreite   Zeilenbreite

Satzbreite

Verwechseln Sie die Satzbreite nicht mit der Zeilenbreite. Die beiden Breiten sind nur dann identisch, wenn es sich um ein einspaltiges Druckerzeugnis handelt. Die Satzbreite kann das Mehrfache der Zeilenbreite betragen. Verwechseln Sie die Satzbreite nicht mit der Zeilenbreite. Die beiden Breiten sind nur dann identisch, wenn es sich um ein einspaltiges Druckerzeugnis handelt. Die Satzbreite kann das Mehrfache der Zeilenbreite betragen. Verwechseln Sie die Satzbreite nicht mit der Zeilenbreite. Die beiden Breiten sind nur dann identisch, wenn es sich um ein einspaltiges Druckerzeugnis handelt. Die Satzbreite kann das Mehrfache der Zeilenbreite betragen. Verwechseln Sie die Satzbreite nicht mit der Zeilenbreite. Die beiden Breiten sind nur dann betragen. Verwechseln Sie die Satzbreite nicht mit der Zeilenbreite. Die beiden Breiten sind nur dann identisch, wenn es sich um ein einspaltiges Druckerzeugnis handelt. Die Satzbreite kann das Mehrfache der Zeilenbreite betragen. Verwechseln Sie die Satzbreite nicht mit der Zeilenbreite. Die beiden Breiten sind nur dann

3.3 Der Zeilenabstand

Der Abstand zweier Zeilen zueinander wird von Schriftlinie zu Schriftlinie gemessen. Auch hier haben wir es mit einem für die Lesbarkeit wichtigen Parameter zu tun: Der Zeilenabstand steht in enger Verbindung mit dem Grauwert. Hat man den Zeilenabstand zu gering gewählt, wird das Schriftbild des Textes zu dunkel; der Text wirkt gedrängt und eingeengt. Ist der Zeilenabstand zu groß, haben wir im Ergebnis ein zu helles Schriftbild und erhalten den Eindruck, dass der Text zerfällt.

Durchschuss
Der Durchschuss wird fälschlicherweise gerne mit dem Zeilenabstand verwechselt. Der Begriff stammt aus dem Bleisatz und bezeichnete das Blindmaterial, also das nicht druckende Material, das zwischen die Zeilen geschoben wurde und mit dem Zeilen durchschossen wurden. Ergo handelt es sich hierbei um den zusätzlichen Raum, der zur Schriftgröße hinzugerechnet wird.

Ein Beispiel: Eine 10-Punkt-Schrift wird mit einem Zeilenabstand von 12 Punkt gesetzt. Der Durchschuss beträgt in diesem Fall 2 Punkt.

Von Grundlinie
zu Grundlinie   Zeilenabstand

Von Unterlänge
zu Oberlänge   Durchschuss

> Unterlängen
> Oberlängen
>
> Unterlängen
> Oberlängen

Kompress und splendid

Wird ohne Durchschuss gearbeitet, bezeichnet man den Satz als kompress. Bei einer Schriftgröße von 10 Punkt würde der Zeilenabstand ebenfalls 10 Punkt betragen, der Durchschuss ergo 0 Punkt. Die ursprüngliche Bedeutung von splendid ist, dass die Zeilen einen Durchschuss aufweisen – unabhängig von seiner Größe. Mittlerweile hat es sich durchgesetzt, den Begriff splendid im Sinne eines relativ großen Zeilenabstandes zu verwenden.

Abbildung 3.17 ▲
Warum berühren sich die Buchstaben bei kompressem Satz nicht automatisch? Je nach Kegelausnutzung der jeweiligen Schrift bleibt zwischen den Zeilen ein geringer Zwischenraum frei. Oben die Meta, unten die Lintyope Syntax Serif.

Schreib- und Sprachweise

Zeit ist Geld, auch in der Typografie. Um möglichst kurze Angaben für die Schriftgröße und den Zeilenabstand zu machen, verwendet man folgende Schreib- und Ausdrucksweisen: Eine 10-Punkt-Schrift mit 12 Punkt Zeilenabstand wird mit »10/12« angegeben, gesprochen wird das Ganze »zehn auf zwölf«. Zum Zeilenabstand sagt man auch ZAB.

Der optimale Zeilenabstand

Aber wie groß ist nun der optimale Zeilenabstand? Leider gibt es auch hier wieder nur Anhaltswerte, da der optimale Wert wieder in Abhängigkeit zur Zeichenart, Schrift, Schriftgröße, Zeilenbreite und

Die Party in 13 Punkt kompress gesetzt.

Abbildung 3.18 ▲ ▶
Oben die Party in 18/18 Punkt; im linken Text der kompresse Satz in 8/8 Punkt Linotype Syntax Serif Light, rechts daneben die gleiche Schrift in 8/12,5 Punkt.

Kompresser Satz bedeutet ein Satz ohne zusätzlichen Raum zwischen den Zeilen. Dies ist zwar eine platzsparende Variante, aber bei den meisten Schriftarten erschwert kompresser Satz die Lesbarkeit. Gebrochene Schriften oder Schreibschriften hingegen können häufig ohne Durchschuss verwendet werden, da diese Schriften meist eine geringe Kegelausnutzung haben. Letztendlich spielt die Schriftgröße auch eine wesentliche Rolle. Kompresser Satz bedeutet ein Satz ohne zusätzlichen Raum zwischen den Zeilen. Dies ist zwar eine platzsparende Variante, aber bei den meisten Schriftarten erschwert kompresser Satz die Lesbarkeit. Gebrochene Schriften oder Schreib-

Kompresser Satz bedeutet ein Satz ohne zusätzlichen Raum zwischen den Zeilen. Dies ist zwar eine platzsparende Variante, aber bei den meisten Schriftarten erschwert kompresser Satz die Lesbarkeit. Gebrochene Schriften oder Schreibschriften hingegen können häufig ohne Durchschuss verwendet werden, da diese Schriften meist eine geringe Kegelausnutzung haben. Letztendlich spielt die Schriftgröße auch eine wesentliche Rolle.

3.3 Der Zeilenabstand

Textart steht. Für Grundtext zwischen 9 und 12 Punkt gilt ein Anhaltswert von 120 Prozent der Schriftgröße. Eine einfache Rechnung: Ein Grundtext von 50 Zeichen pro Zeile in 10 Punkt Schriftgröße kann einen Zeilenabstand von 12 Punkt vertragen. Wer es altmodischer mag: Als Basis für die Festlegung des Zeilenabstandes der Grundschrift kann auch die Höhe der Mittellänge der ausgewählten Grundschrift dienen.

Wieder anders sieht das bei großen Schriften und Headlines aus: Eine zweizeilige Überschrift in 48 Punkt kann je nach Schrift entweder kompress, also ohne Durchschuss, oder sogar mit einem negativen Durchschuss, also mit einem Zeilenabstand von beispielsweise 44 Punkt gesetzt werden.

120 Prozent
In QuarkXPress sowie in InDesign steht der automatische Zeilenabstand auf 120 Prozent. Diese Einstellung wird also automatisch verwendet, sofern sie vom Anwender nicht geändert wird.

Je größer die Schrift,
umso geringer der Zeilenabstand.

Je größer die Schrift,
umso geringer der Zeilenabstand.

◀ ▼ Abbildung 3.19
Die Rotis Sans Serif;
von oben nach unten:
8/11 Punkt
14/16 Punkt
36/36 Punkt
66/58 Punkt

Je größer die Schrift,
umso geringer der

Je größer
umso geringer

VERSALTEXT HAT KEINE UNTER-
LÄNGEN. DESWEGEN KANN DER
ZEILENABSTAND IN DER REGEL
LEICHT REDUZIERT WERDEN.

VERSALTEXT HAT KEINE UNTER-
LÄNGEN. DESWEGEN KANN DER
ZEILENABSTAND IN DER REGEL
LEICHT REDUZIERT WERDEN.

Sonderregelungen

▶ Hat man es beim Grundtext mit einer besonders großen Zeilenbreite zu tun, sollte man den Zeilenabstand leicht erhöhen. Das verbessert den Grauwert und erleichtert das Lesen.

▶ Versalien sind Großbuchstaben ohne Unterlänge. Sie liegen auf der Grundlinie auf und ragen nicht in den Bereich der Unterlängen hinein. Somit entsteht auch bei kompress erstelltem Versalsatz automatisch eine Art Durchschussbereich, und der Zeilenabstand sollte in jedem Fall geringer gehalten werden als bei Text mit Unterlängen.

▶ Eben schon erwähnt, jetzt noch mal aufgegriffen: die Headline-Problematik. Je größer die Schriftgröße, desto geringer im Verhältnis der Zeilenabstand, der sogar kleiner als die Schriftgröße sein kann. Besonders bei Unterlängenmangel wird dies deutlich. Bei einer dreizeiligen Headline, bei der die erste Zeile Unterlängen aufweist, die zweite jedoch nicht, sollte man sich die Arbeit machen und zwei verschiedene Zeilenabstände wählen. Durch große Schriftgrößen wachsen auch die freien Räume, und diese wirken im Verhältnis noch größer.

Abbildung 3.20 ▼
Im unteren Beispiel beträgt die Schriftgröße 40 Punkt, der Zeilenabstand 46 Punkt. Im Beispiel auf der rechten Seite variieren die Zeilenabstände.

Ausverkauf
46 Pt
Lagerräumung
46 Pt
Radikal reduziert
46 Pt
staunen, kaufen

Schrift und Zeilenabstand

In Kapitel 1 haben Sie bereits erfahren, wo die Gründe für die Diskrepanz zwischen der gewählten Schriftgröße und der messbaren Größe im Ausdruck liegen. Auch für die Größenunterschiede, die bei verschiedenen Schriftarten messbar sind, obwohl sie mit der gleichen Schriftgröße ausgezeichnet wurden, haben wir eine logische Erklärung – zur Erinnerung: die Kegelausnutzung. Auch diese Tatsache müssen wir im Hinterkopf behalten, wenn wir über »übliche« Zeilenabstände reden. Besonders deutlich wird dies im kompressen Satz: Bei einer Schrift mit einer hohen Kegelausnutzung würden sich die Buchstaben leicht berühren. Im Gegensatz dazu wirkt eine Schrift, die eine geringe Kegelausnutzung hat (wie eine Schreibschrift oder eine Fraktur), mit kompressem Satz häufig noch zu splendid. Somit bezieht sich der Richtwert von 120 Prozent Zeilenabstand respektive 20 Prozent Durchschuss bei Grundtext nicht unbedingt auf die eingegebene, sondern die tatsächliche Schriftgröße.

Kompresser Satz mit der Schrift Linotext. Durch die geringe Kegelausnutzung ist der kompresse Satz in dieser Schriftgröße völlig in Ordnung.

▲ **Abbildung 3.21**
Die Linotext mit einer Schriftgröße von 16 Punkt, der Zeilenabstand beträgt ebenfalls 16 Punkt.

Ausverkauf
Lagerräumung 43 Pt
Radikal reduziert 48 Pt
staunen, kaufen 46 Pt

Mittellängen und Zeilenabstand

Wie eben schon kurz erwähnt, kann die Mittellänge einer Schrift ebenfalls als Basis für die Berechnung des Zeilenabstands verwendet werden, was uns dazu bringt, einen Blick auf die Mittellängen verschiedener Schriften zu werfen. Genau wie Schriften in einer einheitlichen Schriftgröße unterschiedliche Größen aufweisen, sind auch die Mittellängen unterschiedlich groß. Die Schlussfolgerung »je höher die Kegelausnutzung, desto größer die Mittellängen« wäre allerdings genauso falsch wie die umgekehrte Variante.

Die Helvetica ist ein schönes Beispiel für eine Schrift, die eine große Kegelausnutzung sowie große Mittellängen aufweist. Im Vergleich dazu sehen Sie eine Adobe Jenson Pro, die deutlich kleinere Mittellängen erhalten hat. Diese unterschiedlichen Größen spielen bei der Suche nach dem optimalen Zeilenabstand auch eine Rolle – es ist nahe liegend, dass die Helvetica einen größeren Zeilenabstand benötigt als die Jenson Pro.

Faustregeln zum Zeilenabstand

1. Je größer die Zeilenbreite, umso größer der Zeilenabstand. Basis für die Festlegung des Zeilenabstands der Grundschrift ist die Höhe der Mittellänge der ausgewählten Grundschrift.
2. Falls nur Versalien verwendet werden, sollte der Zeilenabstand geringer sein.
3. Überschriften müssen unter Umständen enger als kompress gesetzt werden. Eventuell sollte man die Zeilenabstände für jede Zeile individuell ändern.

Die Höhe der Mittellänge kann zur Berechnung für den Zeilenabstand verwendet werden.

3.4 Die Spalte

Die Einteilung der Satzbreite in mehrere Spalten geschieht in erster Linie zur besseren Lesbarkeit. Bei der Festlegung der Spaltenanzahl und somit auch der Spaltenbreite sollten wir die Tipps zur optimalen Zeilenbreite bedenken.

Der Raum zwischen den Textspalten nennt sich Spaltenabstand, Spaltenzwischenraum oder auch Zwischenschlag. Zwar spielt die Größe des Spaltenabstands für die Lesbarkeit nicht die Hauptrolle, sie trägt aber wie alle anderen Größen und Räume zum typografischen Erscheinungsbild bei. Hier haben wir wieder nach oben und unten Grenzen: Bei zu kleinen Abständen wird der Spaltenabstand mit einem Wortzwischenraum verwechselt. Der Leser läuft Gefahr, horizontal statt in der Zeile darunter weiterzulesen. Zu große Spaltenabstände lassen die Textspalten nicht als ein gesamtes Werk, sondern als voneinander unabhängige Texte erscheinen.

Wählt man den Spaltenabstand zu groß, erscheinen die Spalten nicht mehr als zusammenhängender Text, sondern als einzelne, voneinander unabhängige Textblöcke. Wählt man den Spaltenabstand zu groß, erscheinen die Spalten nicht mehr als zusammenhängender Text, sondern als einzelne, voneinander unabhängige Textblöcke.

Ein zu kleiner Spaltenabstand bewirkt, dass das Auge den Abstand als Wortzwischenraum wahrnimmt und über die Spalte hinweg weiterliest. Ein zu kleiner Spaltenabstand bewirkt, dass das Auge den Abstand als Wortzwischenraum wahrnimmt und über die Spalte hinweg wei-terliest. Ein zu kleiner Spaltenabstand bewirkt, dass das Auge den Abstand als Wortzwischenraum wahrnimmt und über die Spalte hinweg weiterliest. Ein zu kleiner Spaltenabstand bewirkt, dass das Auge den Abstand als Wortzwischenraum wahrnimmt und über die Spalte hinweg wei-

▲ ◄ **Abbildung 3.22**
Oben ist der Spaltenabstand zu weit gewählt, links ist er zu eng.

Optimaler Spaltenabstand: Die Leerzeile

Nun wissen wir, welche Gefahren lauern – und wie lautet die Empfehlung? Als Anhaltswert für die optimale Größe gilt der Zeilenabstand. Bei einem Zeilenabstand von 12 Punkt sollte die Spaltenbreite ebenfalls 12 Punkt betragen. Dies ist eine gute Methode, sich an den optimalen Spaltenabstand heranzutasten, da der Zeilenabstand Einfluss auf den Spaltenabstand hat. Eine Faustregel besagt: Ist der Zeilenabstand ungewöhnlich groß, sollte auch der Spaltenabstand größer gehalten werden. Somit haben wir mit dem Tipp »Zeilenabstand = Spaltenabstand« diese Ausnahmefälle schon bedacht.

Spaltenabstand mit »mii«

Einen weiteren Anhaltspunkt für die Größe des Abstandes bildet die einfache Breite des Buchstabens »m« und die doppelte des »i« der Grundschrift. Benötigen Sie also Hilfe bei der Wahl des Spaltenabstands, tippen Sie einfach die Buchstaben »m« und danach zweimal

Abbildung 3.23 ▼
Im oberen Beispiel orientiert sich der Zwischenraum am Zeilenabstand. Im unteren Beispiel entspricht der Zwischenraum der Buchstabenkombination »mii«.

Der optimale Spaltenzwischenraum entspricht in etwa dem Zeilenabstand. Im Beispiel haben wir einen Zeilenabstand von 10 Punkt gewählt und den Zwischenschlag ebenfalls auf 10 Punkt gesetzt. Der optimale Spaltenzwischenraum entspricht in etwa dem Zeilenabstand. Im Beispiel haben wir einen Zeilenabstand von 10 Punkt gewählt und den Zwischen-

schlag ebenfalls auf 10 Punkt gesetzt. Der optimale Spaltenzwischenraum entspricht in etwa dem Zeilenabstand. Im Beispiel haben wir einen Zeilenabstand von 10 Punkt gewählt und den Zwischenschlag ebenfalls auf 10 Punkt gesetzt. Der optimale Spaltenzwischenraum entspricht in etwa dem Zeilenabstand. Im Beispiel haben wir einen Zeilenabstand von

10 Punkt gewählt und den Zwischenschlag ebenfalls auf 10 Punkt gesetzt. Der optimale Spaltenzwischenraum entspricht in etwa dem Zeilenabstand. Im Beispiel haben wir einen Zeilenabstand von 10 Punkt gewählt und den Zwischenschlag ebenfalls auf 10 Punkt gesetzt. Der optimale Spaltenzwischenraum entspricht in etwa dem Zeilenabstand.

Eine andere Faustregel besagt, dass der optimale Spaltenzwischenraum der Breite der Buchstaben »mii« entspricht. Im Beispiel sind das 9,6 Punkt. Eine andere Faustregel besagt, dass der optimale Spaltenzwischenraum der Breite der Buchstaben »mii« entspricht. Im Beispiel sind das 9,6 Punkt. Eine andere Faustregel besagt, dass der optimale

Spaltenzwischenraum der Breite der Buchstaben »mii« entspricht. Im Beispiel sind das 9,6 Punkt. Eine andere Faustregel besagt, dass der optimale Spaltenzwischenraum der Breite der Buchstaben »mii« entspricht. Im Beispiel sind das 9,6 Punkt. Eine andere Faustregel besagt, dass der optimale Spaltenzwischenraum der Breite der Buchstaben »mii« entspricht. Im Bei-

spiel sind das 9,6 Punkt. Eine andere Faustregel besagt, dass der optimale Spaltenzwischenraum der Breite der Buchstaben »mii« entspricht. Im Beispiel sind das 9,6 Punkt. Eine andere Faustregel besagt, dass der optimale Spaltenzwischenraum der Breite der Buchstaben »mii« entspricht. Im Beispiel sind das 9,6 Punkt. Eine andere Faustregel besagt, dass der optimale

3.4 Die Spalte

en »i« und messen die gemeinsame Breite aus. Falls Sie zwischen zwei Werten schwanken, wählen Sie lieber den größeren, denn ein zu großer Spaltenabstand ist weniger problematisch als ein zu klein gewählter.

Beide Größentipps gelten für Blocksatz. Beim Flattersatz kann die Spaltenbreite etwas kleiner gehalten werden, da nicht alle Zeilen die gesamte Zeilenbreite füllen und somit automatisch mehr Raum zwischen den Spalten entsteht.

Ausnahmen bestätigen die Regel

Eine Abweichung vom Normalfall ist dann gegeben, wenn – aus welchen Gründen auch immer – der Zeilenabstand ungewöhnlich groß ist. In diesem Fall muss auch der Spaltenzwischenraum vergrößert werden.

Spaltenlinien

Ein Gestaltungselement bei mehreren Spalten ist die Spaltenlinie. Dabei wird in die Mitte des Leerraums zwischen den Spalten eine Linie platziert. Beim Einsatz einer Spaltenlinie sollte der Spaltenzwischenraum größer gehalten werden.

Doch nicht jede Linie passt zu jeder Schrift in jeder Größe. Soll die Linie als dezentes Gestaltungselement dienen, orientiert man sich am einfachsten an der Strichstärke der Schrift. Durch das Anpassen an die Strichstärke der Grundschrift ist man immer auf der sicheren Seite.

Beim Einsatz einer Spaltenlinie wird der Spaltenzwischenraum erhöht. Die Linie sollte optisch zur Schrift passen. Beim Einsatz einer Spaltenlinie wird der Spaltenzwischenraum erhöht. Die Linie sollte optisch zur Schrift passen. Beim Einsatz einer Spaltenlinie wird der Spaltenzwischenraum erhöht. Die Linie sollte optisch zur Schrift passen.	Beim Einsatz einer Spaltenlinie wird der Spaltenzwischenraum erhöht. Die Linie sollte optisch zur Schrift passen. Beim Einsatz einer Spaltenlinie wird der Spaltenzwischenraum erhöht. Die Linie sollte optisch zur Schrift passen. Beim Einsatz einer Spaltenlinie wird der Spaltenzwischenraum erhöht. Die Linie sollte optisch zur Schrift passen.

◄ Abbildung 3.24
Die Spaltenlinie sollte von ihrem Typ und von ihrer Stärke an das Schriftbild der Grundschrift angepasst werden.

3.5 Umbruchfehler

Die beiden herben Bezeichnungen Hurenkinder und Schusterjungen stammen aus dem Bleisatz, sind aber auch heute noch gültig, um Fehler im Layout zu benennen. Auch emanzipierte und fortschrittliche Layouter verwenden sie, da sich damit Fehler beschreiben lassen, die sonst längerer Umschreibung bedürfen – und ein Ersatzbegriff der sich durchgesetzt hat, ist noch nicht gefunden.

Das Hurenkind

Ein Hurenkind liegt dann vor, wenn die letzte Zeile eines Absatzes am Anfang einer neuen Seite oder bei mehrspaltigem Satz am Anfang einer neuen Spalte platziert wird. Besonders nach einer Zwischenüberschrift, aber auch innerhalb eines Fließtextes ist dies ausgesprochen unschön.

Der Schusterjunge

Ähnliches gilt für den Schusterjungen: Dieser beschreibt die Situation, wenn die erste Zeile eines Absatzes am Ende einer Seite oder bei mehrspaltigem Satz am Ende einer Spalte platziert ist.

Beides gilt es zu vermeiden, zum Beispiel indem man mindestens zwei Zeilen am Ende und am Anfang eines Absatzes zusammenhält, wobei zwei Zeilen noch grenzfällig und erst mindestens drei zusammengehaltene Zeilen wirklich optimal sind.

Abbildung 3.25 ▶
Das Hurenkind ist eine Ausgangszeile am Anfang einer neuen Spalte oder Seite. Noch unschöner wird das Ganze, wenn dann eine Zwischenüberschrift folgt, wie rechts im Bild zu sehen.

Geisteshaltung und Merkhilfen

Laut diverser Quellen ist die Herkunft der Bezeichnung Hurenkind klar: Ein uneheliches Kind wurde als Hurenkind bezeichnet und war alles andere als willkommen. Ähnliches galt für die Schusterjungen, die bereits als Kinder arbeiten mussten. Beiden mangelte es wohl an einer schönen Kindheit, und in der Bleisetzersprache stehen beide für einen Fehler, den es unbedingt zu vermeiden gilt, und das ist in der Tat keine schöne Assoziation.

Folgt man dem Typografen Wolfgang Beinert und seinem empfehlenswerten Online-Typolexikon, basiert der Begriff Hurenkind als typografischer Layoutfehler auf der »christlich patriarchal geprägten Doppelmoral« und spiegelt »eine dümmliche, diskriminierende Geisteshaltung wider«; ob man diese strenge Sichtweise teilt, sei jedem selbst überlassen. Ich verwende in meinem Buch die Begriffe weiterhin traditionell, versichere jedoch eidesstattlich, dass dahinter weder Diskriminierung noch patriarchale Doppelmoral steckt, und entschuldige mich vorab für eventuelle Beleidigungen.

An dieser Stelle möchte ich noch weitere im Umlauf befindliche Erklärungen für die Begriffe liefern, die bei der Unterscheidung der beiden Vorfälle gleichzeitig als Eselsbrücke helfen: Ein Hurenkind steht oben in einer neuen Spalte so wie das Hurenkind oben auf der Straße steht. Ein Schusterjunge steht unten am Ende der Spalte so wie der Schusterjunge, der unten im Keller die Schuhe repariert. Übrigens wird ein schlechter Setzer auch als Schuster bezeichnet.

Typolexikon
Das Lexikon von Wolfgang Beinert findet man unter *www.typolexikon.de*.

DATENAUSTAUSCH Für den Austausch von Daten gab es in InDesign schon länger eine Menge an Schnittstellen, und mit der neuen Version hat Adobe die Optionen beim Import von nativen Photoshop- und Acrobat-Dateien noch erweitert. Über die Importoptionen kann der Anwender die Sichtbarkeit von Ebenen aus PSD-Daten beeinflussen. Zudem hat man ähnlich wie in Illustrator CS2 Zugriff auf die in Photoshop erstellten Ebenenkompositionen, die über ein Ausklappmenü in den Importoptionen zur Verfügung stehen.

Mit den Snippets hat Adobe eine schnelle Variante, allerdings entstehen hierbei Dateinamen wie „Snippet_2F8D5FCAA.inds", was Verwirrung stiftet, auch wenn Bridge den Layouter durch eine Vorschau unterstützt. Der Import der Objekte aus einem Snippet kann dann ebenfalls per Drag-and-drop erfolgen.

Die Snippets wecken gemischte Gefühle. Auch wenn sie leicht zu bedienen sind, werden sie aufgrund ihres beschränkten Nutzens und der eigenwilligen Benennung im Produktionsalltag nur wenig Fans finden.

ZUSAMMENSPIEL Adobe wirbt schon

◄ Abbildung 3.26
Der Schusterjunge ist eine Anfangszeile am Ende einer Spalte oder Seite. Beginnt der neue Absatz mit einer Zwischenüberschrift, wird das Ganze noch auffälliger.

Abhilfe schaffen

Natürlich ist das – typografische – Problem der Hurenkinder und Schusterjungen nicht immer einfach zu beheben. Layouter sind häufig nicht befugt, in den Text einzugreifen und ihn dahingehend zu verändern, dass eine weitere Zeile entsteht beziehungsweise der Text eine Zeile kürzer läuft.

Falls der Layouter im Notfall – und Hurenkinder und Schusterjungen sind meiner Meinung nach Notfälle – unwesentliche Textänderungen vornehmen darf, sollte er zuerst kontrollieren, ob er irgendwo im betreffenden Textabschnitt eine besonders kurze oder lange Ausgangszeile findet. Hat er eine besonders kurze Ausgangszeile ausfindig gemacht, genügt es nämlich häufig, nur ein Wort zu löschen oder zu ändern, um den Text um eine gesamte Zeile zu kürzen. Bei einer besonders langen Ausgangszeile genügt es wiederum, ein paar wenige Buchstaben hinzuzufügen, um eine neue Zeile entstehen zu lassen – in beiden Fällen ändert sich die Zeilenanzahl, und die Problemstelle ist beseitigt.

Die zu suchende kurze oder lange Ausgangszeile muss sich nicht zwingend direkt vor dem Hurenkind oder Schusterjungen befinden. Sie kann genauso ein oder mehrere Absätze weiter vorne sein. Falls sie sich weiter weg oder sogar auf einer vorherigen Seite befindet, sollten Sie allerdings darauf achten, dass durch die Änderung nicht an einer anderen Stelle einer der beiden ungeliebten Layoutfehler neu entsteht.

Schummeln erlaubt

Welche Möglichkeiten hat man jedoch, wenn man keine Textänderung vornehmen darf? Wenn man den Autor nicht erreicht oder dieser aufgrund künstlerischer Höhenflüge nicht gewillt ist, den Text zu ändern? Hier hilft nur unauffälliges Schummeln.

Sie erinnern sich an die Laufweitenthematik? Laufweiten ändert man nur in bestimmten Ausnahmefällen wie bei Versal- oder Negativsatz ... oder wenn man unbedingt eine Zeile weniger oder mehr benötigt. Dies kann auch der Fall sein, wenn man das Layout beziehungsweise die Spalten füllen will – es muss sich nicht unbedingt um die Beseitigung eines Hurenkindes oder Schusterjungen handeln.

Warum auch immer Sie die Zeilenanzahl verändern wollen, gehen Sie genauso vor wie beim Ändern von Text: Suchen Sie zunächst nach einer besonders kurzen oder langen Ausgangszeile. Aktivieren Sie dann diesen gesamten Absatz, und verringern Sie die Laufweite

3.5 Umbruchfehler

bei einer kurzen Ausgangszeile, um den Absatz eine Zeile zu kürzen. Bei einer langen Ausgangszeile markieren Sie ebenfalls den gesamten Absatz und erhöhen die Laufweite. In beiden Fällen sollte die Laufweite nicht um mehr als zwei Prozent eines Gevierts verändert werden. Diese Veränderungen sind so minimal, dass man zwar die Zeilenanzahl verändern kann, allerdings optisch keine Änderungen wahrnimmt. Mit höheren Werten läuft man allerdings Gefahr, dass der Grauwert zu stark leidet und der Text zusammengeschoben oder gesperrt erscheint.

Gesamten Absatz verändern

In jedem Fall sollten Sie nicht nur ein paar Zeilen, sondern den gesamten Absatz mit der Laufweitenänderung versehen. Auf den ersten Blick erscheint das unlogisch, erhöht sich doch so die Menge des verschummelten Textes. Auf den zweiten Blick ist diese Vorgehensweise jedoch sinnvoll: Erstens ist es weniger auffällig, wenn der komplette Absatz eine leicht veränderte Laufweite aufweist als wenn innerhalb eines Absatzes verschiedene Laufweiten verwendet werden. Zum Zweiten steigen durch die Veränderung eines gesamten Absatzes und durch die höhere Zeilenanzahl ganz einfach die Chancen, die Zeilenanzahl zu verändern.

▼ Abbildung 3.27
Hätten Sie es gesehen? Im oberen Text ist die Laufweite unverändert, im unteren Text wurde der erste Absatz (was hier der ersten Spalte entspricht) um 2/1000 Einheiten reduziert – eine Änderung, die typografisch völlig unbedenklich und auch nur im direkten Vergleich zu sehen ist. Somit haben wir das Hurenkind im oberen Beispiel beseitigt.

Wer sagt denn, dass Schummeln verboten ist? Kleinste Änderungen an der Laufweite können bewirken, dass sich der Zeilenlauf ändert. So kann man überflüssige Zeilen loswerden oder fehlende Zeilen einzufügen. Wichtig ist, dass man die Laufweite des gesamten Absatzes bearbeitet.

Hier im Beispiel haben wir ein Hurenkind, das aus wenigen Zeichen besteht. In diesem Fall sollten wir die Laufweite des ersten Absatzes leicht reduzieren, damit die letzten Zeichen des Absatzes in die erste Spalte herumlaufen und das Huren-

Wer sagt denn, dass Schummeln verboten ist? Kleinste Änderungen an der Laufweite können bewirken, dass sich der Zeilenlauf ändert. So kann man überflüssige Zeilen loswerden oder fehlende Zeilen hinzufügen. Wichtig ist, dass man die Laufweite des gesamten Absatzes bearbeitet.

Hier im Beispiel haben wir ein Hurenkind, das aus wenigen Zeichen besteht. In diesem Fall sollten wir die Laufweite des ersten Absatzes leicht reduzieren, damit die letzten Zeichen des Absatzes in die erste Spalte herumlaufen und das Hurenkind aufgelöst wird.

Software schafft Abhilfe?

Laut vieler Stimmen, besonders der von Software-Herstellern, muss sich der Digitalsetzer um Hurenkinder und Schusterjungen keine Sorgen mehr machen. Viele Programme wie QuarkXPress und InDesign verfügen über Funktionen, die automatisch die unbeliebten Einzelzeilen verhindern, und auf den ersten Blick ist diese Aussage auch richtig.

QuarkXPress und Adobe InDesign

So bietet QuarkXPress im Menü STIL in der Dialogbox FORMATE die Einstellung ZEILEN ZUSAMMENHALTEN an. Hier bestimmt man, wie viele Zeilen am Beginn einer Spalte (zur Vermeidung des Hurenkindes) sowie am Ende der Spalte (zur Vermeidung des Schusterjungen) zusammengehalten werden sollen, ergo mindestens zwei oder besser noch drei Zeilen.

Adobes InDesign kann mithalten: Hier findet man in den Absatzoptionen in der Kategorie UMBRUCHOPTIONEN die Einstellung ZEILEN NICHT TRENNEN · AM ANFANG/ENDE DES ABSATZES. Auch hier trägt man die Anzahl der Zeilen ein, die das Programm innerhalb eines Absatzes zusammenhalten muss. Der Befehl NICHT TRENNEN VON NÄCHSTEN XXX ZEILEN ist in InDesign CS3 neu hinzugekommen und besonders im Zusammenhang mit Überschriften sinnvoll: Mit der Angabe der Zeilenanzahl legt man fest, wie viele Zeilen bei der letzten Zeile im Absatz noch verbleiben sollen; maximal fünf sind erlaubt.

Abbildung 3.28 ▼
Das linke Bild zeigt die Einstellung von QuarkXPress, das rechte Bild die Einstellungen von Adobe InDesign.

3.5 Umbruchfehler

Falscher Ansatz

Doch wie kann die Software die beiden Layoutfehler vermeiden? Hat sie mehr Tricks auf Lager als wir Layouter? Definitiv nicht. Wie bereits besprochen haben wir zwei Möglichkeiten: das Längen und Kürzen des Textes beziehungsweise die Veränderung der Laufweite. Die Software verändert aber weder den Text (das wäre ja auch noch schöner) noch die Laufweite (das wäre ein cleverer Ansatz), sondern sie macht Folgendes: Sie hält die angegebenen zwei beziehungsweise drei Zeilen zusammen. Würde ein Hurenkind entstehen, schiebt die Software einfach bereits die vorletzte Zeile in die neue Spalte, und somit wird aus dem einzeiligen Hurenkind ein Zweizeiler. Entsprechend platziert die Software bei drohender Gefahr durch einen Schusterjungen diese erste Zeile des neuen Absatzes, die am Ende der Spalte stehen würde, in die nächste Spalte. In beiden Fällen wird aber nur verschoben. Wir haben in jedem Fall ein Loch am Ende der Spalte, das durch die eine oder auch die zwei fehlenden Zeilen verursacht wird und ausgeglichen werden muss.

Nur in den seltenen Fällen, in denen die Spaltenhöhe frei ist und flattern darf, lässt sich diese Lösung sinnvoll nutzen – in allen anderen Fällen ist wieder die Intelligenz des Layouters gefragt.

Die Lösung der Programme ist unbefriedigend und kann meist nicht verwendet werden, da die Höhe der Spalten dann nicht mehr stimmt. Letztendlich ist also doch wieder das Können der Layouter gefragt, die manuell eingreifen müssen.

Die Lösung der Programme ist unbefriedigend und kann meist nicht verwendet werden, da die Höhe der Spalten dann nicht mehr stimmt. Letztendlich ist also doch wieder das Können der Layouter gefragt, die manuell eingreifen müssen.

Die Lösung der Programme ist unbefriedigend und kann meist nicht verwendet werden, da die Höhe der Spalten dann nicht mehr stimmt. Letztendlich ist also doch wieder das Können der Lay-

Die Lösung der Programme ist unbefriedigend und kann meist nicht verwendet werden, da die Höhe der Spalten dann nicht mehr stimmt. Letztendlich ist also doch wieder das Können der Lay-

outer gefragt, die manuell eingreifen müssen.

Die Lösung der Programme ist unbefriedigend und kann meist nicht verwendet werden, da die Höhe der Spalten dann nicht mehr stimmt. Letztendlich ist also

◀ **Abbildung 3.29**
Oben das Original, unten das Ergebnis. Diesmal haben wir den Programmen die Arbeit überlassen – das Ergebnis ist eine fehlende Zeile am Ende der ersten Spalte.

3.6 Der Einzug

Typo-Tipp Einzug
Ein Einzug zählt zu den Auszeichnungen, die auf den Beginn eines Absatzes hinweisen. Als Anhaltswert für die optimale Größe gilt ein Geviert.

Kein Einzug
Zu Beginn des Textes, nach einer Zwischenüberschrift oder am Anfang einer Seite oder Spalte sollte kein Einzug stattfinden.

Größerer Einzug
Unter bestimmten Umständen und in Abhängigkeit von der Schriftgröße und -wirkung kann der Einzug erste Zeile auch größer sein. In diesem Buch beträgt die Schriftgröße der Grundschrift 9 Punkt, der Zeilenabstand beträgt 12,2 Punkt. Die Größe des Einzugs erste Zeile ist mit 14 Punkt angegeben.

Hat man im Bereich von Zeitschriften und Zeitungen mit großen Mengen von Fließtext zu tun, sollte man diesen nicht einfach Zeile an Zeile aneinanderreihen. Einzelne Gedanken des Autors sollten mit Zwischenüberschriften und eventuell noch in Absätze unterteilt werden. Dies hat mehrere Gründe. Zum einen sieht es wenig einladend aus, wenn der Leser auf eine Bleiwüste stößt, also eine Seite, die ausschließlich aus Grundtext besteht. Der zweite Grund ist ein inhaltlicher: Durch eine Gliederung in Absätze und mit Zwischenüberschriften kann sich der Leser gerade bei längeren Texten einen Überblick verschaffen und leicht von Gedanke zu Gedanke springen, hier und da reinlesen und leicht quer lesen.

Befinden sich unterhalb einer Zwischenüberschrift mehrere Absätze, stellt der linke Einzug einen optischen Hinweis auf den Beginn eines neuen Absatzes dar. Beim Einzug wird die erste Zeile des Absatzes von der vertikalen Textkante links oder rechts eingerückt. Somit wird diese Art von Einzug EINZUG ERSTE ZEILE genannt. Im vorliegenden Buch ist mit einem Einzug erste Zeile gearbeitet worden.

Natürlich kann sich ein Einzug auch über einen oder mehrere Absätze erstrecken, wird dann linker oder rechter Einzug genannt und erfüllt andere Zwecke.

Die optimale Größe des Einzugs erste Zeile

Möchte man im Grundtext dezent auf den Beginn eines neuen Absatzes hinweisen, verwendet man in der Regel die Einzugsgröße eines Gevierts. Zur Erinnerung: Bei einer 9-Punkt-Schrift beträgt die Größe eines Gevierts 9 Punkt. Beim Einsatz einer Schrift mit einer sehr großen Kegelausnutzung kann die Geviertgröße allerdings zu klein wirken. In diesem Fall erhöht man man die Größe des Einzugs bis auf den Zeilenabstand. Bei einer Auszeichnung von 9/12 bewegt sich die Größe des Einzugs also zwischen 9 und 12 Punkt.

Software-Tipp

QuarkXPress und InDesign vertragen beide die Eingabe von Punkt. Für die Größeneingabe des Einzugs müssen Sie also nicht manuell umrechnen – tippen Sie einfach die Punktangabe mit der dazugehörigen Maßabkürzung »pt« respektive »p« in das Eingabefeld – die Software rechnet anschließend automatisch in die Dokumentmaßeinheit Millimeter um.

Hängender Einzug

Eine andere Variante neben dem Einzug und dem Einzug erste Zeile ist der HÄNGENDE EINZUG. Hierbei wird die erste Zeile gefüllt, während alle Folgezeilen des Absatzes kürzer, also mit einem Einzug versehen sind. Man bezeichnet ein solches auf den ersten Blick vielleicht merkwürdig aussehendes Konstrukt auch als negativen Einzug; ich persönlich plädiere für den Begriff Auszug. Als Anhaltspunkt für die Größe dient wieder das Geviert beziehungsweise der Zeilenabstand, allerdings kann die Größe noch leicht erhöht werden.

Der normale Einzug findet an der linken oder rechten Satzkante statt. Diese Art von Einzug wird eher selten verwendet.
　Der normale Einzug findet an der linken oder rechten Satzkante statt. Diese Art von Einzug wird eher selten verwendet. Der normale Einzug findet an der linken oder rechten Satzkante statt. Diese Art von Einzug wird eher selten verwendet.
Der normale Einzug findet an der linken oder rechten Satzkante statt. Diese Art von Einzug wird eher selten verwendet.
Der normale Einzug findet an der linken oder rechten Satzkante statt. Diese Art von Einzug wird eher selten verwendet. Der normale Einzug findet an der linken oder rechten Satzkante statt. Diese Art von Ein-

Beim Einzug der ersten Zeile wird die erste Zeile eines jeden Absatzes eingezogen, um die Absätze zu gliedern. Als Standardgröße dient ein Geviert, es kann aber auch die Größe des Zeilenabstands verwendet werden.
　Beim Einzug der ersten Zeile wird die erste Zeile eines jeden Absatzes eingezogen, um die Absätze zu gliedern. Als Standardgröße dient ein Geviert, es kann aber auch die Größe des Zeilenabstands verwendet werden.

Beim hängenden Einzug wird die erste Zeile gefüllt, der Rest des Absatzes wird an der linken Kante eingezogen.
Beim hängenden Einzug wird die erste Zeile gefüllt, der Rest des Absatzes wird an der linken Kante eingezogen. Beim hängenden Einzug wird die erste Zeile gefüllt, der Rest des Absatzes wird an der linken Kante eingezogen.
Beim hängenden Einzug wird die erste Zeile gefüllt, der Rest des Absatzes wird an der linken Kante einge-

3.7 Das Initial

Auch die Initialen sind ein Auszeichnungsmittel innerhalb eines Layouts. Dabei handelt es sich um Buchstaben, die größer als die Grundschrift sind und über mehrere Zeilen ragen. Sie markieren in der Regel den Beginn eines neuen Absatzes und nehmen meist die Größe von zwei, drei oder vier Grundschriftzeilen ein. Üblicherweise verwendet man nur einen Buchstaben als Initial.

Hängendes Initial

Analog zum hängenden Einzug gibt es auch das hängende Initial. Dabei wird das Initial nicht innerhalb der Zeilenbreite platziert, sondern links vor die Zeile, erweitert also deren Breite entsprechend.

Das hängende Initial muss übrigens nicht mit seiner gesamten Breite vor der Textspalte hängen – eine seltene, aber durchaus interessante Variante ist, das Initial nur etwa zur Hälfte herauszuhängen.

Der Einsatz

Grundsätzlich sollte man Initialen sparsam verwenden – bei einem Grundtext, der in viele Absätze unterteilt ist, sollte man eher zum Einzug erste Zeile denn zum Initial greifen.

as Initial ist ein schmückender Anfangsbuchstabe, der meistens die Höhe von zwei oder drei Zeilen einnimmt. In alten Drucksachen ist das Initial häufig ein kleines Kunstwerk und ragt über mehr als drei Zeilen, während es heute in der Regel einfach ein in der Schrift vergrößerter Buchstabe ist.

Das Initial ist ein schmückender Anfangsbuchstabe, der meistens die Höhe von zwei oder drei Zeilen einnimmt. In alten Drucksachen ist das Initial häufig ein kleines Kunstwerk und ragt über mehr als drei Zeilen, während es heute in der Regel einfach ein in der Schrift vergrößerter Buchstabe ist.

Nun unterscheidet man zwischen dem BESCHEIDENEN INITIAL, das üblicherweise auf zwei oder drei Zeilen läuft und nicht hängt, sondern innerhalb der Spaltenbreite platziert wird, und dem SCHMÜCKENDEN INITIAL, das eher hängend platziert wird, auch größer als drei Zeilen sein kann und eventuell noch mit Ornamenten oder Bildmotiven verziert ist.

Diese hängenden Initialen hat übrigens Gutenberg in seiner 42-zeiligen Bibel verwendet, bei der jedes Initial ein kleines Kunstwerk darstellt. Dabei liegen den beiden Varianten gänzlich verschiedene Ziele zugrunde.

Welches Initial für welchen Zweck?

Die Entscheidung für ein Initial und dessen Sorte trifft man nach der Fragestellung, was man damit bewirken möchte. Soll das Initial als schmückendes Element wirken, entscheidet man sich für eine relativ große Schriftgröße, eine besondere Schrift wie eine Schreibschrift oder eine Initialschrift und verwendet das Initial sehr sparsam.

Möchte man hingegen ganz unspektakulär Absätze gliedern, sollte man eine unauffällige Schrift, eventuell sogar die gleiche Schrift wie im Grundtext verwenden. Die Größe des Initials sollte dabei zwei Zeilen betragen.

*D*as Initial ist ein schmückender Anfangsbuchstabe, der meistens die Höhe von zwei oder drei Zeilen einnimmt. In alten Drucksachen ist das Initial häufig ein kleines Kunstwerk, während es heute in der Regel einfach ein in der Schrift vergrößerter Buchstabe ist.

Das hängende Initial steht außerhalb der Zeilenbreite. Eine andere Variante besteht darin, lediglich die Hälfte des Initials nach außen hängen zu lassen, die andere Hälfte ragt in den Text hinein.

Das hängende Initial steht außerhalb der Zeilenbreite. Eine andere Variante besteht darin, lediglich die Hälfte des Initials nach außen hängen zu lassen, die andere Hälfte ragt in den Text hinein.

4 Anforderung und Wirkung

Laut und träge
gegen
hlank und dezent

Die Linotype Syntax Serif Light kann mit der *Light Italic,* der **Medium** oder natürlich auch DEM KAPITÄLCHENSCHNITT PROBLEMLOS gemischt werden.

Schriftwirkung und Schriftmischung

Sie werden lernen:
- Welche Leseformen gibt es?
- Hat Schrift eine Wirkung?
- Was beachtet man bei der Schriftwahl?
- Welche Schriften lassen sich miteinander mischen?

Kapitel 4 handelt von den Lesearten und den daraus resultierenden Anforderungen an den Text. Weiter betrachten wir die Schriftwirkung und die korrekte Schriftwahl sowie Schriftmischungen.

4.1 Leseart

Dass jedes typografische Erzeugnis bestimmten Anforderungen gerecht werden soll, haben wir bereits einige Male gehört. Und jedem Typgrafen, aber auch jedem Typo-Laien wird klar sein, dass ein Gedichtband von Goethe anders gestaltet werden sollte als ein Plakat zur Love-Parade. Die Unterschiede und Ansprüche, die ein Werk entstehen und typografisch wachsen lassen, kann man grob unterteilen in:
1. den Inhalt, den es zu transportieren gilt,
2. die Leseart, mit der das Werk vom Leser erfasst wird.

Die Information, die Art des Werkes bedingt gleichzeitig eine Lesesituation, deren Unterteilung wir nun genauer betrachten.

Verschiedene Formen des Lesens

Hans Peter Willberg und Friedrich Forssman haben die verschiedenen Formen der Typografie und Gestaltung in Gruppen unterteilt. So gibt es die Typografie für informierendes Lesen wie bei Sachbüchern und Zeitungen, die Typografie für differenzierendes Lesen für wissenschaftliche Bücher, konsultierendes Lesen für Nachschlagewerke, selektierendes Lesen in didaktischen Büchern, die Typografie nach Sinnschritten für Leseanfänger, die aktivierende Typografie wie in Geschenkbüchern und die inszenierende Typografie, bei der die Gestaltung des Textes den Inhalt unterstützt.

Der Einfachheit halber bevorzuge ich eine Einteilung in fünf Kategorien. Die fünf Kategorien lauten:
1. Typografie für lineares Lesen
2. Typografie für informierendes Lesen
3. Typografie für konsultierendes Lesen
4. Typografie für differenzierendes Lesen
5. Typografie für inszenierendes Lesen

Mit diesen Kategorien lassen sich auch mögliche Auszeichnungen des Textes festlegen. Versuchen Sie also, vor der Festlegung der

Literaturhinweis
»Lesetypografie« von Hans Peter Willberg und Friedrich Forssman; Verlag Hermann Schmidt, Mainz

4.1 Leseart

Satzbreiten, der typografischen Attribute und der Auszeichnungen das Werk in einer der Kategorien unterzubringen.

1. Typografie für lineares Lesen

Beim linearen Lesen erschließt sich der Text satzweise. Diese Leseform kommt in der Regel in Prosa zum Einsatz. Eine ganz wichtige Rolle bei der Gestaltung solcher Druckwerke spielt der Grauwert. Der Leser soll den Eindruck eines ruhigen, gleichmäßigen und harmonischen Textes erhalten. Für Hervorhebungen im Text sollte man sich an die typografischen Auszeichnungen wie eine kursive Variante oder Kapitälchen halten. Die Zeilen können 60 bis 70 Zeichen aufweisen.

2. Typografie für informierendes Lesen

Das informierende Lesen wird auch als antizipierendes Lesen bezeichnet und kommt vor allem bei Sachbüchern oder Zeitungen zum Einsatz. In diese Kategorie fällt auch das Querlesen. Somit sind besonders eine gute Gliederung in Einzelteile, kurze Abschnitte sowie kurze Zeilen geeignet; ein besonderes Augenmerk liegt hier auf den Auszeichnungen, mithilfe derer der Leser springen kann. Für diese Art von Druckerzeugnissen können auch optische Auszeichnungen wie eine fette Schrift verwendet werden, der Grauwert spielt eine untergeordnete Rolle.

3. Typografie für konsultierendes Lesen

Das konsultierende Lesen findet bei der Lektüre von Nachschlagewerken oder Lexika statt; der Leser geht dabei gezielt auf Informationssuche. Die Seiten sind meist mit einem kleinen Schriftgrad und einem engen Zeilenabstand gut gefüllt. Der Text ist in der Regel in mehrere Spalten unterteilt, und die Stichwörter sind deutlich, beispielsweise fett, hervorgehoben.

4. Typografie für differenzierendes Lesen
Das differenzierende Lesen kommt bei Lehrbüchern und wissenschaftlichen Büchern zum Einsatz. Hier sind auch längere Zeilen mit vielen Auszeichnungen erlaubt. Eine klare Struktur ist hier unumgänglich.

5. Typografie für inszenierendes Lesen
Bei der inszenierenden Typografie interpretiert der Typograf den Text und steigert die Wirkung durch die Gestaltung. Bei dieser Art wird die Schrift gleichzeitig zu einem Bild gemacht. Hier gilt: Erlaubt ist, was gelingt.

Abbildung 4.1 ▲
Die Typografie für differenzierendes Lesen wird bei wissenschaftlichen Büchern verwendet.

Abbildung 4.2 ▶
Die inszenierende Typografie interpretiert den Inhalt.

4.2 Schriftwahl und Schriftwirkung

Welche Schrift ist die richtige? Die Schriftwahl ist ein heikles Thema, über das schon ganze Wälzer geschrieben wurden. Das Interessante an diesem Thema ist in meinen Augen aber nicht die Antwort, denn auf die Frage, welche Schrift die richtige ist, wird es nie nur eine Antwort geben. Interessant ist allein die Tatsache, dass diese Frage so wichtig ist.

Schrift transportiert eine Meinung
Schrift hat eine unglaubliche Wirkung, genauso wie Farben. Bei Letzteren wird mir jeder zustimmen – Rot hat eine Signalwirkung, Grün beruhigt, und Weiß wirkt unschuldig. Aber Schriften?
   Auch Schriften können Eigenschaften aufweisen und rufen beim Leser – häufig unbewusst – eine Wirkung hervor. Eine Schrift kann elegant oder plump sein, aufdringlich und laut, bescheiden und leise, dezent, nüchtern, verspielt, dynamisch oder träge. Schrift stellt eine Möglichkeit dar, Emotionen auszudrücken oder diese beim Leser hervorzurufen.

Wirkung auf den zweiten Blick
Und ähnlich wie bei der Einstufung von Farben wird es immer wieder Leser geben, die weder Grün beruhigend finden noch die englische Schreibschrift verspielt. Zugegeben, wenn ich die Farbe Grün sehe, werde ich auch nicht automatisch ruhig und entspannt. Zumindest nicht bewusst. Aber zum einen sollten wir bedenken, dass jeder von uns nur ein kleiner Teil der Allgemeinheit ist, und wenn eine Schrift bei uns ihre Wirkung verfehlt, kann sie doch bei den nächsten 100 Lesern voll einschlagen. Zum Zweiten wirkt viel auf unser Unterbewusstsein, ohne dass wir die dadurch hervorgerufenen Gefühle unmittelbar wahrnehmen und auch nicht unbedingt mit dem Betrachteten in Verbindung bringen.

◀ Abbildung 4.3
Ein einfaches Beispiel dafür, welche Wirkung Schrift ausübt.

Die Faustregeln
Zunächst ein paar allgemeine Faustregeln zu Schriftgruppen, -schnitten und deren Wirkung:
- Die Renaissance-Antiqua wirkt würdig und in sich ruhend.
- Schriften aus der Gruppe der Barock-Antiqua sind spannungsreich, aufbauend und variabel.
- Die klassizistische Antiqua wirkt klar, edel und gediegen.
- Schriften aus der Gruppe der serifenbetonten Antiqua sagt man nach, kraftvoll, konstruktiv und linienbetont zu sein.
- Die serifenlose Antiqua vermittelt einen sachlichen, ruhigen und konstruktiven Eindruck.
- Schreibschriften wirken verspielt und dynamisch.
- Variationen in den Strichstärken wirken elegant.
- Gebrochene Schriften wirken alt.
- Fette Schriften oder Schnitte wirken dominant und laut, schwer und träge.
- Leichte Schriften oder Schnitte wirken dezent und zurückhaltend
- Kursive Schriften wirken dynamisch.

Würde

Spannung

Klarheit

Dynamik

4.2 Schriftwahl und Schriftwirkung

Kraft

Sachlichkeit

Verspieltheit

Eleganz durch
Strichstärkenunterschiede

**Eine deutsche
Schrift**

Laut und träge
gegen
schlank und dezent

Die Faustregeln widerlegen

Haben Sie über die Assoziationen der vorherigen Seiten voller Unverständnis den Kopf geschüttelt? Für jede dieser Aussagen gibt es mit Sicherheit einige Widerlegungen.

Mit den Holzhammer-Thesen und ihrer Widerlegung möchte ich darauf aufmerksam machen, dass alle Schriften eine Wirkung haben, ob uns das genehm ist oder nicht. Jede Schrift, die wir einsetzen, interpretiert gleichzeitig den Text. Ein Großteil der Wirkung hängt von persönlichen Vorlieben ab, von Erfahrungen oder Erinnerungen. Einiges ist aber auch durchaus zu verallgemeinern, und da wir in der Regel unsere Leser nicht alle persönlich kennen, müssen wir uns den allgemeingültigen Aussagen und der Wirkung bewusst sein, wenn wir mit Schrift arbeiten.

Ein bisschen Serifen

Ein bisschen Serifen
Mehr zum Thema »Ein bisschen Serifen« finden Sie in Abschnitt 2.2, »Serifen«.

In diesem Zusammenhang möchte ich auf die ewige Streitfrage zwischen Serifen- und serifenlosen Schriften hinweisen. So gibt es leidenschaftliche Verfechter der einen und der anderen Seite, die ihrem Gegenüber nicht nur Adjektive wie nüchtern oder elegant, plump oder hölzern, sondern gefühllos, kalt und tot oder hoffnungslos veraltet an den Kopf werfen.

Wer auch immer Freude hat an dieser Diskussion und sich streng auf die eine oder die andere Seite stellen mag, soll das tun. Gleich-

Abbildung 4.4 ▼
Bei der Wahl der richtigen Schrift sind nicht nur Geschmack und Wirkung, Gefühle und Assoziationen zu bedenken, sondern auch ganz profane Dinge wie die Schriftgröße im Zusammenhang mit der gewählten Schrift. Nicht alle Schriften eignen sich für alle Größen.

Dünne Schriften lassen sich in kleinen Schriftgraden besser lesen als dicke Schriften. Große x-Höhen der Schrift verbessern ebenfalls die Lesbarkeit.

Dünne Schriften lassen sich in kleinen Schriftgraden besser lesen als dicke Schriften. Große x-Höhen der Schrift verbessern ebenfalls die Lesbarkeit.

Äußere Umstände, an denen man sich in der Regel nicht vorbeischummeln kann. Hat irgendjemand Interesse, diesen Absatz zu lesen? Wohl kaum – die gewählte Schrift, die OpenType-Variante der Zapfino, ist eine wunderbare Schrift, in dieser Größe und für diese Textmenge aber einfach unbrauchbar. Äußere Umstände, an denen man sich in der Regel nicht vorbeischummeln kann. Hat irgendjemand Interesse, diesen Absatz zu lesen? Wohl kaum – die gewählte Schrift, die OpenType-Variante der Zapfino, ist eine wunderbare Schrift, in dieser Größe und für diese Textmenge aber einfach unbrauchbar. Äußere Umstände, an denen man sich in der Regel nicht vorbeischummeln kann. Hat irgendjemand Interesse, diesen Absatz zu lesen? Wohl kaum – die gewählte Schrift, die OpenType-Variante der Zapfino, ist eine zeitig sollte man aber bedenken, dass einerseits jede Schrift, ob mit oder ohne Serifen, ihren eigenen Charakter hat, und sich andererseits seit einigen Jahren Schriften mit leichten Serifenansätzen entwickeln. Für viele nicht Fisch und nicht Fleisch, empfinde ich einige dieser Schriften als extrem elegant und gut zu lesen.

Größenabhängige Wahl

Auch die Schriftgröße übt einen gewissen Zwang bei der Wahl der Schrift aus. Bestimmte Schriften lassen sich beispielsweise in kleinen Schriftgraden viel schlechter lesen als andere, in großen Schriftgraden wirken manche Schnitte sehr verloren, andere fühlen sich dort erst richtig wohl. Auch wenn hier wieder jede Schrift einzeln beurteilt werden sollte, lässt sich doch generell Folgendes festhalten:

- Dünne Schriften sind in kleinen Größen besser zu lesen als dicke Schriften, da die Punzen weniger ausgefüllt und das Satzbild besser erkennbar ist.
- Auch Schriften mit großen x-Höhen lassen sich in kleinen Größen leichter lesen.
- Starke und fette Schriften eignen sich in sehr großen Schriftgraden, beispielsweise als Headline einer Zeitung oder eines Magazins, grundsätzlich besser als feine und dünne Schnitte. Natürlich bestätigen auch hier Ausnahmen die Regel, aber meistens wirken dünne und filigrane Schriften in großen Größen verloren.

Headline

Headline

Zwingende Umstände bei der Schriftwahl

Bei aller Begeisterung über die Wirkung und Aussage einer Schrift sollte man eines nicht vergessen: Die Lesbarkeit sollte jederzeit gewährleistet bleiben. Eine Einladungskarte mit wenigen Zeilen Text mag in einer verschlungenen Schreibschrift in Ordnung sein, einen ganzen Absatz davon möchte hingegen keiner lesen. Letztendlich ist die Schriftwahl also auch immer von äußeren Umständen abhängig wie von der Textmenge, aber auch von der Größe der Familie – wer Auszeichnungen wie eine Kursive oder Kapitälchen benötigt, muss seine Wahl auf die Schriften beschränken, die über entsprechende Schnitte verfügen. Abschließend bleibt noch das finanzielle Korsett: Wer kein Budget für den Kauf neuer Schriften hat, muss sowieso aus seinem Fundus schöpfen.

Ein einfacher Trick – die Gegenüberstellung

Wer sich bei der Wahl einer Schrift nicht entscheiden kann, sollte einen einfachen Trick anwenden: Profitieren Sie vom Zeitalter des DTP, und setzen Sie die Texte in den beiden Schriften nebeneinander. Es ist keine Schande, nicht theoretisch zu entscheiden, sondern bei der Gegenüberstellung – so kann schneller und leichter die Entscheidung für eine Schrift fallen.

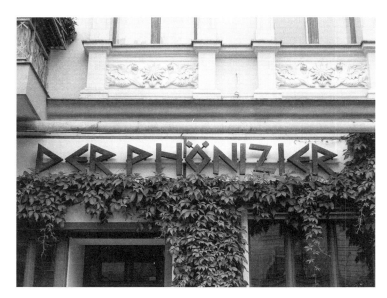

Abbildung 4.5 ▶
Hier sehen Sie klassische Zuweisungen. Das Restaurant »Der Phönizier« schmückt seinen Eingang mit einer Schrift, die stark an die phönizischen Schriftzeichen erinnert.

4.2 Schriftwahl und Schriftwirkung

Ist das Gegenteil schon Kunst?

Eine der Künste in der Typografie ist es, die Regeln zu durchbrechen. Genau wie die Regeln zur Schriftgröße, zum Zeilenabstand und zum Spaltenzwischenraum können die Regeln zur Schriftwahl absichtlich ignoriert und gegensätzlich angewendet werden. Wer jetzt aber einfach mal die englische Schreibschrift für den Flyer vom Metzger verwendet, wird schnell merken, dass hinter dem Brechen der Regeln eine Menge mehr steckt als nur das Gegenteil. Erst wer ein Gefühl für Schrift und ihre Aussagen entwickelt hat, sollte sich daran wagen, gegen die Regeln zu arbeiten. Dann kann allerdings wunderbare Typografie entstehen.

▼ Abbildung 4.6
Ein Goldschmied greift zu einer leichten Schreibschrift, und die typisch deutsche Hausmannskost verspricht man in einer gebrochenen Schrift.

4.3 Schriftkombination

Schriftmischungen sind eine heikle Angelegenheit. Was in sich abgeschlossen noch klar und gelungen erscheint, kann durch die Kombination mit anderen Elementen völlig aus der Bahn geraten. Wie so häufig gibt es auch für die Kombinationen von Schriften ein paar einfache und geradlinige Faustregeln, die, sind sie erst einmal in Fleisch und Blut übergegangen, durchbrochen werden können.

1. **Faustregel: Mischung innerhalb einer Familie**
   Der sicherste Weg ist die Schriftmischung innerhalb einer Schriftfamilie, denn alle Schnitte einer Familie können fast uneingeschränkt gemischt werden. Ausnahme: Schnitte, die sich sehr ähnlich sind – wie ein normaler und ein Medium-Schnitt –, sollte man nicht mischen.
2. **Faustregel: Unterschiedliche Schriften mischen**
   Schriften sind mischbar, wenn sie deutliche Unterschiede aufweisen. Schriftschnitte aus Schriftfamilien der gleichen Stilrichtung, wie zum Beispiel Schriften der Stilrichtung Renaissance-Antiqua, sollten man nicht untereinander mischen. Ausnahme: Der Schriftgrößenunterschied ist sehr groß.

Schriften aus einer Familie können bis auf Ausnahmen untereinander gemischt werden.	Die Linotype Syntax Serif Light kann gut mit der *Light Italic,* **der Medium** und DEM KAPITÄLCHENSCHNITT gemischt werden.
Schnitte mit sehr ähnlicher Strichstärke sollten nicht miteinander gemischt werden.	Die Linotype Syntax Serif Light, gemischt mit der Linotype Syntax Serif Regular ist nicht vorteilhaft.

3. **Faustregel: Schriften mit ähnlichen Strukturen mischen**
Schriften sind mischbar, wenn sie eine gleiche oder ähnliche Struktur aufweisen. Das bedeutet, dass eine anmutig und edel wirkende Schreibschrift, die über unterschiedliche Strichstärken verfügt, mit einer eleganten Serifenschrift oder einer serifenlosen Schrift kombiniert werden kann, die ebenfalls über unterschiedliche Strichstärken verfügt.

Renaissance und Serifenlos
Die Bembo aus der Gruppe der Renaissance-Antiqua lässt sich gut mit der Rotis mischen, da die Schriften deutliche Unterschiede aufweisen.

Schriften können gemischt werden, wenn sie sich deutlich unterscheiden.

Zwei Renaissance-Antiqua
Die Garamond sollte man nicht mit der Palatino mischen, da beide aus der Gruppe der Renaissance-Antiqua stammen.

Schriften, die aus der gleichen Schriftklasse stammen, sollte man nicht mischen, da sie sich zu ähnlich sind.

Die Zapfino und die Didot lassen sich aufgrund ihrer Strukturen gut miteinander mischen.

Schriften sind mischbar, wenn sie eine gleiche oder ähnliche Struktur aufweisen.

Die Zapfino und die Univers sollten nicht unbedingt gemischt werden.

Schriften mit unterschiedlichen Strukturen in ihrer Strichstärke sollte man nicht mischen.

4. Faustregel: Die x-Höhen beachten

Auch die Mittellängen spielen eine Rolle für die Struktur der Schrift. Achten Sie darauf, dass die zu mischenden Schriften ähnlich geringe oder ähnlich große x-Höhen aufweisen.

Auf den ersten Blick widersprechen sich Faustregel 2 und 3, deswegen noch ein paar erläuternde Sätze dazu. Grundsätzlich sollte zwischen den gewählten Schriften ein klarer Gegensatz beziehungsweise Kontrast entstehen oder aber völlige Übereinstimmung hergestellt werden. Zu geringe Unterschiede erzeugen nämlich bei dem Betrachter eine störende Unausgeglichenheit.

Und was ist völlige Übereinstimmung? Dabei muss es sich selbstverständlich nicht um die gleiche Schrift handeln. Völlige Übereinstimmung kann zwischen zwei gänzlich unterschiedlichen Schriften bestehen, wenn diese gleiche Strukturen aufweisen und wir sie mit gleichen Adjektiven beschreiben würden.

Ein gelungenes Beispiel für eine Übereinstimmung ist die Linotype Syntax, die in diesem Buch verwendet wird. Sie liegt in zwei Varianten vor, einer serifenlosen für den Grundtext und einer Variante mit Serifen, die häufig in den Beispieltexten im unteren Drittel ver-

---

Schriften mit großen Unterschieden in den Mittellängen sollte man nicht miteinander mischen.

Die Bembo mit kleiner x-Höhe sollte man nicht mit der Avant Garde mit einer großen x-Höhe mischen.

Schriften mit ähnlichen Mittellängen lassen sich gut kombinieren.

Die Minion Pro mit mittlerer x-Höhe lässt sich mit der Linotype Syntax gut mischen, da diese ebenfalls eine mittlere x-Höhe aufweist.

wendet wird. Trotz der offensichtlichen, deutlichen Unterschiede lassen sich beide Varianten optimal mischen und ergänzen sich gegenseitig.

Semantische Typografie

Bei den Themen Schriftwahl und -kombination stößt man früher oder später auf die semantische Typografie. Die Semantik ist die Bedeutungslehre und ein Teilgebiet der Semiotik, der Lehre von den Zeichen. Bei der semantischen Typografie setzt man sich mit der Bedeutung des Textes auseinander und unterstreicht diese mit typografischen Mitteln. Otl Aicher unterscheidet zwischen der syntaktischen und der semantischen Dimension: Die syntaktische Dimension ist das Regelwerk für die räumliche Struktur; die semantische Dimension ist das, was die Sprache vermittelt.

So weit die Theorie. Aber was fällt nun unter den Begriff semantische Typografie? Zur Verdeutlichung sehen Sie hier einige Beispiele.

HALB UND HALB

inkompatibel

5 Typografie im Web

Die Schrift im Medium Internet

Sie werden lernen:

▶ Wo liegen die Unterschiede zwischen Screen- und Printtypografie?
▶ Die Bedeutung von Kontrast und Farbe im Web
▶ Welche Schriften verwendet man beim Screendesign?
▶ Auflösung und Anti-Aliasing
▶ PDF und HTML im Web

Webdesign ist eine eigene und in vielen Dingen wieder völlig andere Kunst des Layouts. Neben dem Screendesign spielt die Navigationsstruktur eine mindestens ebenso wichtige Rolle wie die Typografie. Allerdings möchte ich an dieser Stelle ein paar typografische Tipps und Hinweise speziell zu den Unterschieden zwischen Print- und Screendesign geben, damit Ihre Typografie im Web gelingt.

5.1 Online lesen

Auch wenn das Internet ursprünglich kein Lesemedium und langes Lesen am Monitor nach wie vor nicht die Regel ist, lesen doch viele aufgrund ihrer Arbeitssituation mehr am Monitor als auf dem Papier. Im Unterschied zum gedruckten Text gilt für das Online-Lesen, dass das Auge noch schneller ermüdet.

Röhrenmonitore flimmern permanent, und auch wenn wir das nicht bewusst »sehen«, wirkt es sich doch auf unsere Augen aus und lässt das längere Lesen am Monitor zu einer Anstrengung werden. Mittlerweile findet man häufig Flachbildschirme, bei denen eine andere Technik zum Einsatz kommt und die Augen weniger belastet werden. Aber auch hier ermüden die Augen schneller als bei gedruckten Medien. Insofern steht beim Webdesign die Lesbarkeit ganz weit oben.

Typografische Beschränkungen und Möglichkeiten

Die typografischen Möglichkeiten von HTML sind sehr beschränkt. Zum einen stehen sehr wenige Schriften zur Verfügung, zum anderen hat der Webdesigner nur begrenzten Einfluss darauf, wie die Seite beim Anwender dargestellt wird. Glücklicherweise ist reines HTML aus typografischer Sicht aber nicht der Weisheit letzter Schluss. Mit Hilfe von CSS lassen sich bestimmte Umwege finden und Einschränkungen aufheben.

Wer aber sichergehen will, dass ein 100%iges Abbild seiner Gestaltung die Webanwender erreicht, wird sich mit dem PDF-Format auseinandersetzen – ein plattform- und programmunabhängiges Dateiformat, das aus der Feder von Adobe stammt und zur übergreifenden Veröffentlichung definiert wurde. Das Flash-Format von Macromedia bietet ebenfalls eine Möglichkeit, die Gestaltung der Seite nicht dem Browser und den Standardschriften des Anwenders zu überlassen. Beide Dateiformate benötigen aber ein Plug-In im

Browser, und mit Flash erstellte Seiten eignen sich nicht für den Einsatz von Suchmaschinen.

Natürlich besteht auch die Möglichkeit, Bilder mit den Texten beziehungsweise Texte über und in Bildern in die Seiten einzubinden – allerdings ist das abgesehen von der fehlenden Möglichkeit, diese Texte durchsuchen zu können, eine mühsame Arbeit.

CSS

Es ist nie das Ziel von HTML gewesen, die Informationen zu gestalten und zu verpacken. Lediglich das Darstellen von strukturierten Textinformationen und Verknüpfungen soll und wird mit HTML realisiert. Durch die Kombination mit Cascading Style Sheets erweitern sich die Möglichkeiten von HTML bezüglich der Gestaltung, auch in typografischer Hinsicht.

CSS ist eine flexible Strukturierungssprache, die vom W3C (World Wide Web Consortium) zum Standard erklärt wurde und von den meisten Browsern unterstützt wird. Im weitesten Sinne ist CSS mit Stilvorlagen beziehungsweise Formaten von Layoutprogrammen zu vergleichen. Es enthält Regeln zur Formatierung, die den HTML-Elementen zugewiesen werden, während der Aufbau der HTML-Seite dabei unverändert bleibt. Mithilfe der CSS-Regeln kann der Designer auf Textattribute, Darstellungsoptionen für Tabellen oder Listen sowie auch auf die Platzierung von Objekten Einfluss nehmen und so sehr viel mehr gestalterisch tätig werden und mehr Vorgaben fixieren als bei reinen HTML-Seiten.

Übrigens bieten manche Webseiten an, die Schriftgröße per Mausklick zu skalieren. Auch das ist durch den Einsatz von CSS möglich.

Format und Größe

Bedenken Sie beim Layout für das Web, dass es sich bei Ihrem Monitor um ein Querformat handelt, wir also in der Regel die Daten auch im Querformat aufbauen. Auf keinen Fall sollte man aber den Fehler begehen und die Zeilenlänge entsprechend länger wählen – ganz im Gegenteil: Die Zeilenlänge sollte in der Regel kürzer sein als bei einem Printerzeugnis. Besser ist es generell, den Text in mehreren Spalten unterzubringen. Allerdings gibt es laut Umfragen nach wie vor eine große Anwendergruppe, die breite Textspalten bevorzugt und das Schriftfeld mithilfe der Breite des Browserfensters selbst regulieren möchten.

5.2 Kontrast und Farbe

Weniger ist mehr, überlasten Sie Ihre Leser nicht mit Text und Objekten, sondern lassen Sie freien Raum als kleine Entspannungsoase für die Augen übrig.

Weniger ist mehr gilt übrigens auch für Farben. Als beliebtes und auch geeignetes Gestaltungsmittel im Web sollte man beachten, dass auch hier ein Zuviel für Verwirrung sorgt und die Übersicht leidet. Beachten Sie besonders beim Zusammenspiel von Farbe und Schrift den Kontrast. Je geringer der Kontrast zwischen Schrift und Fläche, desto schlechter die Lesbarkeit. Allerdings ermüden die Augen weniger schnell, wenn Sie dunkle Schrift nicht auf eine weiße Fläche legen, sondern stattdessen einen leichten, hellen Hintergrundton verwenden.

Abbildung 5.1 ▶
Nicht nur im Printbereich, sondern auch beim Webdesign sollte man Kontrasten und Farbkombinationen genügend Aufmerksamkeit widmen. Je dunkler der Hintergrund, desto eher greift man zu einer weißen Schrift. Der Wechsel, in der rechten Reihe oben, findet meist bei einem 50%igen Raster statt, ist jedoch auch von Faktoren wie der Schriftgröße und -art abhängig. Die Rasterfelder sind in 10%igen Abstufungen erstellt; die beiden oberen Felder haben eine Flächendeckung von 50 Prozent Schwarz.

Leere Räume

Vermeiden Sie – ähnlich wie bei Printmedien – zu volle Seiten. Setzen Sie viele vertikale Räume ein, um Luft zu schaffen. Besonders das Gliedern von Texten und Abschnitten sollte man nicht mit zusätzlichen Elementen wie Linien vornehmen. Weiße beziehungsweise freie Bereiche und neue Seiten sind eine weitaus bessere Möglichkeit, Inhalte zu gliedern.

5.3 Zeilen und Schrift

Der Zeilenabstand kann größer sein als bei den Printmedien, ebenso die Laufweite. Das leichte Sperren des Textes, das bei Printmedien so verpönt ist, erhöht im Web die Lesbarkeit. Die Zeilenlänge sollte man kürzer halten als bei Printmedien, etwa 30 bis 40 Zeichen.

▼ Abbildung 5.2
Typosition (*www.typolemik.de*) zeigt eine gute Lösung, um größere Textmengen unterzubringen. Lediglich der Text-Bild-Bereich in der Mitte weist eine feste Breite auf, die gemusterten Ränder links und rechts sind variabel. Somit vermeidet man – unabhängig von der Fensterbreite des Browsers – zu breite Spalten.

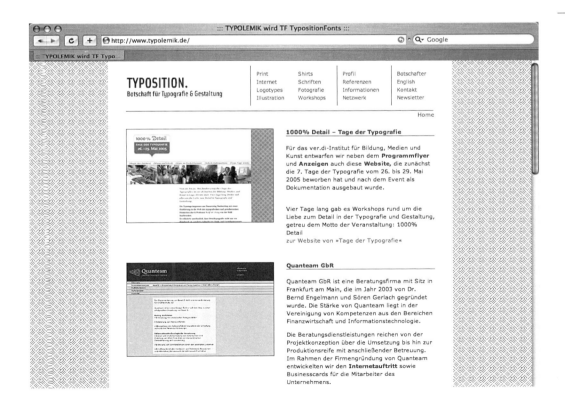

Hinting

Speziell bei der Wiedergabe von kleinen Schriftgraden am Monitor sind nicht genügend Pixel verfügbar, um den Buchstaben mit all seinen Feinheiten anzuzeigen. Hier setzt das Hinting an, eine Technik, die den Buchstaben optimal in das Pixelraster einpasst. Mehr zu Hinting finden Sie in Kapitel 8, »Schrifttechnologien«.

Abbildung 5.3 ▼
Die Seite www.wired.com bietet dem Benutzer rechts oben eine Möglichkeit, die Schriftgröße zu skalieren.

Schriftgröße

Beim Webdesign werden Schriftgrößen nicht in Point oder Punkt, sondern in Pixel angegeben. Ernst gemeinte Empfehlungen für die Schriftgröße kann man eigentlich nicht geben und dies aus einfachem Grund: Während bei Printmedien eine 12-Punkt-Schrift 12 Punkt groß ist (beziehungsweise durch die Kegelausnutzung etwas kleiner), ist die Größe am Monitor von der Auflösung des Ausgabemediums, also des Monitors, abhängig. Eine Schrift in 12 px wird auf einem niedrig auflösenden Monitor größer angezeigt als auf einem Monitor mit hoher Auflösung. Eine Schrift kann somit auf einem 15-Zoll-Monitor mit 1024 x 768 Pixeln angenehm zu lesen sein, hingegen auf einem 21-Zoll-Monitor schon sehr klein und auf einem Powerbook mit 12-Zoll-Display viel zu groß wirken.

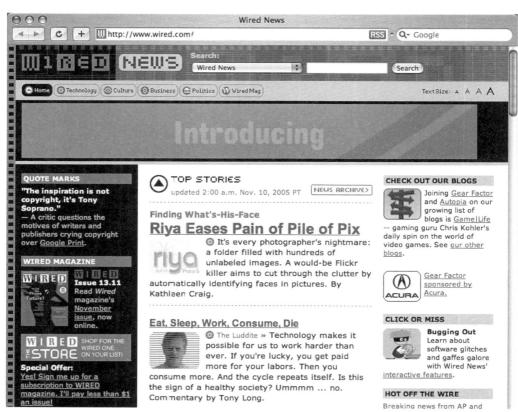

5.3 Zeilen und Schrift

Zwar bieten die Browser in der Regel eine Möglichkeit, die Schriftgröße zu skalieren, aber die wenigsten Benutzer wissen oder nutzen dies. Deswegen sind – wie bereits erwähnt – Möglichkeiten auf den Websites zum Skalieren der Schrift umso praktischer.

Wenn denn überhaupt eine Empfehlung ausgesprochen werden darf, dann folgende: Eine meist gute Standardgröße für den Durchschnittsanwender liegt bei 14 px bis 16 px. Nur in Ausnahmefällen sollten sehr kleine Schriftgrade verwendet werden.

72 ppi und 96 ppi

Während der Anwender heutzutage zwischen verschiedenen Auflösungen seines Monitors beziehungsweise Rechners wählen kann, wiesen die ersten Rechner früher nur eine fixe Auflösung auf. Somit

▼ Abbildung 5.4
Das Magazin Spatium – Magazin für Typografie (*www.du-hessen.info.de*) hat eine klare und serifenlose Schrift gewählt und seine Texte in drei Spalten unterteilt. Möchte man zu einem Thema mehr lesen, klickt man auf den dazugehörigen Link.

hatte jeder 15-Zoll-Monitor die gleiche Auflösung, jeder 17-Zoll-Monitor und jeder 19-Zoll-Monitor. Diese Auflösung entsprach immer den legendären 72 ppi (Pixel per Inch). Warum ausgerechnet 72 ppi? Im Ausdruck ergeben 72 Punkt ein Inch, und bei 72 ppi am Monitor ergeben auch 72 Pixel ein Inch. Somit entspricht ein Punkt einem Pixel. Wird eine Seite in 100 Prozent auf einem 72-dpi-Monitor dargestellt, entspricht die Größe also exakt der Originalgröße im Ausdruck.

Mit Windows und seinen 96 ppi entwickelte sich ein zweiter Standardwert, und mit Mac OS X gehören auch auf dem Macintosh die 72 ppi der Vergangenheit an. Die 1:1-Darstellung in 100 Prozent ist somit nicht mehr gewährleistet.

Zwingende Umstände für eine Schrift

Um das Schriftproblem noch einmal auf den Punkt zu bringen: Wer HTML einsetzt, sollte für das Webdesign aufgrund der Technologie eher zu einer Schrift greifen, die sehr verbreitet und auf den Rech-

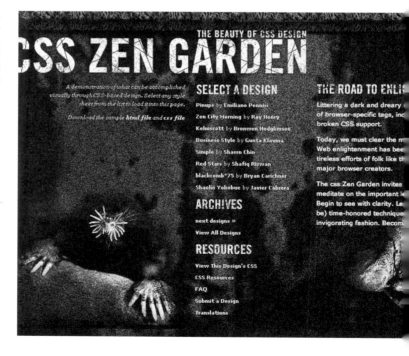

Abbildung 5.5 ▶
Unter *www.csszengarden.com* finden sich verschiedene Designs und Lösungen. Im Beispiel ist die horizontale Aufteilung des Textes absolut gelungen.

5.3 Zeilen und Schrift

ern vorinstalliert ist. Schriften, die beim Leser nicht vorhanden sind, werden durch die Standardschrift des Browsers ersetzt, und das ist in der Regel die Times, die sich nur schlecht für das Lesen am Monitor eignet. Zwar lässt sich diese Grundeinstellung ändern, aber die wenigsten Benutzer wissen davon beziehungsweise nutzen diese Möglichkeit.

Unter *www.visibone.com/font/FontResults.html* findet man eine Übersicht über die Verteilung von Schriften auf Rechnern.

Schriftwahl für Online-Medien

Sicher wird Ihnen schon aufgefallen sein, dass im Internet mehr serifenlose als Schriften mit Serifen zum Einsatz kommen, und das hat auch eine Berechtigung. Während Serifen im Printdesign dazu dienen, das Auge zu führen und nicht so schnell ermüden zu lassen, stören sie im Web eher. Dies hat mehrere Gründe. Zum einen haben wir am Monitor eine geringere Auflösung als bei einem gedruckten Ergebnis. Durch diese geringere Auflösung lassen sich die feinen und

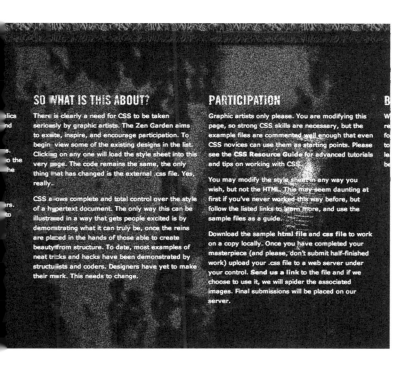

manchmal sehr dünnen Serifen nicht sauber darstellen – als Folge davon wirkt die Schrift eher unscharf und unsauber. Zudem arbeiten wir am Monitor mit einem leuchtenden Hintergrund, wodurch dünne Linien überstrahlt und somit teilweise verloren gehen können, was wiederum unscharf wirkt.

Trotz allem soll dies kein grundsätzliches Verbot für die Verwendung von Serifenschriften im Web sein. Genügend gelungene und lesbare Webseiten beweisen, dass auch mit Serifenschriften gearbeitet werden kann. Häufig ist auch wieder die Kombination von Hintergründen und Farben ausschlaggebend, und nicht zuletzt beinhaltet der Begriff »Serifenschrift« ein weites Feld von Varianten, von gut lesbar bis völlig unbrauchbar. Der wichtigste Faktor ist aber wahrscheinlich die Schriftgröße. Wer eine Times in 6 Punkt am Monitor entziffern soll, wird schnell merken, worin der Unterschied zwischen dem gedruckten Buchstaben und der Anzeige am Monitor liegt.

Grundsätzlich gilt: je einfacher und klarer eine Schrift ist, also je weniger Feinheiten sie hat, desto besser ist sie im Web zu lesen. Schreibschriften sowie handschriftliche Schriften sind ebenfalls nicht geeignet. Offene Schriften mit relativ großen x-Höhen eignen sich eher als enge Schriften mit kleinen x-Höhen.

Proportionale und nicht proportionale Schriften
Bei einer Proportionalschrift weist jedes Zeichen eine individuelle Breite auf. Im Gegensatz dazu stehen die nicht proportionalen oder Schreibmaschinen-Schriften wie die Courier, bei der jedes Zeichen die gleiche Breite aufweist.

Abbildung 5.6 ▼
Ein Vergleich macht deutlich, wie stark sich einige Schriften in ihrer Lesbarkeit unterscheiden, abhängig von der Schriftgröße. Im linken Beispiel ist das Anti-Aliasing deaktiviert.

5.3 Zeilen und Schrift

Bildschirmschriften
Neben dem normalen Schriftenangebot werden speziell Schriften für Online-Medien angeboten. Diese Schriften verfügen in der Regel über all die Eigenschaften, über die wir gerade gesprochen haben: Sie haben meist keine Serifen, sind einfach und klar aufgebaut, haben gleichmäßige Strichstärken und teilweise schon eine leicht erhöhte Laufweite. Beispiele für Bildschirmschriften sind die Arial, Verdana oder Trebuchet MS, Comic Sans MS, Georgia, Chicago, Monaco, Geneva, New York und Courier, die rechts zu sehen sind.

Arial
Verdana
Trebuchet MS
Comic Sans MS
Georgia
Chicago
Monaco
Geneva
New York
Courier
Vera Sans

Empfehlungen
Die Verdana als serifenlose Variante zeichnet sich besonders dadurch aus, dass sie auch in sehr kleinen Schriftgrößen gut lesbar ist. Ähnlich ist es bei der Vera Sans, die unter Windows standardmäßig verfügbar ist. Die Arial hingegen sollte erst in größeren Graden verwendet werden. Gleiches gilt für die Trebuchet MS, die zwar einen schönen Charakter hat, aber in kleinen Graden ebenfalls schwer zu lesen ist. Vorsicht mit der Courier – auch wenn sie als Screenfont gilt, ist sie doch ursprünglich für Schreibmaschinenschrift entworfen worden und hat auch einen entsprechenden Charakter.

Schriften für sehr kleine Schriftgrößen
Was häufig für Webseiten schon eine bedeutende Rolle spielt, wird beim Einsatz für PDAs (Personal Digital Assistant) und Handys zum absoluten K.o.-Kriterium. So bieten Schrifthersteller spezielle Schrift-

◀ Abbildung 5.7
Das Schriftangebot für PDAs – die Times ist immer dabei.

195

5 Typografie im Web

pakete für die Anzeige auf PDAs an. Dazu zählen die Handera, die Sans Serif, aber unsinnigerweise auch immer wieder die Times.

Kanten glätten

Die Kantenglättung, das so genannte Anti-Aliasing von Schriften, trägt ebenfalls zur Lesbarkeit bei. Durch niedrige Auflösung am Monitor zeigt sich besonders bei Schrägen und Rundungen schnell ein Treppeneffekt. Um diese Treppen, auf Englisch das Aliasing, zu vermeiden, werden automatisch Mischpunkte hinzugefügt.

Abbildung 5.8 ▼
Oben ohne aktives Anti-Aliasing, unten mit Anti-Aliasing.

Wann kommen die neuen Intel-Macs?
Apples Intel-Switch steht bevor. Hier wird noch noch e̶n̶ ̶I̶n̶t̶e̶l̶-t, da noch ein wenig am Kopierschutz gefeilt. Alle fünf Mac-Produktlinien (iBook, bevor. Hier ac, Power Mac) soll Apple inzwischen nur noch für die kommende Intel-Architek fünf Mac-Prod etzt hat Steve Jobs, der den Wechsel angeblich persönlich betreut, den Hebel wohl die kommen t - schließlich ist der Rechner mit Dual-Core-Prozessor als letzter in neuer Ausgabe erschie ich betreut er Softwareseite soll Apple bereits weit fortgeschritten sein: Mac OS X v10.4.3 für x86-Proze det sich laut den Entwicklern, die bereits einen Intel-Mac haben, nicht mehr von der PowerPC-v Mehr ...

21

Neue Folge des macnews.de-Podcast: Störfunk
"Störfunk" heißt die neue Folge des macnews.de-Podcasts, in der Doris sich die Update-Politik aus Cupertino anschaut - oder besser anhört. Denn da hatte sich in letzter Zeit etwas Rauschen in der Leitung verbreitet. Und mindestens ein Update ist uns Apple immer noch schuldig. Podcast-Abonennten brauchen in iTunes lediglich auf den "Aktualisieren"-Knopf drücken, falls sie nicht sowieso automatisch nach neuen Episoden suchen. Wer den macnews.de Podcast noch nicht abonniert hat, kann das hier nachholen. Viel Spaß beim Zuhören. (chr)

0

Wann kommen die neuen Intel-Macs?
Apples Intel-Switch steht bevor. Hier wird noch noch e̶n̶ ̶I̶n̶t̶e̶l̶-t, da noch ein wenig am Kopierschutz gefeilt. Alle fünf Mac-Produktlinien (iBook, bevor. Hier ac, Power Mac) soll Apple inzwischen nur noch für die kommende Intel-Architek fünf Mac-Prod etzt hat Steve Jobs, der den Wechsel angeblich persönlich betreut, den Hebel wohl die kommen t - schließlich ist der Rechner mit Dual-Core-Prozessor als letzter in neuer Ausgabe erschie ich betreut er Softwareseite soll Apple bereits weit fortgeschritten sein: Mac OS X v10.4.3 für x86-Proze det sich laut den Entwicklern, die bereits einen Intel-Mac haben, nicht mehr von der PowerPC-v Mehr ...

21

Neue Folge des macnews.de-Podcast: Störfunk
"Störfunk" heißt die neue Folge des macnews.de-Podcasts, in der Doris sich die Update-Politik aus Cupertino anschaut - oder besser anhört. Denn da hatte sich in letzter Zeit etwas Rauschen in der Leitung verbreitet. Und mindestens ein Update ist uns Apple immer noch schuldig. Podcast-Abonennten brauchen in iTunes lediglich auf den "Aktualisieren"-Knopf drücken, falls sie nicht sowieso automatisch nach neuen Episoden suchen. Wer den macnews.de Podcast noch nicht abonniert hat, kann das hier nachholen. Viel Spaß beim Zuhören. (chr)

0

Durch die Kantenglättung werden die Schriften grundsätzlich etwas unschärfer. Was bei größeren Schriftgraden eher als weich und lesefreundlich empfunden wird, fällt bei kleinen Schriftgraden unangenehm auf. Somit ist es durchaus sinnvoll, die Kantenglättung von der Schriftgröße abhängig zu machen, wie es auch unter Macintosh und Windows üblich ist. Aber Vorsicht: Manche Schriften reagieren abhängig von ihren Schriftgrößen stärker auf die Kantenglättung als andere. Testen Sie also die von Ihnen verwendeten Schriften in den jeweiligen Größen mit und ohne Kantenglättung!

Bindet man beispielsweise eine Schrift in Flash ein, bestimmt der Webdesigner, ob die Schrift bei der Anzeige im Web geglättet oder ungeglättet erscheinen soll. Bei reinen HTML-Seiten sind wiederum Betriebssystem und Browser für das Glätten zuständig.

Auszeichnungen im Web
Für die Auszeichnung gelten andere Regeln als bei den Printmedien. Die dort empfohlene typografische Auszeichnung in einem kursiven Schnitt oder einer Kapitälchen-Variante eignet sich im Web nicht besonders gut, und speziell die kursiven Schnitte sehen schnell ausgefranst aus. Die Auszeichnung sollte also eher mit einer Farbe oder in einem halbfetten oder fetten Schnitt vorgenommen werden.

Textmengen begrenzen oder aufteilen
Bedenken Sie, dass die Online-Leser nicht raschelnd Seiten umschlagen können. Die Aufbereitung längerer Texte will also gut überlegt und vor allem gut aufgeteilt sein. Vermeiden Sie – ähnlich wie beim Printmedium – »digitale Bleiwüsten«. Unterteilen Sie lieber einen Artikel, und überlassen Sie dem Leser die Entscheidung, ob er den Artikel über einen weiteren Link weiterlesen will oder mit dem Anreser zufrieden ist.

5.4 Das PDF-Format

Auch im Fall von großen Textmengen kann das PDF-Format eine gute Alternative zur verlinkten HTML-Seite darstellen. Wer den kompletten Text in ein PDF verpackt anbietet, überlässt dem Leser die weiteren Schritte. Denn auch wenn Flatrates mittlerweile auf dem Vormarsch sind, gibt es noch genügend Benutzer, die für ihre Online-Zeit bezahlen und sich über ein PDF, das sie herunterladen und dann in Ruhe offline lesen können, freuen.

5 Typografie im Web

Das PDF-Format ist sicherlich nicht in allen Fällen zu empfehlen, und nicht ohne Grund ist die Standardsprache im Internet nach wie vor HTML. Aus typografischer Sicht hat aber das PDF-Format einen großen Vorteil: Es verfügt über ein festgelegtes Layout, das unverändert bleibt und – sofern die Schriften eingebettet sind – auch mit Originalschriften angezeigt wird. Ein weiterer Vorteil ist seine kleine Dateigröße, womit das Format zu einer interessanten Möglichkeit wird Design im Web zu präsentieren. Es lässt sich universell für die unterschiedlichsten Dokumentarten und Verwendungszwecke einsetzen, da es Text, Bilder und Grafik enthalten und mit einer kostenlosen Software, dem Acrobat Reader, betrachtet werden kann.

Für die gängigen Browser stehen Plug-Ins zur Verfügung, damit das PDF auch direkt im Browser angezeigt werden kann. Somit kann der Anwender wählen, ob er es herunterladen oder im Browser anzeigen möchte.

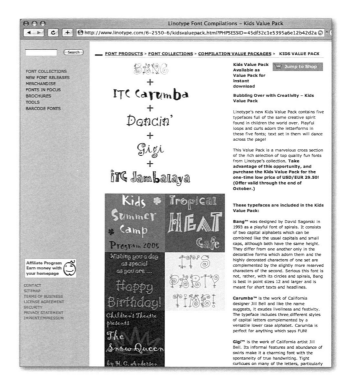

Abbildung 5.9 ▶
Gilt es, die korrekte Schrift anzuzeigen, wie auf der Website von Schriftanbietern, können die Schriften auch als Bild, zum Beispiel im GIF-Format, dargestellt werden – wie hier bei Lintoype.

GIF
Das Graphics Interchange Format ist ein plattformübergreifendes Bildformat und wird für Bilder mit geringer Farbtiefe und maximal 256 Farbstufen verwendet. Es unterstützt Transparenz und mehrere Bilder innerhalb einer Datei, was eine Animation ermöglicht. Es eignet sich für flächige Farben wie auch Schrift oder Grafik, für Strichgrafiken und Graustufenbilder und unterstützt den Interlaced-Bildaufbau und verlustfreie Kompression. Aufgrund seiner Lizenzpflicht wird PNG als Nachfolger gehandelt.

Einsatzgebiet des PDF

Durch die Kombination mit JavaScript ist das PDF-Format stark erweiterbar und speziell für Online-Medien, die mehr Funktionalität benötigen, interessant. Auch die Tatsache, dass das PDF-Dokument unter Beibehaltung des Originallayouts und in Kombination mit Formularen und den dazugehörigen Funktionen eingesetzt werden kann, spielt zum Beispiel bei Ämtern eine wichtige Rolle. Außerdem ist auch die Einbettung von PDF in HTML-Seiten möglich.

Insbesondere für Online-Medien bietet es sich an, PDFs serverseitig zu erzeugen. Dabei stammt der Inhalt für das PDF aus dem Content-Management-System, die Generierung erfolgt durch eine Bibliothek wie der PDF-Lib. So lässt sich auf einfachem Weg alternativ zur Website ein PDF-Dokument mit dem gleichen Inhalt erzeugen, das der Anwender herunterladen kann.

▼ Abbildung 5.10
magtypo bietet sein typografisches Magazin im PDF-Format an. Je nach Browser-Einstellung kann das PDF dann auch direkt im Browser angezeigt werden. Die Navigationselemente zum Blättern und Skalieren erscheinen innerhalb des Browserfensters.

6 Die Seite

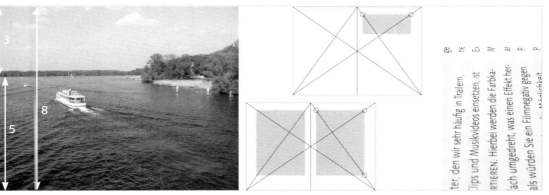

Raumaufteilung, Papierformat und Satzspiegel

S e werden lernen:
- In welcher Beziehung stehen Raumaufteilung und Papierformat?
- Die Berechnung des Satzspiegels
- Die Verwendung eines Gestaltungsrasters
- Was ist Registerhaltigkeit?
- Was sind Kolumnentitel und Marginalien?

Die Aufteilung zwischen bedrucktem und unbedrucktem Raum sowie zwischen Raum und Papier spielt eine wichtige Rolle bei der Gestaltung eines Druckerzeugnisses. In diesem Kapitel betrachten wir das Zusammenspiel und die Bedeutung der verschiedenen Faktoren und Größen, berechnen Satzspiegel und verwenden Gestaltungsraster.

6.1 Raumaufteilung

Was haben Wohnungen mit typografischen Erzeugnissen gemeinsam? Wer seine Wohnung mit seltenen Einzelstücken ausstattet, kann eine herbe Enttäuschung erleben: Die Stücke müssen nicht nur untereinander und miteinander harmonieren, sondern auch die Aufteilung und Platzierung innerhalb der Wohnung spielen eine wichtige Rolle. Ein Zuviel schadet genauso wie ein Zuwenig, und wirkt das Sofa in einem Zimmer unpassend, kann es in einem anderen Zimmer oder auch nur an einer anderen Wand, vielleicht aber auch nur im Sofaladen harmonisch und einladend aussehen.

Abbildung 6.1 ▼
Mit groben Handskizzen auf Papier wird die Raumaufteilung bereits zu Beginn ausprobiert. Im Beispiel mehrere Anzeigen.

Das Vor-Layouten

Speziell große oder hervorstechende Möbelstücke schieben wir gerne vor dem Einzug auf einer selbst gebastelten Papierwohnung von Wand zu Wand, und wer dieser Versuchung widersteht, richtet doch zumindest im Kopf sein zukünftiges Domizil schon ein und überlegt, wo sich das Klavier oder der Eckschrank am besten machen. Dabei wägen wir zwischen einem praktischen und einem optischen Anspruch ab. Eine optimale Lösung wird beiden Ansprüchen gerecht; so bestimmt das Sofa auf harmonische Art und Weise die Sitzecke im Wohnzimmer, steht gleichzeitig nicht im Weg und erlaubt den Blick auf den Fernseher.

Eine grobe Skizze erstellen

Ähnlich wie beim Einrichten einer Wohnung sollten wir beim Erstellen eines typografischen Erzeugnisses einen optimalen Mittelweg zwischen dem praktischen und dem visuellen Anspruch finden. Leider fällt diese Vorbereitungsphase vor der Gestaltung eines Druckerzeugnisses viel zu häufig unter den Tisch, da man sich entweder der Notwendigkeit nicht bewusst ist oder ja dank

6.1 Raumaufteilung

der Software das Ändern im Gegensatz zum Möbelrücken keinen großen Aufwand darstellt. Die Erfahrung zeigt aber, dass es sich häufig lohnt, einen groben Entwurf zu machen, bevor man an den Start geht. Auch wenn man in XPress und Co. Texte, Bilder und Satzspiegel spielerisch über die Seite verschiebt, spart eine zuvor vorgenommene Seiteneinteilung Zeit, Nerven und Geld und verhindert – besonders bei wenigen Gestaltungsvorgaben von Kundenseite – grobe Schnitzer und langwierige Korrekturzeiten.

◀ Abbildung 6.2
Früher – aufgrund der technischen Vorgehensweise wie dem Satz am Diatype – ein Muss, heute nur noch selten zu sehen: die Feinskizze. Nach den groben Handskizzen, bei denen hauptsächlich die Raumverteilung geklärt wird, nimmt man ebenfalls mit der Hand die Feinskizze vor. Dabei werden bereits die korrekten Schriften, Textlängen, Zeilenabstände, Linien oder Bildmotive berücksichtigt und eingebaut.

▼ Abbildung 6.3
Eine grobe Handskizze für die Anzeige der Schmuckschatulle.

203

Grenzen durch Gestaltungsvorgaben

Die Gestaltungsvorgaben, die ein Layouter erhält, reichen von »mach mal« bis hin zu peniblen Angaben zu Schriftgröße, Zeilenabstand und Größe der Einzüge. So kann es auch sein, dass sämtliche Parameter frei wählbar sind, angefangen beim Papierformat über die Seitenanzahl des Projekts bis hin zu Farben und Schriften, lediglich das Material in Form der Texte und Bilder liegt vor – ein Eldorado für den einen, der blanke Horror für den anderen. In jedem Fall empfiehlt es sich für beide Gemüter, vor dem Start ein paar grundlegende Eckdaten festzulegen.

Optimal verpackte Information

Die Aufteilung zwischen weißem Raum und Schrift beziehungsweise Bildern und anderen Gestaltungselementen ist enorm wichtig. Genauso wie Schrift wirkt, also die bedruckte Fläche, hat der weiße Raum eine Wirkung. Stellen Sie sich vor, Sie kommen in ein Zimmer,

Abbildung 6.4 ▼
Hier ist die optimale Aufteilung zwischen bedruckter und unbedruckter Fläche deutlich danebengegangen und musste der Informationsfülle weichen.

6.1 Raumaufteilung

das mit Möbeln und anderen Stücken so zugestellt ist, dass Sie sich kaum bewegen können. An der Wand hängen Bilder, eventuell ist sogar noch der Deckenraum genutzt. Ich bin sicher, dass Sie wenig Interesse haben, sämtliche Gegenstände und Möbelstücke in Ruhe zu betrachten. Vielleicht fühlen Sie sich sogar ganz unwohl und eingeengt und wollen das Zimmer schnell wieder verlassen.

Und nun das gleiche Zimmer, völlig leer. Ausschließlich weiße Wände. Nur ein Bild an der Wand. Die Wirkung des Zimmers und des Bildes ist enorm.

Genauso verhält es sich mit weißer und bedruckter Fläche. Das Beispiel des leeren Zimmers verdeutlicht, welch wichtige Rolle die unbedruckten Bereiche des Papiers spielen. Informationen lassen sich am besten vermitteln und werden am besten aufgenommen, wenn sie in eine leicht verständliche, visuell optimale Form verpackt sind. Kein langes Suchen, keine Verwirrung, sondern eine klare Richtung und Aussage – das ist das Ziel von optimal verpackter Information.

Weißraum
Als Weißraum bezeichnet man die nicht bedruckten Bereiche einer Seite.

Von groß nach klein gestalten
Bei der Aufteilung beginnt man beim Großen und arbeitet sich herunter zum Kleinen. Das heißt, dass wir mit der Wahl des Papierformats anfangen, dann den Satzspiegel festlegen, anschließend folgt die Erstellung des Gestaltungsrasters, die Spaltenaufteilung und so weiter. Typografische Attribute werden ganz zuletzt definiert.

Viele der Parameter müssen jeweils vom Projekt abhängig gemacht werden. So liegen der Gestaltung eines Magazins völlig andere Regeln zugrunde als der eines Flyers – ein Briefbogen muss anderen Ansprüchen genügen als ein Plakat. Im Beispiel der Raumaufteilung starten wir mit möglichst allgemeingültigen Regeln, die wir dann für bestimmte Projekte verifizieren.

Tipp
Verspielen Sie sich nicht in der Auswahl der Schriftgröße oder Schriftart, solange Papierformat und Satzspiegel noch nicht festgelegt sind – das wäre nur schade um Ihre Zeit. Die Schriftgröße steht immer im Verhältnis zur Spaltenbreite, die wiederum von der Satzbreite und somit vom Satzspiegel abhängig ist. Und schon sind wir wieder beim Papierformat angelangt.

Checkliste von groß nach klein
1. Papierformat
2. Satzspiegel
3. Raumaufteilung/Gestaltungsraster
4. Platzierung der Bilder
5. Platzierung der Texte
6. Registerhaltigkeit
7. Platzierung der schmückenden Elemente
8. Typografische Details wie Schriftgröße, Schriftart, Zeilenabstand, Blocksatzeinstellungen etc.

6.2 Papierformat

Die erste Frage bei der Wahl des Papierformats ist natürlich die des Einsatzbereichs. Handelt es sich um eine Broschüre oder ein Magazin, um ein Buch oder um einen Flyer? Soll es leicht in die Tasche gesteckt werden können, weil es auf der Straße verteilt wird? Oder hat man bei der Lektüre viel Platz zur Verfügung?

Nach den Antworten auf diese Fragen wird sich die Auswahl schnell auf ein paar wenige Formate begrenzen, und auch eventuell vorhandene Angaben zum Umfang lassen dem Papierformat meist wenig Spielraum.

DIN-Format

Das DIN-Format basiert auf einem harmonischen Seitenverhältnis, das bereits seit Jahrzehnten als Norm für Papierformate dient. Papierformate im DIN-Format sind zudem in der Regel billiger zu bedrucken, weil die Druckmaschinen auf die Seitenverhältnisse ausgerichtet sind. Somit sind Breite und Höhe der Maschinen häufig ein Vielfaches des gewünschten DIN-Formats, und die Maschine kann optimal genutzt werden. Bei nicht genormten Formaten hingegen kann schnell eine Menge Papierabfall entstehen.

Hoch- oder Querformat
Hochformate gelten grundsätzlich als elegantere Formate, während Querformate ruhiger und bequemer wirken. Spannung lässt sich aber auch erzeugen, indem man diese Wirkung ganz bewusst für das Gegenteil einsetzt.

DIN-Reihen

Die DIN-Norm 476 enthält die Norm für Papierformate, die das Deutsche Institut für Normung e.V. 1922 festgelegt hat. Die DIN-A-Reihe wird in erster Linie für die Bogen- und Blattformate verwendet und ist für viele Drucker und Druckmaschinen die maßgebliche Norm. Bei der B-Reihe handelt es sich um eine unbeschnittene Reihe, die aus leicht größeren Formaten besteht. Das B5-Format ist beispielsweise ein beliebtes Format für Bücher. Die C-Reihe enthält wiederum leicht größere Formate. In dieser Reihe sind Hüllen, Briefumschläge und Mappen enthalten, die zur A-Reihe passen.

Grundfläche

Basis für die DIN-A-Formate ist DIN A0. Die Fläche beträgt 1 qm, und dieser Quadratmeter ist im Seitenverhältnis $1:\sqrt{2}$ aufgeteilt. Das entspricht einer Größe von 841 mm x 1189 mm. Teilt man nun die lange Seite durch zwei, erhält man das nächstkleinere Format, nämlich 594 mm x 841 mm, das als DIN A1 bezeichnet wird. Eine erneute Teilung der langen Seite ergibt DIN A2 und so weiter. Daraus ergibt sich eine Verhältniszahl von 1,414.

6.2 Papierformat

Überblick DIN-A-Formate
DIN A0 841 x 1189 mm
DIN A1 594 x 841 mm
DIN A2 420 x 594 mm
DIN A3 297 x 420 mm
DIN A4 210 x 297 mm
DIN A5 148 x 210 mm
DIN A6 105 x 148 mm
DIN A7 74 x 105 mm
DIN A8 52 x 74 mm
DIN A9 37 x 52 mm
DIN A10 26 x 37 mm

Der goldene Schnitt

DIN-Formate sind nicht die alleinigen Herrscher unter den Papierformaten. Ein anderes Seitenverhältnis, das für die Berechnung von Papierformat, Satzspiegel und Gestaltungsraster verwendet wird, ist der goldene Schnitt. Dieses Proportionsgesetz ist sehr häufig in der Pflanzen- und Tierwelt und somit auch in der Architektur oder in der Malerei zu finden.

Dabei verhält sich der kleinere Teil zum größeren wie der größere zur Gesamtstrecke. Daraus ergibt sich eine Verhältniszahl von 1,61803, was auch mit dem griechischen Buchstaben Phi bezeichnet wird.

Fibonacci

Der Mathematiker Leonardo von Pisa, besser bekannt unter dem Namen Leonardo Fibonacci, entwickelte Anfang 1200 anhand von – harmlosen – Tierversuchen über das Wachstum einer Kaninchenpopulation eine Folge von positiven Zahlen; diese Zahlenreihe, die heute noch in der Mathematik verwendet wird, nennt man die Fibonacci-Folge oder die Fibonacci-Zahlen. Der Mathematiker Johannes Kepler entdeckte die Ähnlichkeit der Fibonacci-Zahlenreihe mit der des goldenen Schnitts.

Die Fibonacci-Reihe lautet 1, 1, 2, 3, 5, 8, 13, 21, 34, 55, 89, 144, 233 usw.

Der goldene Schnitt
Die kleinere Strecke verhält sich zur größeren wie die größere Strecke zum Ganzen. Hier ist die längere Strecke mit a gekennzeichnet, die kürzere mit b.

Phi
Phi ergibt sich aus:

$$\Phi = \frac{a}{b} = \frac{a + b}{a}$$

$$\Phi = \frac{1 + \sqrt{5}}{2} \approx 1{,}618033$$

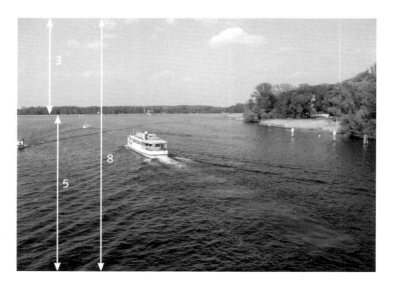

Abbildung 6.5 ▶
Ein typisches Urlaubsfoto. Wer genau hinsieht, kann die harmonische Streckenteilung erkennen: Der Himmel (drei Teile) verhält sich zum Wasser (fünf Teile) wie das Wasser (fünf Teile) zur Gesamtstrecke (acht Teile).

Unbewusste harmonische Aufteilung

Der goldene Schnitt und Kaninchen, interessiert uns das heute? Ja, das tut es. Die harmonischen Aufteilungen werden von vielen Menschen zum Teil unbewusst vorgenommen. Der Urlauber knipst gerne seinen Sonnenuntergang, aufgeteilt nach den harmonischen Proportionen, und der Koch eines Feinschmeckerrestaurants garniert seine Speisen auf dem Teller danach.

Immer wieder spannend ist es, auf der Suche nach dem goldenen Schnitt durch die Natur zu wandern. Mit einem offenen Blick werden plötzlich Form und Unterteilung von Blättern, Zeichnungen von Schmetterlingsflügeln und Farbverteilungen auf Blüten zum Lehrmeister der harmonischen Raumaufteilung. Übrigens entsprechen die menschlichen Proportionen ebenfalls dem goldenen Schnitt.

Unübliche Formate

Aber auch Papierformate außerhalb des DIN-Formats und des goldenen Schnitts können eine willkommene Abwechslung darstellen, und abhängig vom Inhalt lässt sich eventuell ein ungewöhnlicher Inhalt mit einem ungewöhnlichen Papierformat besser transportieren und umsetzen. So kann für ein bestimmtes Projekt das quadratische Format spannend wirken, während ein DIN-Format unange-

◄ **Abbildung 6.6**
Auch bei der gotischen Notre-Dame in Paris findet man den goldenen Schnitt beziehungsweise die Fibonacci-Unterteilung.

▼ **Abbildung 6.7**
Drei Streckenverhältnisse im Vergleich: Das Rechteck ganz links entspricht dem DIN-Format, das mittlere Rechteck dem goldenen Schnitt und die Strecken der rechten Fläche basieren auf der Fibonacci-Zahlenreihe.

Erst Breite, dann Höhe
Bei den Größenangaben für das Papierformat wird immer die Breite zuerst genannt, anschließend die Höhe.

bracht erscheint. Abhängig vom Auftrag, vom Einsatzgebiet, vom Papier, vom Inhalt und natürlich vom Gebrauchszweck sollte man also Kosten und Nutzen abwägen und sich erst dann für ein Format entscheiden.

Einfache Grundregeln

Besonders dann, wenn man viel Material auf wenig Raum unterbringen muss, beschränken sich die möglichen Fehlerquellen meist auf fehlende Achsen oder einen schlechten Lesefluss. Gilt es allerdings, wenig Material auf einer großen Fläche zu platzieren, gibt es eine Fülle an Möglichkeiten und somit auch an Fehlerquellen. Für die Kombination von wenig Text und viel freiem Raum eine gelungene Aufteilung zu finden, ist häufig schwieriger, als es scheint.

Zunächst wollen wir ein Gefühl für Text im Raum entwickeln, ohne gleich ins Detail zu gehen. Wir betrachten einige Beispiele und entwickeln daraus ein Gespür, warum die eine Platzierung besser oder schlechter ist als eine andere.

Abbildung 6.8 ▼
Im linken Beispiel sind die Ausrichtungsarten links, mittig und rechts gemischt, was zu einem unentschlossenen Satzbild führt. Rechts daneben der klassische Mittelachsensatz – konservativ, aber nicht verkehrt.

Textausrichtung

Während in Fachzeitschriften sicherlich kein Layouter auf die Idee kommt, den Grundtext rechtsbündig oder auf Mitte auszurichten, stellt sich bei wenig Text, beispielsweise bei einem Gedicht oder eiher Einladung, schon die erste Frage nach der Ausrichtung. Natürlich kann man in diesem Fall aus dem Vollen schöpfen und letztendlich keine Ausrichtungsart ausschließen ❶. Bedenken Sie aber, dass bei Ausrichtungsarten, bei denen die Textzeilen keine linksbündige Kante haben, das Lesen schwer fällt. Bei wenigen Zeilen Text ist das kein Problem, aber sowie größere Textmengen ins Spiel kommen, sollte man den Satz auf Mitte, den rechtsbündigen Satz und den freien Satz vermeiden.

Wenn Sie völlig unsicher sind, wie Sie den Text ausrichten sollen, hilft der Mittelachsensatz weiter. Zwar heißt es insgeheim, der Mittelachsensatz ist der Satz der Einfallslosen, was man auch nicht ganz von der Hand weisen kann – mit dieser Satzart für wenig Text läuft man aber selten Gefahr, etwas falsch zu machen ❷.

Mittelachsensatz
Beim Mittelachsensatz oder auch zentrierten Satz verläuft die Achse in der Mitte, die Zeilen flattern nach rechts und links weg.

Optische Mitte

Falls Sie mit Mittelachsensatz arbeiten, können Sie den Textblock auch vertikal in die Mitte der Seite platzieren. Beachten Sie allerdings, dass es eine rechnerische ❸ und eine optische ❹ Mitte gibt. Die optische Mitte liegt immer etwas höher als die rechnerische und stellt sicher, dass Texte oder Objekte nicht zu schwer wirken und »nach unten fallen«. Besonders deutlich zu sehen ist dies bei wenig Freiraum, wie auch im Beispiel rechts dargestellt.

▼ **Abbildung 6.9**
Oben die rechnerische Mitte, darunter das Beispiel für die optische Mitte.

Achtung bei Unterlängen

Achtung bei Unterlängen

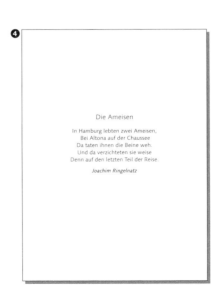

Verschiedene Raumaufteilungen

In den Beispielen auf der rechten Seite sind verschiedene Varianten der Textplatzierung zu sehen, die teilweise mithilfe der Fibonacci-Reihe, teilweise willkürlich platziert wurden.

In Beispiel ❶ wurde der Text ohne Fibonacci-Hilfe in die linke untere Ecke geschoben. Die Lösung ist nicht brillant, aber in Ordnung. Achten Sie vor allem darauf, dass der untere Abstand zur Papierkante größer ist als der Abstand zur linken Papierkante.

In Beispiel ❷ wurde der Text ganz einfach und pragmatisch nach links oben gestellt. Die Lösung wirkt gequetscht, der linke sowie der obere Rand sind zu eng, und der unbedruckte Raum wirkt nicht als angenehmer Weißraum, sondern als optisches Loch.

Beispiel ❸ zeigt den Text in der Mitte der Seite. Diese Platzierung wirkt unentschlossen, zudem hängt der Textblock zu tief und wird dadurch zu schwer.

Beispiel ❹ zeigt eine Lösung, bei der mit den Fibonacci-Zahlen gearbeitet wurde. Wir unterteilen die Seite horizontal in fünf, vertikal in acht Kästen. Für die horizontale Platzierung des Textes lassen wir die ersten beiden Kästen an der linken Kante frei und legen den Text in die Kästen drei bis fünf. Für die vertikale Platzierung lassen wir einen Kasten oberhalb des Textes frei und beginnen mit der Platzierung in der zweiten Reihe. Die Unterteilung nach Fibonacci ist im Bild noch einmal verdeutlicht. Ähnliche Vorgehensweisen werden wir beim Thema Gestaltungsraster noch genauer betrachten.

Abbildung 6.10 ▶
Die Unterteilung in horizontal fünf und vertikal acht Kästen hilft bei der Raumverteilung.

6.2 Papierformat

❶

Die Ameisen

In Hamburg lebten zwei Ameisen,
Die wollten nach Australien reisen.
Bei Altona auf der Chaussee
Da taten ihnen die Beine weh.
Und da verzichteten sie weise
Denn auf den letzten Teil der Reise.

Joachim Ringelnatz

❷

Die Ameisen

In Hamburg lebten zwei Ameisen,
Die wollten nach Australien reisen.
Bei Altona auf der Chaussee
Da taten ihnen die Beine weh.
Und da verzichteten sie weise
Denn auf den letzten Teil der Reise.

Joachim Ringelnatz

❸

Die Ameisen

In Hamburg lebten zwei Ameisen,
Die wollten nach Australien reisen.
Bei Altona auf der Chaussee
Da taten ihnen die Beine weh.
Und da verzichteten sie weise
Denn auf den letzten Teil der Reise.

Joachim Ringelnatz

❹

Die Ameisen

In Hamburg lebten zwei Ameisen,
Die wollten nach Australien reisen.
Bei Altona auf der Chaussee
Da taten ihnen die Beine weh.
Und da verzichteten sie weise
Denn auf den letzten Teil der Reise.

Joachim Ringelnatz

Vertikaler Text

Wenn Sie Textblöcke rotieren, sollte der Text üblicherweise von unten nach oben lesbar sein. Die linke Kante ist in solchen Fällen für gestürzte Zeilen besser als die rechte, da bei der rechten Kante der Text nach außen gerichtet ist und sich somit »vom Papier wegdreht«.

Stufen

Vermeiden Sie Stufen bei Text und genauso bei Bildern. Stufenförmig angeordnete Objekte oder ein Zeilenfall, der von lang nach kurz oder umgekehrt verläuft, kann in sehr seltenen Fällen ganz bewusst als Gestaltungsmittel eingesetzt werden – meistens aber wirkt es klobig, ungewollt und ungekonnt.

Abbildung 6.11 ▼
Nach der Rotation sollte der Text von unten nach oben lesbar sein, also so wie im linken Beispiel. Die rechte Variante ist nicht zu empfehlen.

Abbildung 6.12 ▶
Vermeiden Sie Stufen im Flattersatz. Ausnahmen bestätigen die Regel – Stufen lassen sich auch bewusst als Gestaltungselement verwenden und sind als solches natürlich nicht verboten. In diesem Beispiel sind sie allerdings ungewollt und wirken unpassend.

Die Ameisen

In Hamburg lebten zwei Ameisen, Die wollten nach Australien reisen. Bei Altona auf der Chaussee Da taten ihnen die Beine weh. Und da verzichteten sie weise denn auf den letzten Teil der Reise.

Joachim Ringelnatz

Beurteilung in QuarkXPress

Ein Tipp: Bei der Beurteilung von Gestaltungen bevorzugen es manche Layouter, wenn der Text in der Verkleinerung nicht als Schrift, sondern als grauer Balken angezeigt wird. In XPress und InDesign haben Sie Einfluss darauf, ab welcher Größe der Text als Balken dargestellt wird. Deaktivieren Sie in XPress in den EINSTELLUNGEN in der Kategorie (STANDARD)DRUCKLAYOUT · ALLGEMEIN die Option ANZEIGEN · BLINDTEXT UNTER, wenn Sie grundsätzlich die Schrift und keine Balken sehen möchten. Aktivieren Sie den Befehl, und erhöhen Sie die Punktgröße, wenn Sie schon sehr früh Balken sehen möchten.

Beurteilung in Adobe InDesign

In InDesign finden Sie die Einstellungen unter VOREINSTELLUNGEN · ANZEIGELEISTUNG. Der Befehl nennt sich TEXT AUSGRAUEN UNTER. Je größer der Punktwert, desto eher wird der Text durch Balken symbolisiert. Übrigens beziehen sich die Eingaben in beiden Programmen auf eine Darstellungsgröße von 100 Prozent.

◄▲ Abbildung 6.13
Links die Einstellung in QuarkXPress, oben die in Adobe InDesign

6.3 Satzspiegel

Der Satzspiegel definiert die Elemente auf der Seite und entspricht – eigentlich – dem Bereich der bedruckten Fläche. Texte und Bilder zählen somit bis auf Ausnahmen zum Satzspiegel dazu. Der Satzspiegel ist meistens etwas kleiner als das Papierformat. Somit fungiert das Papier als eine Art Bildrahmen, während der Satzspiegel das Bild und der unbedruckte Rand das Passepartout darstellt.

Die Größe des Satzspiegels steht natürlich in Abhängigkeit zum Papierformat – und wie immer zum Einsatzbereich und zum Zweck des Druckerzeugnisses. Nicht zuletzt unterliegt sie dem Zwang, das vorhandene Material auf der Seite unterzubringen.

Das Wort »eigentlich« ist deswegen eingefügt, weil die Aussage »der Satzspiegel entspricht dem bedruckten Bereich« nicht ganz korrekt ist. Innerhalb des Satzspiegels müssen zwar die Grundtexte, die Bilder und die lebenden Kolumnentitel Platz finden – genau genommen zählen aber die toten Kolumnentitel und Marginalien nicht zum Satzspiegel und werden außerhalb platziert. Streitpunkt ist die Seitenzahl, die abhängig vom Typograf oder Autor manchmal innerhalb, manchmal außerhalb definiert wird.

Stegbreiten
In der Regel weisen Bund-, Kopf-, Außen- und Fußsteg unterschiedliche Größen auf, vom Bund aufsteigend bis hin zum Fußsteg. Bei

◀ Abbildung 6.14
Die Stegbreiten Kopf, Bund, Fuß und Außen weisen unterschiedliche Breiten auf.

einem doppelseitigen Werk sollte die Breite beider Innenstege gemeinsam etwas geringer als ein Außensteg sein. Liegt das Werk nämlich aufgeschlagen vor dem Leser auf dem Tisch oder hält er es in den Händen, addieren sich optisch die Breiten der Innenstege der linken und rechten Seite. Allerdings funktioniert die Regel »2 x Innensteg = Außensteg« nur dann, wenn es Bindung und Umfang des Werkes zulassen. Denken Sie an einen dicken Wälzer, der kaum richtig aufgeschlagen werden kann. Abhängig von den beiden Faktoren Umfang und Bindung kann es also sein, dass der Bundsteg vergrößert werden muss.

Der Kopfsteg sollte etwas größer sein als der Innensteg und der Fußsteg auf alle Fälle am größten, damit der Satzspiegel optisch nicht zu schwer wird und nach unten rutscht. Eine einfache Zahlenreihe, ganz ohne Konstruktion, überliefertes Wissen oder jahrhundertelange Berechnungen lautet 2 : 3 : 4 : 5; statt der fünf Einheiten im Fuß können sich auch sechs Einheiten gut eignen.

Berechnung des Satzspiegels

Für die Berechnung des Satzspiegels stehen erneut einige mathematische Hilfen zur Verfügung, und auch wer schon zu Schulzeiten mit der Mathematik auf Kriegsfuß stand, sollte sich von ein paar verständlichen Regeln helfen lassen. Wir sehen uns die Konstruktionen im Einzelnen an.

◀ Abbildung 6.15
Zur Verdeutlichung ist der rechte Satzspiegel dieses Magazins mit einer grauen Fläche hinterlegt.

6 Die Seite

Doppelseitiger Satzspiegel mit Linienkonstruktion
Durch eine einfache Linienkonstruktion lässt sich leicht ein Satzspiegel aufbauen, und mit XPress oder InDesign können Sie dies auch direkt am Rechner ausprobieren.
1. Zunächst zieht man zwei diagonale Linien über beide Seiten, von links oben nach rechts unten ❶ und von rechts oben nach links unten ❷.
2. Nun zieht man eine Diagonale pro Seite von außen unten nach innen oben, jeweils auf der linken ❸ und auf der rechten ❹ Seite. Damit ist die Grundkonstruktion fertig.
3. Im nächsten Schritt wird ein Rahmen als Platzhalter für den Satzspiegel aufgezogen. Im Beispiel starten wir mit dem Satzspiegel auf der rechten Seite.

Abhängig von der Menge des Materials beginnt man mit dem Startpunkt des Rahmens irgendwo auf der Diagonalen, die sich

Abbildung 6.16 ▼
Auf den ersten drei Bildern sieht man, wie die Linienkonstruktion entsteht. Bild vier zeigt den übertragenen Satzspiegel für die linke Seite.

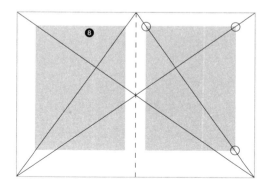

auf der rechten Seite befindet ❺. Liegt viel Material vor, sollte der Satzspiegel größer sein, und der Startpunkt des Rahmens liegt weiter in Richtung Papierrand als bei wenig Material und einem kleinen Satzspiegel.

Dann wird – bei einer rechten Seite – der Rahmen so weit aufgezogen, bis er mit seiner rechten oberen Ecke ❻ die Diagonale der Doppelseite berührt. Die Höhe des Rahmens wird wieder durch die Diagonale der rechten Seite begrenzt ❼. Rechnet man die dabei entstehenden Randverhältnisse in Einheiten um, entspricht dies einer Zahlenreihe von 2 : 3 : 4 : 6.

4   Für den Satzspiegel auf der linken Seite werden die Angaben entsprechend gespiegelt ❽.
5   Abhängig davon, wo auf der Diagonalen man den Startpunkt setzt, wird der Satzspiegel größer oder kleiner ❾ bis ⓫.

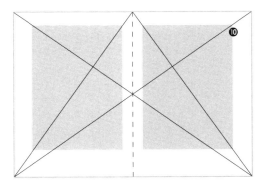

▼ **Abbildung 6.17**
Die drei Abbildungen zeigen drei unterschiedliche Satzspiegelgrößen, die alle auf der gleichen Linienkonstruktion basieren.

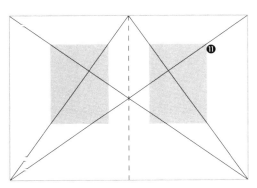

Wer ängstlich oder unschlüssig ist ...

Bei der eben vorgestellten Methode kann der Layouter die Größe des Satzspiegels selbst bestimmen, indem er den Startpunkt des Rahmens und somit des Satzspiegels auf der Diagonalen verschiebt. Wer sich dabei unwohl fühlt und unsicher ist, ob die Größe des Satzspiegels akzeptabel ist, und sich lieber auf ein Standardmaß verlassen möchte, ergänzt die Zeichnung um zwei weitere Linien:

Die erste neue Linie ist eine Senkrechte auf der rechten Seite, die durch den Kreuzungspunkt der beiden Diagonalen verläuft ❶. Der Startpunkt der zweiten neuen Linie ist das obere Ende der ersten neuen Linie. Von dort aus durchläuft sie den Kreuzungspunkt der beiden Diagonalen auf der linken Seite ❷. An der Stelle, an der die zweite neue Linie die Diagonale der rechten Seite trifft ❸, befindet sich der Startpunkt des Satzspiegels. Breite und Höhe ergeben sich wie oben beschrieben. Im Bild unten sind die beiden neuen Linien fett hervorgehoben.

Doppelseitiger Satzspiegel nach dem goldenen Schnitt

Wenn wir zur Bestimmung des Satzspiegels den goldenen Schnitt verwenden, berechnen wir zunächst die Ränder. Hier dient uns die Zahlenreihe 2:3:5:8, die wir als Einheiten für die feste Reihenfolge Bund, Kopf, Außen und Fuß umsetzen. Beachten Sie, dass die Zah-

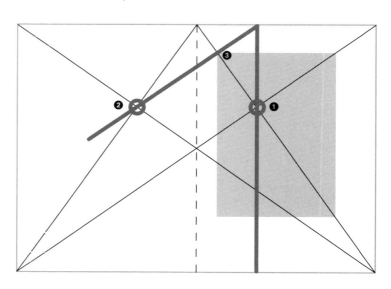

Abbildung 6.18 ▶
Durch zwei weitere Linien, im Bild fett gezeichnet, entsteht das Gerüst für einen Satzspiegel mit fixer Größe.

lenreihe für Einheiten und Verhältnisse, nicht aber für feste Größen steht. Bei einem DIN-A4-Magazin hieße das beispielsweise ein Bund von 15 Millimetern, ein Kopf von 22 Millimetern, der Außensteg mit 37 Millimetern, und der Fuß würde 59 Millimeter betragen. Der Satzspiegel beträgt in diesem Fall 158 (210 – 15 – 37) x 216 (297 – 22 – 59) Millimeter.

Liegt nur wenig Material für die Seite vor, kann der Satzspiegel entsprechend verkleinert werden. Beispielsweise beträgt dann der Bund 20 Millimeter, der Kopf 30 Millimeter, der Außensteg 50 Millimeter und der Fuß 80 Millimeter, der Satzspiegel hätte eine Größe von 140 x 187 Millimetern.

◄ Abbildung 6.19
Der Satzspiegel nach dem goldenen Schnitt beziehungsweise den Fibonacci-Zahlen berechnet, im Verhältnis 2 : 3 : 5 : 8. Der Satzspiegel ist relativ groß gewählt.

◄ Abbildung 6.20
Bei diesem Beispiel basiert der Satzspiegel ebenfalls auf der Zahlenreihe 2 : 3 : 5 : 8; die Einheiten sind allerdings größer gewählt, wodurch der Satzspiegel kleiner wird.

Doppelseitiger Satzspiegel nach Neunerteilung

Bei diesem Verfahren wird die Seite waagerecht und senkrecht in neun Teile untergliedert. Im Bund und oben wird jeweils ein Teil als Rand freigehalten, außen und unten jeweils zwei Teile (siehe Abbildung 6.22). Bei dieser Konstruktion ergibt sich eine Zahlenreihe von 2:2,8:4:5,6.

Verschiedene Konstruktionen, ähnliche Ergebnisse

Ob Sie jetzt den goldenen Schnitt, die Neunerteilung oder die Diagonalen zurate ziehen oder einfach auf die bewährte Zahlenreihe 2:3:4:6 vertrauen – alle Zahlenreihen ähneln sich weitestgehend, und häufig verwendet man Erfahrungswerte. Trotzdem gibt es immer wieder Situationen, in denen sich auch erfahrene Typo-Hasen von einer der Konstruktionsmethoden weiterhelfen lassen.

Einseitiger Satzspiegel

Erarbeitet man einen Satzspiegel für eine Einzelseite, weisen normalerweise der linke und der rechte Rand die gleiche Breite auf. Die Breite kann wiederum identisch mit dem oberen Rand sein, eventuell aber auch größer. Wichtig ist in diesem Fall, dass der untere Rand am größten ist. Angelehnt an die bisher erwähnten Zahlenreihen können Sie beispielsweise mit dem Verhältnis 3:3:3:5 arbeiten.

Abbildung 6.21 ▼
Bei einem einseitigen Satzspiegel weisen der linke und rechte Rand die gleiche Größe auf.

Abbildung 6.22 ▶
Auch die Neunerteilung ist eine schnelle Variante, den Satzspiegel sowie die Stegbreiten zu bestimmen. Hier wird die Seite horizontal sowie vertikal in neun Kästen unterteilt. Für den Satzspiegel werden oben und innen jeweils ein Kasten, außen und unten jeweils zwei Kästen freigehalten.

› Press und InDesign

InDesign und XPress sind bei den Angaben zum Satzspiegel eher ungeduldige Partner. Bereits beim Erstellen einer neuen Datei fragt die Software nach den Randhilfslinien beziehungsweise nach den Rändern, und wer den Satzspiegel noch nicht berechnet hat, ist zunächst überfragt. Im Zweifelsfall sollten Sie die Werte auf null setzen, den Satzspiegel mit einer der beschriebenen Verfahren berechnen und anschließend die Werte anpassen. Um die Werte nachträglich für alle Seiten zu ändern, springt man in InDesign per Doppelklick auf die Mustervorlage, aktiviert beide Musterseiten und wählt im Menü Layout den Befehl RÄNDER UND SPALTEN.

In XPress springt man ebenfalls auf die Musterseite, wählt im Menü SEITE den Befehl MUSTERSEITE EINRICHTEN und ändert die Werte der Randhilfslinien.

◀ Abbildung 6.23
Beim Erstellen eines neuen Dokuments fragt InDesign sofort nach den Rändern. Nachträgliches Ändern ist bei RÄNDER UND SPALTEN möglich.

◀ Abbildung 6.24
Auch QuarkXPress fragt sofort beim Erstellen eines neuen Projekts nach den Rändern beziehungsweise Randhilfslinien. Über die Musterseiten lassen sich die Werte nachträglich ändern. In beiden Programmen wechseln die Begriffe zwischen Links und Innen beziehungsweise Rechts und Außen abhängig davon, ob man ein einseitiges oder doppelseitiges Dokument erstellt.

Korrekturen im Kleinen

Letztendlich muss die Höhe des Satzspiegels meist nachträglich leicht korrigiert werden. Dies hat einen einfachen Grund: Der Satzspiegel wird mit Text gefüllt, der wiederum einen bestimmten Zeilenabstand aufweist. Auch wenn der Text durch Überschriften und Bilder unterbrochen wird, verwendet man zur Berechnung den Grundtext.

Nun kann es passieren, dass die letzte Zeile am unteren Ende des Satzspiegels nicht mehr komplett in den Satzspiegel hineinpasst oder der Satzspiegel genau zwischen zwei Zeilen endet. Der Satzspiegel sollte aber in der Höhe immer so ausgerichtet sein, dass die Grundlinie der letzten Zeile auf der Unterkante des Satzspiegels sitzt, wie im Bild unten zu sehen ist.

Start des Grundlinienrasters
Wenn Sie mit registerhaltigem Grundtext arbeiten, beachten Sie den Start des Rasters und somit die Platzierung der ersten Zeile. Mehr zum Grundlinienraster erfahren Sie in Abschnitt 6.7, »Registerhaltigkeit«.

Berechnung

Die korrekte Höhe entspricht aber nicht wie vielleicht im ersten Moment angenommen einem Vielfachen des Zeilenabstandes. Nehmen wir an, die Schriftgröße beträgt 10 Punkt, der Zeilenabstand 12 Punkt, der y-Wert des Satzspiegels 20 Millimeter. Nun wäre es falsch, die erste Zeile gedanklich auf 20 Millimeter plus 12 Punkt zu setzen. Tatsächlich steht die erste Zeile – abhängig von ihrer tatsächlichen Größe – auf etwa 20 Millimeter plus Versalhöhe, also 7 oder 8 Punkt. Im Beispielbild unten liegt die Grundlinie bei ca. 22,6 Millimetern, wie am Lineal am linken Rand zu sehen ist. Erst ab hier wird ein Vielfaches des Zeilenabstands addiert.

Abbildung 6.25 ▶
Die erste Grundlinie startet bei der Satzspiegeloberkante plus Versalhöhe. Die letzte Zeile sollte mit ihrer Grundlinie die Unterkante bilden.

Visuelle Kontrolle

Da zudem der Text innerhalb seines Textrahmens – und somit innerhalb seines Satzspiegels – noch etwas Luft benötigt, um beispielsweise auch die Unterlängen an der unteren Satzspiegelkante unterzubringen, spart man sich langwierige Rechnungen, sondern arbeitet eher mit der Methode des Trial and Error. Dazu füllt man den Textrahmen mit Beispieltext, zeichnet ihn mit den Grundtextattributen aus und platziert den Textrahmen so, dass die erste Textzeile mit ihren Oberlängen beziehungsweise Versalhöhen an die obere Kante des Satzspiegels stößt. Durch das Einblenden des Grundlinienrasters, dessen Schrittweite dem Zeilenabstand entspricht, kann man nun gut sehen, wie sich die letzte Linie in den Satzspiegel einfügt und passt den Textrahmen in der Höhe entsprechend an.

◄ **Abbildung 6.26**
Um die exakte Satzspiegelhöhe zu erhalten, füllt man einen Textrahmen mit Beispieltext und platziert ihn so, dass die Oberlängen exakt mit der Satzspiegeloberkante abschließen (wie im oberen Bild zu sehen). Die Grundlinie der letzten Zeile schließt mit dem unteren Ende des Satzspiegels ab (untere Bilder).

6.4 Gestaltungsraster

Das Gestaltungsraster ist eine Hilfe, um Objekte auf der Seite zu verteilen. Mit ihm erhält der Layouter ein wichtiges Werkzeug zur Organisation und Strukturierung seiner Gedanken und Ideen. Hat er einen ersten Entwurf im Kopf, folgt das Gestaltungsraster, das ihm notwendige Beschränkungen und gleichzeitig die Freiheiten bei der Gestaltung der Seite bietet. Denn auch beim kreativen und freien Gestalten sind Normen notwendig und wichtig. Ein Gestaltungsraster engt nicht ein, sondern schafft im Gegenteil die Möglichkeit, mit wenigen Konstanten ein kreatives Design zu erstellen.

Selbstverständlich eignet sich nicht jedes Ordnungssystem für jeden Einsatz. Alle Systeme, mit denen wir Ordnung in unser Leben bringen, dienen einem bestimmten Zweck. So würde unsere Postablage für die Wäsche nicht genügend Platz bieten und auch wenig sinnvoll sein. Zudem gibt es auch wie beispielsweise beim DIN-

Abbildung 6.27 ▶
Ein einfaches Gestaltungsraster, in dem die Rasterfelder mit Hilfslinien markiert wurden. Die Rasterfeldbreite beträgt die Hälfte der Bildbreite. So lassen sich auch Bilder leicht platzieren, die 1,5 Felder breit sind. Auch für die Platzierung der Bildunterschriften entsteht dadurch mehr Spielraum.

6.4 Gestaltungsraster

Briefbogen Gestaltungs- und Platzierungsvorgaben, die zwingend sind. Grundsätzlich lässt sich aber festhalten, dass sich durch ein Gestaltungsraster eher mehr als weniger Möglichkeiten eröffnen und durch eine clevere Kombination von Farbe, Bildern und Typografie Stilvolles entstehen kann.

Breiten und Höhen

Die Einteilung der Rasterfelder bleibt dabei dem Layouter überlassen. Je mehr Rasterfelder, desto kleiner deren Größe, desto flexibler lässt sich arbeiten. Beispielsweise sind für zwei-, drei- oder vierspaltige Layouts vier, sechs beziehungsweise acht Rasterfelder in der Horizontalen sinnvoll, wobei die Breiten der Felder nicht unbedingt identisch sein müssen. Die Höhe der Felder entspricht in der Regel dem kleinstmöglichen Bild – häufig bietet es sich an, die Höhe mit der Breite gleichzusetzen und somit quadratische Rasterfelder zu erzeugen.

In Abbildung 6.27 sehen Sie ein sehr einfaches Beispielraster. Abbildung 6.28 hingegen zeigt das verwendete Raster eines Fachmagazins. Die Seite ist in sieben schmale Spalten unterteilt, von denen die äußere nicht mit Grundtext gefüllt, sondern für Randkästen oder Bildunterschriften freigehalten oder für größere Bilder genutzt wird, die über den Rand des Grundtextes hinausragen.

Bildplatzierung
In Abschnitt 6.6 erfahren Sie mehr zum Thema »Bildplatzierung«.

◀ Abbildung 6.28
Das Raster der Zeitschrift Macup. Die vertikale Unterteilung fehlt hier völlig, lediglich die Begrenzung des Satzspiegels ist erkennbar. Häufig genügt eine horizontale Unterteilung – besonders bei regelmäßig erscheinenden Druckerzeugnissen, bei denen die grobe Einteilung bereits feststeht.

Wie im Beispiel können zwei Rasterfelder eine Textspalte bilden. Die Höhe der Rasterfelder dient als Anhaltspunkt für Rahmen- oder Bildplatzierungen. Für die Platzierung der Rasterfelder verwenden wir die gleichen Kanten wie bei der Platzierung des Satzspiegels: Die Rasterfelder schließen also mit der Oberkante der Versalhöhe ab; unten enden sie auf gleicher Höhe mit der Schriftlinie. Somit platziert man auch eine Bildunterkante auf gleicher Höhe wie die Grundlinie.

Die Praxis zeigt, dass es nicht immer nötig ist, die Breite und Höhe der Felder zu definieren. Häufig genügt es – wie im Beispiel des Magazins –, die Spaltenbreiten beziehungsweise die Hälften der Spaltenbreiten als Rasterfeldbreite festzulegen. Für die Platzierung anderer Elemente und die Höhenbestimmung gelten recht einfache Regeln, die auch ohne die Einteilung von Rasterfeldern beachtet werden können.

6.5 Randabfallende Elemente

Als randabfallende Elemente bezeichnet man Objekte, die über den Satzspiegel und genau genommen auch über die Papierkante hinausragen. Wenn wir Objekte aus dem Satzspiegel herausbewegen, dann deutlich gewollt – eine Platzierung bis kurz vor die Papierkante

Im Anschnitt
Randabfallende Elemente werden auch als »im Anschnitt liegende« Elemente bezeichnet.

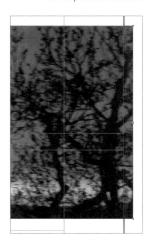

Abbildung 6.29 ▼▶
Randabfallende Objekte ragen in der Regel 3 Millimeter über den Papierrand hinaus.

6.5 Randabfallende Elemente

würde unschön aussehen und fehlerhaft wirken. Randabfallende Elemente können ein sonst strenges Layout auflockern und Abwechslung bringen. Beachten Sie jedoch wie immer, dass weniger mehr ist.

Beschnitt erstellen

Technisch gesehen müssen randabfallende Elemente, sei es eine farbige Fläche oder ein Bild, nicht nur bis an den Papierrand, sondern darüber hinaus platziert werden. Üblich sind drei Millimeter, die das Objekt über den Papierrand reichen sollte. Für die Notwendigkeit dieses so genannten Beschnitts gibt es einen einfachen Grund: Durch verschiedene Faktoren wie z. B. den hohen Druck auf das Papier in der Druckmaschine kann sich das Papier während des Druckvorgangs leicht bewegen. Ergeben sich pro Farbe unterschiedlich große Verschiebungen, liegen die Farben nicht mehr korrekt aufeinander und es entstehen Passerungenauigkeiten. Dadurch kann in Randbereichen das Papierweiß durchblitzen – eine unschöne Erscheinung, die als Blitzer bezeichnet wird. Das Gleiche kann passieren, wenn randabfallende Bilder lediglich bis zum Papierrand reichen. Durch Verschiebungen im Druck, aber auch durch Verschiebungen, die beim Beschneiden des Papiers entstehen, blitzt dann zwischen Papier- und Bildkante ein weißer Streifen auf.

Absprache mit der Druckerei
Je nach Druckmaschine, -verfahren, Papierformat und Nutzen kann nicht immer randabfallend gedruckt werden. Sprechen Sie deswegen vorher mit der Druckerei.

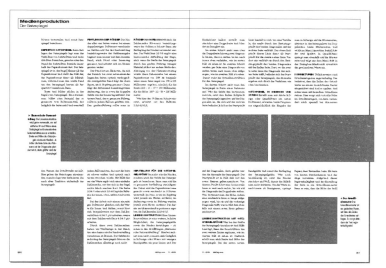

◀ Abbildung 6.30
Elemente müssen im Anschnitt liegen, wenn sie im Druck bis an den Seitenrand laufen sollen. Auch wenn ganze Seiten mit Flächen hinterlegt sind, müssen diese randabfallend erstellt werden.

Beschnitt in QuarkXPress

Der von QuarkXPress verwendete Betriff lautet Anschnitt. Um in QuarkXPress Objekte als randabfallend zu definieren, ist zunächst nichts weiter nötig, als die Objekte entsprechend zu platzieren. Wer es genau mag, lässt die Bilder oder Rahmen auf einem x-Wert von −3 oder auf einem y-Wert von −3 starten beziehungsweise lässt die Objekte um drei Millimeter nach rechts und unten herauswachsen.

Geht es an die Ausgabe, muss man im Druckmenü die entsprechender Einstellungen beachten. In der Registerkarte ANSCHNITT finden wir die Möglichkeit, den Anschnitttyp zu wählen. Üblicherweise wählt man die Einstellung UNGLEICHMÄSSIG oder SYMMETRISCH, die je nachdem die Eingabe von einem oder vier verschiedenen Anschnittwerten zulässt. Die Einstellung SEITENOBJEKTE bewirkt, dass die randabfallenden Objekte komplett ausgegeben werden – unabhängig davon, wie weit sie im Anschnitt liegen. Elemente, die auf der Montagefläche liegen und in den Anschnitt hineinragen, werden nicht mitgedruckt.

Aktiviert man den separaten Befehl AN DER ANSCHNITTKANTE BESCHNEIDEN, hält sich XPress an die eingetragenen Werte. Bei deaktiviertem Befehl werden die Objekte komplett gedruckt.

Abbildung 6.31 ▶
In den Druckeinstellungen von QuarkXPress nimmt man in der Registerkarte ANSCHNITT die Einstellungen vor.

6.5 Randabfallende Elemente

Beschnitt in InDesign

Adobe InDesign verwendet den Begriff Beschnittzugabe. Im Gegensatz zu QuarkXPress muss der Beschnitt in InDesign bereits im Dokument festgelegt sein. Dies erreichen Sie, indem Sie bereits beim Erstellen des neuen Dokuments die Beschnittzugabe eintragen. Auch hier ist der Eintrag von vier verschiedenen Werten möglich. Wer den unteren Teil der Dialogbox bei sich nicht wiederfindet, klickt rechts auf den Befehl Mehr Optionen, woraufhin die Dialogbox nach unten aufklappt.

Hat man zu Anfang vergessen, den Beschnitt einzutragen, oder möchte ihn nachträglich ändern, wählt man aus dem Menü Datei den Befehl Dokument einrichten. Der Beschnittbereich wird übrigens mit einem roten Hilfslinienrahmen im Dokument gekennzeichnet.

Im Druckmenü wählt man die Kategorie Marken und Anschnitt. Hier taucht der Befehl Beschnittzugabe-Einstellungen des Dokuments verwenden auf. Möchte man also die zuvor getroffenen Einstellungen verwenden, aktiviert man diesen Befehl. Um andere Werte zu verwenden, deaktiviert man den Befehl und kann nun die vier Einträge vornehmen.

◄ Abbildung 6.32
Links die Einstellung zum Beschnitt, während ein neues Dokument erstellt wird. Unten sind die Optionen zum Beschnitt im Druckmenü zu sehen.

6.6 Bildplatzierung

Platzierung und Größe von Bildern und anderen Objekten
Bei der Platzierung von Bildern und anderen Objekten wie Kästen, Tabellen oder hervorgehobenen Zitaten sollte man zwei Punkte beachten: die Wirkung des Objekts innerhalb des Layouts »im Groben« sowie die Ausrichtung am Text »im Feinen«.

Platzierung im Groben
Eine mögliche Bildverteilung ist in Bild ❶ zu sehen. Beachten Sie, dass der Layouter Linien gesucht und verwendet hat. Gemeinsame Linien und Kanten verleihen einem Layout grundsätzlich mehr Ruhe und Übersicht.

Variante ❷ ist kein Geniestreich, aber in Ordnung. Durch den Gegenpol links oben und rechts unten wirkt es relativ ausgeglichen, aber auch ein bisschen brav.

Bei Variante ❸ sind alle Bilder an der unteren Kante platziert. Dadurch wird das Layout schwer, die Bilder »fallen« nach unten.

In Variante ❹ sehen Sie, wie man mit kleinen Änderungen viel bewirkt. Durch das Verschieben der Bilder auf der rechten Seite im Vergleich zu Variante ❸ geht die Schwere verloren, die Seite wirkt wieder aufgelockert und ausgeglichen.

Vermeiden Sie, dass der Leser mit den Augen häufig über Bilder hinwegspringen muss, wie es bei Variante ❺ der Fall ist. Gilt es, viele Bilder oder andere Objekte unterzubringen, sollten diese eher am Rand stehen oder Bilderinseln bilden, damit der Lesefluss nicht unterbrochen wird.

Bild und Inhalt
Achten Sie bei der Platzierung der Bilder auch auf deren Inhalt. Ist beispielsweise eine Person zu sehen, die nach rechts blickt, sollten Sie das Bild bei einer Einzelseite nach links stellen, bei einer Doppelseite zumindest auf die linke Seite. Richten Sie die Blicke der Personen also auf die Seite und nicht aus dem Dokument heraus.

Platzierung im Feinen
Handelt es sich um rechteckige Bilder oder andere Objekte, sollten die Ober- und Unterkanten an der Schriftoberkante beziehungsweise der Grundlinie des Textes ausgerichtet sein, wie in Bild ❻ zu sehen. Auch die Bildunterschriften sollten je nachdem, ob sie oben oder unten am Bild platziert werden, entsprechend mit ihrer Oberlänge oder mit der Grundlinie auf einer Linie mit dem Grundtext liegen.

Andere Formen von Bildern wie beispielsweise Rundungen sollten hingegen – ähnlich wie Rundungen von Buchstaben – über die Ober- beziehungsweise Unterkanten hinausragen, da sie sonst optisch zu klein wirken.

6.6 Bildplatzierung

❶

❷

❸

❹

❺

❻

Möglichkeit, Rahmen im Text zu verankern, die Funktion konnte aber lediglich dazu verwendet werden, kleine Elemente im Text mitlaufen zu lassen. Platzierte Bilder, die einer bestimmten Textpassage zugeordnet waren und außerhalb des Textrahmens standen, mussten manuell platziert und bei Textänderungen nachgeschoben werden. Ganz anders sieht nun die Arbeit mit den neuen Verankerungen aus. Dank nahezu unbegrenzter Varianten bezüglich Referenzpunkt und X,Y-Versatz lassen sich Bilder und Objektgruppen problemlos in einer Randspalte platzieren. Bei Textänderungen, die beispielsweise Text samt verankertem Bild von einer linken auf eine rechte Seite verschieben, wird auf Wunsch auch das Bild aus der linken Randspalte der linken

ändern von Formen dank der erweiterten Pathfinder-Palette gehört ebenso noch zur Liste der Neuerungen wie der verbesserte Export zu GoLive.

Der Import und die Verwaltung von PSD-und PDF-Ebenen sowie die Zusammenarbeit von InDesign und

Und wieder das Gestaltungsraster
Spätestens bei dieser Art von Arbeiten werden Sie ein Gestaltungsraster zu schätzen wissen, innerhalb dessen Sie die Objekte leicht verschieben und die Wirkung beurteilen können. Beachten Sie auch, dass Doppelseiten immer gemeinsam gestaltet werden sollten, da sie auf den Leser beim Aufschlagen auch immer gemeinsam wirken.

Abstand zwischen Bild und Bildunterschrift
Legen Sie Regeln für den Abstand zwischen Bild und Bildunterschrift fest. Auch wenn die Abstände nur unwesentlich schwanken, fällt dies unangenehm auf. Da Bildunterschriften üblicherweise nicht registerhaltig sind und somit nicht am Grundlinienraster ausgerichtet werden, ist es am einfachsten, in den Programmen über den Bildabstand zu arbeiten. Legen Sie beispielsweise in XPress oder InDesign fest, dass das Bild an der unteren Kante 20 Punkt Abstand zum Text benötigt. Wenn Sie nun die Bildunterschrift von unten an das Bild heranschieben, wird der Text verdrängt, sowie der Abstand weniger als 20 Punkt beträgt.

Abstand zwischen Bild und Fließtext
Auch dieser Abstand sollte in jedem Fall einheitlich sein. Als Anhaltspunkt für die Größe dient eine Leerzeile oder auch der Spaltenzwischenraum.

Über die optimale Größe des Spaltenzwischenraums haben wir uns bereits in Abschnitt 3.4 Gedanken gemacht. Zur Erinnerung: Als optimale Größe gilt eine Leerzeile beziehungsweise die Breite der Buchstaben »mii«.

Abbildung 6.33 ▶
Die Abstände zwischen Bild und Bildunterschrift sowie zwischen Bild und Fließtext sollten in etwa eine Leerzeile betragen.

6.7 Registerhaltigkeit

Wenn Sie in einem Buch oder einer Zeitschrift blättern, dessen Papier leicht transparent ist, oder das Licht in einem bestimmten Winkel auf die Seite fällt, werden Sie bemerken, ob die Zeilen des Grundtextes der Vorder- und Rückseite auf der gleichen Linie stehen. Sind sie versetzt, kann das beim Lesen irritieren. Gleiches gilt für nebeneinander liegende Seiten sowie auch für mehrere Spalten: Die Zeilen des Grundtextes sollten auf einer Linie liegen. Tun sie das, sind sie registerhaltig. Ob Sie es mit einem registerhaltigen Text zu tun haben, können Sie leicht überprüfen, indem Sie das Buch um 90 Grad drehen, eine Zeile von der vorderen Seite fixieren und diese mit dem Auge auf die andere Seite »verlängern«.

Qualität durch registerhaltigen Text

Jedes Druckerzeugnis sollte registerhaltig sein, und zwar auf einer Seite innerhalb der Spalten, über die Doppelseite hinweg sowie zwischen der Vorder- und Rückseite. Zwar haben wir wenig Einfluss darauf, ob sich noch im Druck, beim Binden und danach beim Beschneiden des Werkes etwas verschiebt, aber dabei kann es sich in der Regel nur um wenige Punkt handeln. Mit der Registerhaltigkeit des Satzes haben wir schon mal die besten Voraussetzungen geschaffen.

▼ Abbildung 6.34
Wer die Registerhaltigkeit testen will, dreht das Druckwerk um 90 Grad, kneift die Augen zusammen und sieht über die Zeilen hinweg.

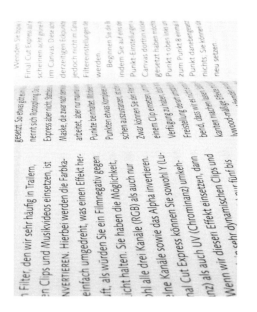

Abbildung 6.35 ▲
Die Registerhaltigkeit läuft über die Spalten hinweg auf die andere Seite.

Was sollte registerhaltig sein?
Häufig begegnen wir auf einer Seite einer Überschrift, einem Vorspann, einem Grundtext, Zwischenüberschriften, Marginaltexten, dann Bildunterschriften, eventuell auch Fußnoten. Logischerweise können nicht alle Texte den gleichen Zeilenabstand aufweisen. Dies ist auch gar nicht nötig – lediglich der Grundtext sollte registerhaltig sein. Alle anderen Textelemente müssen nicht am Grundlinienraster ausgerichtet werden.

Magnetisches Raster in der Software
Die Umsetzung von registerhaltigem Text in den Layoutprogrammen ist denkbar einfach. Eine Art Magnetfunktion, die dem Grundtext zugewiesen wird, zieht jede Textzeile an ein imaginäres Raster. Dieses Raster nennt man Grundlinienraster, und die Schrittweite dieses Rasters entspricht dem Zeilenabstand des Grundtextes.

Bei einer Schriftgröße von 10 Punkt und einem Zeilenabstand von 12 Punkt legen wir also die Schrittweite des Grundlinienrasters auf 12 Punkt fest und richten den Grundtext an diesem Raster aus. Somit wird jede Zeile Grundtext von einer Zeile des Rasters angezogen – und die Schrittweite von Zeile zu Zeile ist mit 12 Punkt garantiert.

Abbildung 6.36 ▶
Hier ist die Registerhaltigkeit im Kleinen verdeutlicht. Doch nicht nur zwischen Spalten, auch über die Doppelseite hinweg und bei Vorder- und Rückseite sollte die Registerhaltigkeit gewährleistet sein.

> Der Grundtext hat einen Zeilenabstand von 12 Punkt und ist nicht am Grundlinienraster ausgerichtet. Solange keine Zwischenüberschrift stört, ist der Grundtext registerhaltig.
>
> **Zwischenüberschrift**
> ... mit einem Zeilenabstand von 16 Punkt. Und schon ist die Registerhaltigkeit nicht mehr gegeben, was durch die rechte Textspalte deutlich wird.
>
> Der Grundtext hat einen Zeilenabstand von 12 Punkt und ist nicht am Grundlinienraster ausgerichtet. Solange keine Zwischenüberschrift stört, ist der Grundtext registerhaltig. Der Grundtext hat einen Zeilenabstand von 12 Punkt und ist nicht am Grundlinienraster ausgerichtet. Solange keine Zwischenüberschrift stört, ist der Grundtext registerhaltig.

6.7 Registerhaltigkeit

Vorteile des magnetischen Rasters
Der Vorteil des magnetischen Rasters kommt aber erst richtig zum Tragen, wenn der Text durch Bilder oder Zwischenüberschriften unterbrochen wird. Nehmen wir an, der Zeilenabstand der Zwischenüberschrift beträgt 16 Punkt. Somit würden wir bei jeder einzeiligen Zwischenüberschrift 4 Punkt tiefer rutschen als mit unserem Zwölfer-Grundlinienraster geplant – und schon wäre die Registerhaltigkeit dahin.

Mit dem magnetischen Grundlinienraster wird die nächste Grundtextzeile aber automatisch wieder an das Raster herangezogen. Auf diese Art und Weise entstehen Räume, die es natürlich auszugleichen gilt; die Registerhaltigkeit ist aber stets gesichert, wie im Bild unten zu sehen ist.

Drei Funktionen des Rasters
Grundsätzlich gibt es in InDesign sowie in QuarkXPress drei Einstellungsoptionen für das Raster, die sich an verschiedenen Stellen befinden:
1. die Schrittweite (und der Start)
2. die Aktivierung beziehungsweise die Verbindung von Text mit dem Raster
3. die Anzeige, die auf die Wirksamkeit keinen Einfluss hat

◄ Abbildung 6.37
Zwischenüberschriften müssen nicht registerhaltig stehen. Zur Verdeutlichung ist im Bild das Grundlinienraster eingeblendet.

Registerhaltigkeit in QuarkXPress

1. Um in XPress die Schrittweite des Grundlinienrasters, in unserem Beispiel 12 Punkt, einzutragen, trägt man im Menü QUARKXPRESS · EINSTELLUNGEN · STANDARDDRUCKLAYOUT in der Kategorie ABSATZ bei GRUNDLINIENRASTER · SCHRITTWEITE die 12 Punkt ein. Mit dem BEGINN bestimmen Sie übrigens, an welchem y-Wert die erste Linie auftaucht – ein Wert, den Sie bei der Errechnung und Platzierung des Satzspiegels erhalten. Sie können entweder den Wert für die erste Grundlinie exakt eingeben, oder Sie tragen einen Wert ein, der um 12-Punkt-Schritte kleiner ist.
2. Um das Raster zu aktivieren, wählt man im Menü STIL · FORMATE den Befehl AM GRUNDLINIENRASTER AUSRICHTEN. Um die Textauszeichnung zu vereinfachen, setzt man häufig Stilvorlagen ein. Auch innerhalb einer Stilvorlage lässt sich – im Dialogfenster FORMATE – das Grundlinienraster für den Grundtext aktivieren.
3. Im Menü ANSICHT · GRUNDLINIENRASTER blendet man das Raster ein und aus.

Abbildung 6.38 ▲ ▶
Oben sehen Sie die Einstellungen zum Zeilenabstand, rechts die Vorgaben für das Grundlinienraster, beides in QuarkXPress.

Registerhaltigkeit in InDesign

1. Im Menü INDESIGN beziehungsweise unter Windows BEARBEITEN · VOREINSTELLUNGEN · RASTER findet man den Bereich GRUNDLINIENRASTER. Hier ist neben der Farbe, dem Anfang und der Schrittweite noch die Eingabe eines Anzeigeschwellenwerts möglich, von dem ab das Raster angezeigt wird.
2. Das Raster lässt sich textweise aktivieren, indem man bei aktivem Text in der Palette STEUERUNG das Symbol für ABSATZFORMATIERUNGSSTEUERUNGEN ❶ aktiviert. Daraufhin zeigt die Palette sämtliche für den Absatz relevanten Optionen wie auch das Symbol AN GRUNDLINIENRASTER AUSRICHTEN ❷, das man aktiviert. Zeichnet man Texte per Absatzformate aus, wählt man innerhalb der Absatzformate in der Kategorie EINZÜGE UND ABSTÄNDE · AN RASTER AUSRICHTEN · ALLE ZEILEN.
3. Die Anzeige des Rasters wird über das Menü ANSICHT · GRUNDLINIENRASTER EINBLENDEN gesteuert. Auch hier hat die Sichtbarkeit keinen Einfluss auf die Wirkung des Rasters.

◄▲ Abbildung 6.39
Oben die Palette Steuerung, in der die Magnetfunktion absatzweise aktiviert werden kann. Darunter die Einstellungen im Absatzformat, unten die Voreinstellungen zum Grundlinienraster.

6.8 Kolumnentitel und Pagina

Pagina
Pagina bedeutet Seitenzahl. Die Seitenzahl kann oben oder unten am Satzspiegel stehen, in den Kolumnentitel integriert sein oder auch als schmückendes Element dienen.

Wie schon erwähnt zählen zum Satzspiegel auch der Kolumnentitel und die Pagina.

Als Kolumnentitel werden die Zeilen am oberen Rand, sozusagen über der eigentlichen Seite bezeichnet. Einige Layouter verwenden statt Kolumnentitel den Begriff DACHZEILE. Man unterscheidet zwischen den lebenden und den toten Kolumnentiteln. Die lebenden Kolumnentitel enthalten eine Information zum Seiteninhalt wie ein oder mehrere Stichwörter zum Artikel, zum Ressort oder zum Werk sowie die Seitenzahl. Somit ändert der lebende Kolumnentitel abhängig von der Seite seinen Inhalt. Bei der Buchgestaltung entspricht häufig der Kolumnentitel der linken Seite dem Kapiteltitel, der rechte Kolumnentitel dem Namen des Unterkapitels. Lebende Kolumnentitel sind in der Regel über dem Satzspiegel am Kopf der Seite zu finden.

Tote Kolumnenartikel enthalten in der Regel nur die Seitenzahl, können aber auch aus der Seitenzahl plus Text bestehen, der sich dann aber nicht ändert, sondern beispielsweise lediglich den Titel des Werkes oder die Ausgabenummer des Heftes enthält. Der tote Kolumnentitel befindet sich üblicherweise unter dem Satzspiegel am unteren Seitenrand.

Abbildung 6.40 ▼
Ein Beispiel für einen üblichen Kolumnentitel ist das vorliegende Buch: links oben der Kapiteltitel, rechts die Angabe zum Seiteninhalt.

6.9 Marginalien

Marginalien sind Randbemerkungen, die Zusatzinformationen oder Erklärungen zum Grundtext liefern. In Fachbüchern – wie etwa dem hier vorliegendem – findet man häufig Marginalien. Sie werden grundsätzlich in einer kleineren Schriftgröße als der Grundtext gesetzt und müssen somit auch nicht registerhaltig sein. Es ist aber auch möglich, den Marginaltext an das Grundlinienraster zu binden, obwohl die Schriftgröße vielleicht 2 Punkt kleiner ist.

Auch wenn Sie einen kleineren Zeilenabstand wählen – achten Sie bei der Platzierung darauf, dass die erste Zeile des Marginaltextes mit einer Zeile des Grundtextes registerhaltig ist.

Als Schrift empfiehlt sich beispielsweise eine Kursive aus der gleichen Schriftfamilie oder die Grundschrift in einer kleineren Schriftgröße.

▼ Abbildung 6.41
Marginalien sind Texte in der Randspalte, die weiterführende Informationen oder zusätzliche Hinweise enthalten. Durch eine Marginalspalte ist man auch bei der Bildplatzierung grundsätzlich etwas flexibler.

6.10 Linien

Linien können als Hingucker, aber auch einfach als dezente Möglichkeit zur Unterteilung eingesetzt werden, beispielsweise als Spaltenlinien. Wenn Sie Spaltenlinien einsetzen, sollten Sie den Zwischenraum zwischen den Spalten grundsätzlich ein wenig größer halten als ohne Linie. Da die Linie in diesen Fällen nicht übermäßig auffallen, sondern lediglich als Orientierungshilfe dienen soll, wählt man eine Stärke, die in etwa der Strichstärke der Grundschrift entspricht. Je feiner und filigraner also die Schrift und die Strichstärke, desto dünner sollten Sie die Linie wählen.

Abbildung 6.42 ▼
Wählen Sie bei Spaltenlinien oder Trennlinien zwischen Absätzen eine Linienstärke, die zur Schrift passt.

Verwenden Sie bei einer Schrift mit einer dünnen Strichstärke auch passend dünne Spaltenlinien.

Schriften mit dicker Strichstärke können dickere Spaltenlinien vertragen. Ähnliches gilt für Trennlinien im Absatz oder andere Linien, die sich harmonisch in das Satzbild einfügen sollen. Verwenden Sie bei einer Schrift mit einer dünnen Strichstärke auch

passend dünne Spaltenlinien. Schriften mit dicker Strichstärke können dickere Spaltenlinien vertragen. Ähnliches gilt für Trennlinien im Absatz

oder andere Linien, die sich harmonisch in das Satzbild einfügen sollen. Verwenden Sie bei einer Schrift mit einer dünnen Strichstärke auch passend dünne Spaltenlinien. Schriften mit dicker Strichstärke

Verwenden Sie bei einer Schrift mit einer dünnen Strichstärke auch passend dünne Spaltenlinien. Schriften mit dicker Strichstärke können dickere Spaltenlinien vertragen.

Ähnliches gilt für Trennlinien im Absatz oder andere Linien, die sich harmonisch in das Satzbild einfügen sollen. Verwenden Sie bei einer Schrift mit einer dünnen Strichstärke auch

passend dünne Spaltenlinien. Schriften mit dicker Strichstärke können dickere Spaltenlinien vertragen.

Ähnliches gilt für Trennlinien im Absatz oder andere Linien, die sich harmonisch in das Satzbild einfügen sollen. Verwenden Sie bei einer Schrift mit einer dünnen Strichstärke auch passend dünne Spaltenlinien. Schriften mit dicker Strichstärke können dickere

6.10 Linien

Linie und Strich

Auch wenn die Linie nicht nur unterteilen, sondern auch eine schmückende Funktion haben soll, geben die verwendeten Schriften den Ton an. Verwenden Sie eine Schrift mit unterschiedlichen Strichstärken wie beispielsweise die Garamond, passt eine Linie mit wechselnder Stärke dazu. Zu einer Schrift mit sehr gleichmäßigen Strichstärken passt eher eine gleichmäßige Linie.

◄ Abbildung 6.43
Linien dienen nicht nur als schmückendes Element. Anzeigen mit viel Text und Bildmaterial lassen sich durch den Einsatz von Linien strukturieren, aufteilen und somit übersichtlicher machen.

Schmückende Linien mit unterschiedlicher Stärke passen besser zu einer Schrift, deren Strichstärke ebenfalls wechselt. Schmückende Linien mit unterschiedlicher Stärke passen besser zu einer Schrift, deren Strichstärke ebenfalls wechselt.

Schmückende Linien mit unterschiedlicher Stärke passen besser zu einer Schrift, deren Strichstärke ebenfalls wechselt. Schmückende Linien mit unterschiedlicher Stärke passen besser zu einer Schrift, deren Strichstärke ebenfalls wechselt.

◄ Abbildung 6.44
Auch schmückende Linien sollten von ihrer Struktur her zur verwendeten Schrift passen.

6.11 Regeln und Beispiele

Im Folgenden erhalten Sie einige Tipps, die beim Aufbau der Seite helfen sollen. Anschließend verdeutlichen Beispiele den Einsatz.

Tipps für den Seitenaufbau:

▶ **Achsen finden**
Unser Auge sucht automatisch nach Linien und Strukturen. Wir erhalten leichter einen Überblick und empfinden Drucksachen als harmonisch, wenn sich unser Auge an einer Kante entlanghangeln kann. Platzieren Sie deswegen Texte, Bilder und Elemente immer entlang optisch gedachter Linien. Durch den Einsatz eines Gestaltungsrasters sind bereits vertikale Achsen vorgegeben. Achten Sie aber auch auf horizontale Achsen. Ein Beispiel: Bei Doppelseiten sollten Bilder, liegen sie auf ähnlichen y-Werten, eine gemeinsame Ober- oder Unterkante haben.

▶ **Wenig Winkel**
Natürlich muss nicht immer mit horizontalen und vertikalen Achsen gearbeitet werden. Auch schräge Achsen lassen sich als Gestaltungselement einsetzen. Aber auch hier ist mal wieder weniger mehr: Beschränken Sie die Anzahl der Achsen auf maximal zwei.

▶ **Keine Treppen**
So wie bei der Platzierung von Text sollten Sie auch bei Text-Bild-Kombinationen Treppenbildungen vermeiden – es sei denn, Sie verwenden die Treppe bewusst als Gestaltungselement.

◀ Abbildung 6.45
Achten Sie auf optische Linien. Hier sind die Oberkanten der Bilder auf der gleichen Linie platziert.

6.11 Regeln und Beispiele

▶ **Raster bei Zeitschriften**
Verwenden Sie ein Gestaltungsraster. Der Aufbau von Zeitschriften ist ein Paradebeispiel für den sinnvollen Einsatz von Rastern.

Das Raster kann und muss hier verschiedene Zwecke erfüllen. So soll erstens der Leser die Informationen leicht aufnehmen können. Dazu muss das Layout eine gewisse Ordnung aufweisen, einen logischen Grundaufbau. Zweitens soll die Zeitschrift beim Leser den berühmten Wiedererkennungseffekt haben – das Layout soll typisch für die Zeitschrift sein, und der Leser soll das Produkt mit der Gestaltung verbinden. Drittens sollen aber auch genügend Möglichkeiten für Variationen offenstehen, falls sich ein Artikel abheben, aber nicht gänzlich »aus dem Rahmen« fallen soll. Häufig ist ein Magazin in Rubriken aufgeteilt, die sich wie Geschwister voneinander unterscheiden, aber auf den gleichen übergeordneten Gestaltungseltern basieren. Beim Entwurf für ein Magazin oder eine regelmäßig erscheinende Zeitschrift ist es also dringend notwendig, ein Gestaltungsraster zu entwerfen und damit zu experimentieren. Handelt es sich um ein DIN-A4-Format oder eine ähnliche Größe, bietet sich die Aufteilung in zwei, drei oder vier Spalten an, abhängig von der Rubrik und dem Inhalt. Mit einem entsprechenden Raster kann dann abhängig von Rubrik und Inhalt gewechselt werden. Die Angaben und Beispiele können aber wieder nur Ideen und Anhaltspunkte sein – Magazin ist nicht gleich Magazin, und wissenschaftliche Magazine haben zum Beispiel einen völlig anderen, nämlich in erster Linie informierenden Anspruch als Zeitschriften aus dem Design- und Lifestyle-Bereich, die auch das Auge unterhalten wollen.

▶ **Kosten und Nutzen**
Grundsätzlich wirkt viel freier Raum edler und aufgeräumter als volle enge Seiten. Denken Sie an Bildmagazine oder Zeitschriften auf Hochglanzpapier, deren elegante Wirkung durch viel freien Raum entsteht. Letztendlich spielen auch ökonomische Gründe bei der Verteilung der Materialmengen und somit bei der Raumaufteilung eine Rolle.

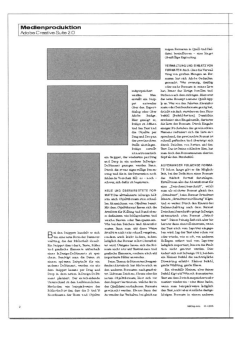

▼ Abbildung 6.46
Vermeiden Sie die Treppenbildung bei der Platzierung von Bildern.

Erinnern Sie sich an die Anzeige von Mercedes in großen Tageszeitungen, die aus nur einer Zeile Text plus Herstellername bestand? Eine solche Aufteilung beinhaltet wenig Information und viel Wirkung. Und dies ist ein Luxus, den sich nicht viele Firmen leisten. Zudem ist es natürlich auch eine Frage des Image – eine solche Kampagne von Aldi würde sicherlich komische Gefühle beim Betrachter wecken. Die Frage nach bedrucktem und unbedrucktem Raum ist also immer auch eine ökonomische und eine Frage der gewünschten Wirkung.

▶ **Raster bei Broschüren, Flyern und Ähnlichem**
Einmalig oder zumindest nicht regelmäßig erscheinende Broschüren unterliegen anderen Gesetzen. Hier zählen weniger die Kosten-Nutzen-Berechnung oder die praktischen Argumente, Daten jede Woche oder jeden Monat zu veröffentlichen wie bei einem Magazin – hier geht es in erster Linie darum, die Aufmerksamkeit des Lesers zu gewinnen. Erst danach folgt die Aufgabe, die Informationen unterzubringen. Trotzdem oder gerade wegen des Mehr an Möglichkeiten hilft hier ein Gestaltungsraster, der Kreativität freien Lauf zu lassen.
Etwas anders verhält es sich, wenn das Produkt innerhalb einer ganzen Produktlinie erscheint. Möchte der Auftraggeber beispielsweise Visitenkarten, Briefbögen und Broschüren entwickeln lassen, muss der rote Faden, der durch alle Drucksachen verläuft, auch für alle Formate und Zwecke geeignet sein. Dies betrifft Schrift und Farben genauso wie Raumaufteilung und Lesbarkeit.

▶ **Aufteilung einmal anders**
Wer die Regeln des klassischen Layouts verinnerlicht hat, kann sie auch stilvoll durchbrechen. Ein schönes Beispiel für Chaos ist im Magazin Typomag zu sehen. Alle Ermahnungen und Tipps der vorangegangenen Seiten sind gekonnt ignoriert – was herauskommt, ist eine typografische Augenweide. Das Durchbrechen der Regeln ist eine hohe Kunst – und setzt voraus, dass man die Regeln, die man durchbricht, kennt und mit ihnen vertraut ist.

Beispiele
Im Folgenden sehen Sie verschiedene Layouts einiger Fachmagazine: vom typischen Dreispalter im DIN-A4-Format bei der Zeitschrift MACup über die Heidelberger Nachrichten bis hin zum eher untypischen, aber typografisch sehr spannenden Aufbau der Zeitschrift Typomag.

6.11 Regeln und Beispiele

◀ ▼ **Abbildung 6.47**
Die Zeitschrift MACup ist als klassisches, dreispaltiges Layout mit Marginalspalte angelegt. Durch die Marginalspalte lassen sich Bildunterschriften problemlos außerhalb des Satzspiegels platzieren. Bei den Bildgrößen kann auch variiert werden. Sie müssen nicht immer – wie unten zu sehen – eine halbe oder eine ganze Spaltenbreite aufweisen.

Abbildung 6.48 ▲ ▶
Die Zeitschrift Heidelberger Nachrichten wechselt zwischen einem zwei- und einem dreispaltigen Layout. Beide Varianten sind gut gelöst und wirken übersichtlich und klar.

6.11 Regeln und Beispiele

◀▼ **Abbildung 6.49**
Das Layout der Zeitschrift »Typo« (*www.magtypo.cz*) ist weniger klassisch und sehr gelungen. Ein Raster hilft bei der Aufteilung.

7 Die Gesamtkomposition

Die einzelnen Gestaltungselemente bilden das Gesamtwerk

Sie werden lernen:
- Mit welchen Werten beginnt der Aufbau eines Druckwerks?
- Was ist bei der Bildplatzierung zu beachten?
- Wie werden die Textelemente dazu kombiniert?
- Wie lassen sich schmückende Elemente kombinieren?
- Wie können Anzeigen durch wenige Änderungen verbessert werden?

7 Die Gesamtkomposition

So wie sich die optische Erscheinung eines Wortes aus allen beteiligten Buchstaben zusammensetzt, entsteht ein Druckwerk aus allen beteiligten Gestaltungselementen. Wir kombinieren Textbausteine wie die Überschrift oder den Grundtext zusammen mit Bildern, mit Formen und Flächen, eventuell mit Linien und Farben. Durch das Zusammenspiel finden sich Formen und Kanten, leere und bedruckte Flächen, und dadurch entstehen Kontrast und Rhythmus.

7.1 Vorbereitung

Einstellungen von InDesign
In den folgenden Beispielen sind Bilder und Einstellungen von Adobe InDesign CS3 zu sehen.

Aufbau eines Layouts am Beispiel eines Magazins
Anhand eines Magazins wollen wir beispielhaft die einzelnen Gestaltungselemente zusammensetzen. Dabei geht es nicht darum, die einzelnen Schriften oder Auszeichnungen zu betrachten, sondern ich möchte auf bereits bekannte, aber auch neue Regeln und Tipps verweisen, den Blick für wichtige Kleinigkeiten schärfen und aufzeigen, wie man sich an eine gelungene Gesamtkomposition herantastet.

Dokument anlegen
Die Papiergröße des Magazins ist DIN A4, der Satzspiegel beträgt 170 × 255 Millimeter. Der Grundtext läuft in drei Spalten. Legen Sie

Abbildung 7.1 ▼
Das Anlegen des neuen Dokuments mit der Dialogbox von Adobe InDesign CS3.

das Dokument nach den Vorgaben in Abbildung 7.1 an. Wir gestalten einen zweiseitigen Artikel, der über eine Doppelseite läuft. Wir haben eine vorgegebene Anzahl von Bildern. Deswegen und weil es sich um zwei nebeneinander liegende Seiten handelt, empfiehlt es sich, zuerst die Bilder und dann den Text zu platzieren.

Gestaltungsraster
Als Layouthilfe sollten wir uns ein Gestaltungsraster erstellen. Dazu unterteilen wir die vertikalen Textspalten, die bereits durch das Einblenden unserer Hilfslinien sichtbar sind, in zwei Hälften, getrennt durch einen Zwischenraum. Der Zwischenraum weist die gleiche Größe auf wie der Spaltenzwischenraum, im Beispiel 6 Millimeter. Eine horizontale Unterteilung ist ebenfalls möglich, muss aber in diesem Fall nicht sein. Entscheiden Sie selbst, ob Sie noch horizontale Hilfslinien platzieren.

7.2 Bildplatzierung

Für unser Layout erhalten wir relativ viel Bild- und eher wenig Textmaterial – ein Grund mehr, zuerst die Bilder zu platzieren. Hier gibt es wie in Abschnitt 6.6 aufgezeigt, diverse Möglichkeiten. Achten

◀ Abbildung 7.2
Das Gestaltungsraster hilft uns bei der Platzierung der Objekte.

Sie darauf, dem Auge Linien und Achsen zu bieten, indem Sie die Bilder nicht völlig verstreut platzieren. Zudem würde dies den Lesefluss stören. Alle Bilder in einer Ecke zu sammeln ist auch nicht schön, da dies zu schwer wirkt. Beachten Sie auch, dass die Bilder nicht alle unten liegen, da die Seite dann ebenfalls zu schwer wird.

Der Abstand zwischen den Bildern muss nicht unbedingt dem Spaltenabstand gleichen. In unserem Fall ist der Spaltenabstand mit 6 Millimetern relativ groß gewählt; den Abstand zwischen den Bildern können wir getrost auf 3 oder 5 Millimeter setzen. Wichtig dabei ist, dass der Abstand überall identisch ist.

Bildunterschriften

Im nächsten Schritt platzieren wir die Bildunterschriften. Achten Sie auch hier darauf, dass die Abstände, die Sie verwenden, bei allen Bildern und dazugehörigen Unterschriften identisch sind, beispielsweise eine Leerzeile.

Als Schrift kann ein kursiver Schnitt verwendet werden, die Schriftgröße ist in der Regel etwas kleiner als die des Grundtextes. In unserem Fall verwenden wir eine Schriftgröße von 7 Punkt mit einem Zeilenabstand von 9,5 Punkt.

Bild und Grundtext
Wenn der Grundtext platziert ist, sollte man auf den korrekten Abschluss bei Bild und Schrift achten. Die Bildunterkante schließt in der Regel mit der Schriftlinie ab, die Bildoberkante mit der Oberlänge der Schrift.

Abbildung 7.3 ▶
Platzieren Sie die Bildunterschrift so, dass sie mit der oberen oder unteren Bildkante bündig abschließt.

◀ *Der Bleikegel*
Aus verschiedenen Gründen ist dieser Kegel größer als der erhabene Buchstabe.

▼ *Der Setzkasten*
Ein Setzkasten, der ausschließlich Ligaturen beinhaltet. Hier gilt es, den Überblick zu bewahren.

7.3 Text

Wir arbeiten mit einer Überschrift, mit einem Vorspann, dem Grundtext und den Zwischenüberschriften. Damit das Auszeichnen leichter fällt, sollten Sie in jedem Fall mit Stilvorlagen in QuarkXPress beziehungsweise mit Formaten in InDesign arbeiten. Dabei handelt es sich um Sammlungen von Textattributen, die zusammengefasst unter einem Namen gespeichert werden können und die Sie dann nur noch per Mausklick oder per Tastaturkürzel zuweisen müssen. Auch Änderungen gehen somit sehr viel schneller von der Hand.

Achten Sie darauf, dass Sie den Grundtext am Grundlinienraster ausgerichtet haben und das Raster entsprechend dem Zeilenabstand des Grundlinienrasters eingestellt ist.

Registerhaltiger Text
Mehr zum Grundlinienraster erfahren Sie in Abschnitt 6.7, »Registerhaltigkeit«.

Headline

Die Headline kann über den gesamten Artikel oder auch nur über zwei Spalten laufen. Wir wählen eine Schrift, die der Grundschrift ähnelt, eventuell sogar die gleiche Schrift, die sich nur aufgrund des Schriftgrößenunterschieds vom Grundtext abhebt. Achten Sie bei der Platzierung der Headline darauf, dass der erste Buchstabe mit der linken Kante des Satzspiegels bündig ist. Dies ist nicht automatisch so, da große Schriftzeichen auch eine verhältnismäßig große Vor- und Nachbreite mitbringen. Platziert man also den Textrahmen für die Überschrift bündig mit dem Satzspiegel und dem Textrahmen für den Grundtext, kann es passieren, dass die Überschrift durch die Vorbreite leicht nach rechts verrückt steht. In diesem Fall verschieben wir den Textrahmen einfach um den entsprechenden Wert nach links.

▼ **Abbildung 7.4**
Achten Sie bei der Platzierung von großen Schriftgrößen auf die linke Kante. Schieben Sie eventuell den Textrahmen weiter nach links, damit der erste Buchstabe bündig ist.

Vorspann

Der Vorspann läuft ebenfalls über drei Spalten. Achten Sie darauf, dass der Raum zwischen der Überschrift und dem Vorspann etwas größer ist als der Raum zwischen dem Vorspann und dem Grundtext. Als Anhaltspunkt können Sie eine halbe Leerzeile des Vorspanns unter und eine ganze Leerzeile über dem Vorspann verwenden.

Die Größe sollte sich deutlich vom Grundtext abheben. Beträgt beispielsweise die Schriftgröße des Grundtextes 9 Punkt, wählt man häufig eine Vorspanngröße von 14 Punkt oder größer. Oft wirkt ein relativ großer Zeilenabstand eleganter – in unserem Fall wählen wir 14 Punkt Schriftgröße und 24 Punkt Zeilenabstand.

Abbildung 7.5 ▼
Der Vorspann sollte in der Regel optisch näher am Grundtext stehen als an der Überschrift. Der Grundtext ist noch nicht bearbeitet, Zwischenüberschriften sind noch nicht ausgezeichnet.

Bleiläuse

Wir fangen mit dem kleinsten gemeinsamen Nenner in der Typografie an: Dem Zeichen. In diesem Artikel dreht sich alles um den Buchstaben und die verschiedenen Bezeichnungen, um seine Merkmale und um seine Form.

Als Kegel wird im Bleisatz der Metallkörper bezeichnet, der das Zeichen trägt. Die Kegelgröße wird im DTP-Satz als Schriftgrad, Schriftgröße oder Buchstabengröße bezeichnet. Dabei misst man die Versalhöhe plus Unterlänge plus einem Zuschlag.

◄ *Der Bleikegel*
Aus verschiedenen Gründen ist dieser Kegel grö-

Doch warum ist meine Schrift, wenn ich sie auf dem Ausdruck messe, in der Regel kleiner als die Schriftgröße, die ich im Programm eingebe? Und warum sind Schriften – bereits am Bildschirm – unterschiedlich groß, auch wenn sie mit der gleichen Schriftgröße ausgezeichnet werden? Um hinter diese Logik zu kommen versetzen wir uns für einen kurzen Moment in die Zeit des Bleisatzes.
Bleisatz in wenigen Worten
Der Bleibuchstabe, die Letter, besteht aus einer Metalllegierung aus Blei. Die Lettern weisen alle die gleiche »Schrifthöhe« auf. Der Fuß ist rechteckig oder quadratisch, auf der anderen Seite ist das erhabene spiegelver-

kehrte Bild des Buchstabens. Die Lettern werden nebeneinander aufgereiht, in eine Druckform gebracht, mit Farbe bestrichen und auf das Papier gepresst.

Aus verschiedenen Gründen ist dieser Kegel größer als der erhabene Buchstabe, das heißt der Buchstabe reicht nicht bis an den Rand des Kegels, sondern ist etwas kleiner. Der Raum um den Buchstaben herum wird als Fleisch bezeichnet. Nun wirken im Druck besondere Kräfte auf den Kegel und auf den erhabenen Buchstaben. Ein Buchstabe auf einem 12-Punkt-Kegel wurde im Bleisatz nicht bis ganz an den Rand gegossen, sondern musste rund herum noch Raum aufweisen, um dem Bleikegel Festigkeit zu verleihen. Besonders bei Schriften mit feinen, geschwungenen

Üblicherweise ist der Vorspann linksbündig oder rechtsbündig ausgerichtet, so auch in unserem Beispiel. Spätestens dann, wenn es sich um ein paar wenige Zeilen Text handelt, sollten wir auf einen schönen Zeilenfall achten. Solange man mit Flattersatz arbeitet, sollte man Trennungen sowie unschöne Zeilenenden wie einen stufenförmigen Zeilenfall verhindern. In der Praxis erzwingt man den Zeilenfall einfach manuell mit einer Zeilenschaltung.

Grundtext
Der Grundtext läuft in die drei Spalten, um die Bilder herum, und wird nach korrekten Einstellungen im jeweiligen Programm am Grundlinienraster ausgerichtet.

Achten Sie zunächst auf den Abstand zwischen Vorspann und Grundtext. Wählen Sie ihn nicht zu groß, damit das Layout nicht auseinanderfällt – wählen Sie ihn aber auch nicht zu klein, damit der Vorspann nicht eingeklemmt wirkt.

Wir lassen den Grundtext zunächst in die Spalten einlaufen und zeichnen ihn aus. So machen wir uns ein Bild davon, wie wir mit der Textmenge hinkommen. Variieren Sie eventuell die Schriftgröße oder den Zeilenabstand, um Untersatz zu füllen beziehungsweise Übersatz zu beseitigen. Natürlich kann letztendlich auch an der Bildgröße beziehungsweise -platzierung nachgearbeitet werden, wenn die Textmenge nicht unterzubringen ist.

Das Feintuning des Grundtextes sollte erst gegen Ende vorgenommen werden. Begegnen Ihnen beim Feintuning des Grundtextes Hurenkinder und Schusterjungen, versuchen Sie, über die Schummeln-Variante Zeilen zu gewinnen beziehungsweise loszuwerden. Vielleicht kann auch der zuständige Redakteur in den Text eingreifen und ihn längen oder kürzen.

Größe der Zwischenüberschrift
Die Schriftgröße der Zwischenüberschriften beträgt zwei Punkt mehr als die des Grundtextes. Somit ist auch der Zeilenabstand entsprechend größer, und die Zwischenüberschrift kann nicht mehr am Grundlinienraster ausgerichtet werden.

Dieser Schriftgrößenunterschied ist kein Muss: Grundsätzlich kann die Größe der Zwischenüberschrift auch mit der Größe des Grundtextes identisch sein, was die Ausrichtung und Platzierung erleichtert – wir wollen uns allerdings die etwas schwierigere Variante vornehmen.

Ausrichtung der Zwischenüberschrift

Grundsätzlich gilt, dass der Abstand zwischen Grundtext und folgender Zwischenüberschrift größer sein soll als der Abstand zwischen Zwischenüberschrift und dem anschließenden Grundtext. Dies hat einen einfachen und logischen Grund: Die Zwischenüberschrift kündigt den folgenden Text an und sollte somit auch optisch zu ihm gehören.

Häufig sieht man in Zeitschriften, dass der Abstand vor und nach der Zwischenüberschrift identisch ist, beispielsweise eine Leerzeile beträgt – eine reine Bequemlichkeit, die nicht unbedingt optimal ist. Mit entsprechend ausgeknobelten Stilvorlagen beziehungsweise Formaten in den Layoutprogrammen sollte es auch kein Problem sein, die Räume unterschiedlich groß zu halten, und im Optimalfall ist man auch auf ein-, zwei- und dreizeilige Zwischenüberschriften vorbereitet.

Die Platzfrage

Zunächst müssen wir die Frage klären, wie viel Platz zur Verfügung steht. Haben Sie relativ viel Spielraum, könnte man eine Variante von 1,5 Leerzeilen über und einer halben Leerzeile unter der Zwischenüberschrift verwenden. Auch zwei Leerzeilen davor und eine Leerzeile danach sind möglich, größere Räume sollten aber vermieden werden, da sonst optische Löcher entstehen und das Layout auseinanderfällt.

Abbildung 7.6 ▶
Eine Variante der Zwischenüberschrift: Der Raum darüber beträgt eine Leerzeile, ein freier Raum darunter fällt ganz weg. Diese Variante ist absolut in Ordnung und vereinfacht die Arbeit bei der Registerhaltigkeit.

Berechnung der Abstände bei der Zwischenüberschrift

Da wir nun aber in der Zwischenüberschrift eine andere Zeilenschaltung haben als beim Grundtext, müssen wir ein bisschen rechnen, schieben und gegebenenfalls auch schummeln. Der Grundtext beträgt 9/12, die Zwischenüberschrift beträgt 11/14 Punkt. Somit entspricht die Schrittweite des Rasters, an das wir zwar die Zwischenüberschrift nicht ausrichten, in das wir uns aber nach der Zwischenüberschrift wieder einfinden müssen, 12 Punkt.

Bei der ersten Variante von 1,5 und 0,5 Leerzeilen ergibt das folgende Möglichkeit: Wir haben insgesamt zwei Leerzeilen, also 24 Punkt Luft zur Verfügung. Bei einer einzeiligen Zwischenüberschrift mit einem Zeilenabstand von 14 Punkt macht das insgesamt 38 Punkt – theoretisch. Da wir uns aber in einem Zwölfer-Raster bewegen und der Grundtext vor und nach der Zwischenüberschrift auch an diesem ausgerichtet ist, haben wir nicht 38 Punkt, sondern das nächstgrößere Vielfache der Zahl 12, nämlich 48 Punkt zur Verfügung. Innerhalb dieser 48 Punkt soll also eine Zeile platziert werden, und zwar so, dass sie nach unten weniger Raum hat als nach oben. Wenn wir jetzt noch bedenken, dass die Platzierung über die Grundlinie der Schrift vorgenommen wird und sich die Zeichen nach oben aufbauen, kommt ein Zeilenabstand von etwa 30 Punkt nach dem Grundtext in Frage – der folgende Abstand zwischen Zwischenüberschrift und Grundtext beträgt dann 18 Punkt, also sechs Punkt (und somit eine halbe Leerzeile) mehr als der »normale« Zeilenabstand.

9/12 – Zur Erinnerung:
Die Schreibweise 9/12 bedeutet, dass die Schriftgröße 9 Punkt, der Zeilenabstand 12 Punkt beträgt.

◀ **Abbildung 7.7**
Bei einer einzeiligen Zwischenüberschrift beträgt bei dieser Aufteilung der zu vergebende Raum 48 Punkt. Achtung, die Zeichnung ist nicht maßstabsgerecht.

Zweizeilige Zwischenüberschrift

Bei einer zweizeiligen Zwischenüberschrift sehen die Räume etwas anders aus, da wir uns mit dem Zeilenabstand der Zwischenüberschrift (14 Punkt) nicht im Raster bewegen. Die Räume über und unter der Zwischenüberschrift lassen sich logischerweise nicht exakt identisch aufteilen wie bei einer einzeiligen Überschrift. Warum nicht? Wir rechnen kurz zusammen: Wir haben wieder unsere 24 Punkt Luft plus diesmal zweimal 14 Punkt Zeilenabstand, macht 52 Punkt. Das nächstgrößere Vielfache von 12 ist 60, ergo haben wir 60 Punkt Raum. 28 Punkt werden schon von den beiden Zeilen der Zwischenüberschrift eingenommen, bleiben 32 Punkt. Wenn wir uns an der Raumverteilung des Einzeilers orientieren, ziehen wir noch einmal 6 Punkt für den Raum nach der Zwischenüberschrift ab, bleiben 26 Punkt für den Raum vor der Zwischenüberschrift. Das sind 4 Punkt weniger als bei der einzeiligen Zwischenüberschrift – ein Rechenbeispiel, das aufzeigen soll, wie Räume wechseln können, wenn wir es mit ein- und mehrzeiligen Zwischenüberschriften zu tun haben, die nicht im Raster laufen.

Je größer ein Abstand ist, desto weniger fällt es auf, wenn die Größe sich leicht ändert. Es ist also besser, die 4 Punkt mehr oder weniger in dem großen Raum über der Zwischenüberschrift als in dem kleinen Raum unter der Zwischenüberschrift zu variieren.

Tipp: Falls der Grundtext mit einem Einzug erste Zeile versehen ist, wird dieser Einzug direkt nach der Zwischenüberschrift grundsätzlich ignoriert.

Abbildung 7.8 ▶
Bei einer zweizeiligen Zwischenüberschrift haben wir insgesamt 60 Punkt Freiraum, den wir aufteilen müssen. Achtung, die Zeichnung ist nicht maßstabsgerecht.

Stolperfallen

Am fertigen Layout wollen wir noch einmal die beliebtesten Stolperfallen aufzeigen:

1. Abstände zwischen Head, Vorspann und Grundtext: Halten Sie die Abstände entweder gleich groß, oder lassen Sie zwischen Head und Vorspann mehr Freiraum ❶.
2. Abstände zwischen den Bildern sowie zwischen dem Bild und der Bildunterschrift: Hier sollte man auf gleichmäßige Freiräume achten ❷.
3. Abstände über und unter der Zwischenüberschrift: Der Abstand über der Zwischenüberschrift sollte in jedem Fall größer sein als der Abstand danach, da die Zwischenüberschrift inhaltlich zum folgenden Grundtext gehört ❸.
4. Achsen finden: Immer wieder gilt es, Achsen und Linien zu finden. Hier schließen die beiden Oberkanten der Bilder ❹ auf einer Linie ab.

▼ Abbildung 7.9
Das fertige Layout. Im Bild sind noch einmal die klassischen Stolperfallen markiert.

7.4 Variationen und Wiedererkennung

Variationen

Das eben erstellte Layout ist gut, aber gleichzeitig auch klassisch, vielleicht ein bisschen brav. Wir haben uns an alle Layoutregeln gehalten und die Stolperfallen gemeistert. Wie könnte jetzt aber eine Alternative aussehen, die ein bisschen ungewöhnlicher layoutet werden soll? Betrachten Sie das unten stehende Beispiel.

Einige unserer Layoutregeln sind hier bewusst ignoriert worden, und trotzdem sehen wir ein schlüssiges, freundliches Layout. Speziell bei der Bildplatzierung haben wir die Regeln nicht beachtet. Wir finden keine Linie oder Achse bei den Bildern untereinander, und zwischen den Bildern und den Textspalten sind ebenfalls keine Achsen zu entdecken. Trotzdem wirkt das Layout weder chaotisch noch zufällig, sondern durchaus aufgeräumt.

Abbildung 7.10 ▼
Eine Variante des eben erstellten Layouts. Speziell bei der Bildanordnung ist gegen die üblichen Regeln verstoßen worden – das Ergebnis wirkt trotzdem übersichtlich und aufgeräumt.

Ergo: Solange wir uns über das Ignorieren der Regeln im Klaren sind und wir ganz bewusst ohne Achsen arbeiten, können wir ebenfalls gute Layouts produzieren.

Wiedererkennung

Der Wiedererkennungswert spielt eine wichtige Rolle in der Welt der Marken und Werbung. Während die Wiedererkennung beispielsweise bei der Fernsehwerbung auch über das Ohr stattfindet, ist die Erkennung von Marken bei Printprodukten auf die Augen beschränkt, spielt aber trotzdem eine ähnlich wichtige Rolle.

Doch nicht nur in der Produktwerbung, sondern auch im wissenschaftlichen Bereich wie beispielsweise bei einer Fachzeitschrift sollte man die Wirkung und Vorteile der Wiedererkennung nicht unterschätzen. Leser, die »ihr« monatlich erscheinendes Magazin lesen, möchten mit dem Layout und mit dem gesamten Erscheinungsbild vertraut sein. Nur dann können sie sich einen Überblick verschaffen und schnell die für sie interessanten Artikel finden. So prägen sich beispielsweise farbige Kästen mit Zusatz-Infos schnell beim Leser ein, und schon nach kürzester Zeit springt das Auge des Lesers automatisch an die richtige Stelle.

Die Rolle der Wiedererkennung sollte also bei sämtlichen Druckerzeugnissen, die mehr als einmal erscheinen, nicht unterschätzt werden. Bei den Elementen, die bei der Wiedererkennung unterstützen, kann es sich um Logos, Linien, bestimmte Farben und Formen, aber auch um die typografische Aufbereitung wie die Verwendung derselben Schriften und Schriftgrößen oder den Satzspiegel handeln, wodurch die Bedeutung des Gestaltungsrasters eine noch wichtigere Rolle erhält.

▼ **Abbildung 7.11**
Die Zeitschrift ix verwendet immer die gleiche Typo sowie den gleichen Hintergrund für die Wissenskästen. Somit erkennt der Leser auf einen Blick die grau hinterlegten Felder als Quelle für stichpunktartige Informationen zum Artikel.

7.5 Schmückende Elemente

Wir kommen nun zu weiteren Gestaltungselementen und verlassen dabei unser strenges Magazinlayout. Anhand einiger typischer Elemente möchte ich Möglichkeiten aufzeigen, wie die Gestaltung von Drucksachen verbessert, ausgeweitet und ergänzt werden kann und worauf es bei den Gestaltungselementen zu achten gilt.

Zitate

Einen Satz oder einen Teil eines Satzes als Zitat optisch hervorzuheben ist ein beliebtes Gestaltungsmittel und verhindert Bleiwüsten. Die Zitate können mit einem Rand versehen, auf eine Fläche positioniert oder auch ganz ohne Rand und Fläche gesetzt werden. Häufig empfiehlt es sich, zwei oder mehr Zeilen zu verwenden – eine einzelne Zeile wirkt sonst leicht verloren.

Achten Sie bei der Platzierung wieder auf eventuell bereits vorhandene Linien und Kanten, die bereits durch Bilder oder andere Gestaltungselemente entstanden sind. Haben sie solche Linien gefunden, sollten Sie das Zitat in die Linienstruktur mit aufnehmen.

Die An- und Abführungszeichen können in diesem Fall auch größer sein als die Schriftgröße oder eine andere Farbe aufweisen und somit als schmückendes Element verwendet werden.

Abbildung 7.12 ▼
Zitate können nicht nur informativ sein, sondern auch als Gestaltungselement dienen und die Seite auflockern.

Kontrast und Farben

Kontraste sind zunächst einmal Grundvoraussetzung, um überhaupt Text lesen zu können. Kontrast entsteht durch bedruckte und unbedruckte Bereiche auf der Seite. Der Text ist natürlich nur sichtbar, wenn zwischen der Farbe der Zeichen und der Hintergrundfarbe genügend Kontrast vorhanden ist. Je stärker der Kontrast, desto weniger Mühe hat das Auge, den Text zu erfassen. Deswegen ist schwarzer Text auf weißem oder sehr hellem Papier immer noch die beste Wahl, wenn das Auge möglichst nicht ermüden soll. Je geringer der Kontrast, desto schwieriger ist es für das Auge, den Buchstaben und dessen Form ausfindig zu machen. Dunkelgrauer Text auf hellgrauem Papier ist somit eine für das Auge schwierige Kombination. Aber auch Farben, die einen ähnlichen Helligkeitswert wie Hellgrün und Hellblau aufweisen, sollte man nicht als Hintergrund- und Zeichenfarbe kombinieren.

Das Thema Farben spielt besonders im Webdesign eine wichtige Rolle. Während im Druckbereich eine zweite, dritte oder vierte Farbe jedes Mal erneut Kosten verursacht und gut überlegt sein muss, greift man beim Webdesign schnell in den kostenlosen Malkasten. Ob das mehr Vorteile oder mehr Nachteile mit sich bringt, sei dahingestellt. Jedenfalls sollte man sich der Wirkung von Farben und Kontrast in jedem Fall bewusst sein und sie auch bewusst einsetzen.

▼ Abbildung 7.13
Der Kontrast ist nicht nur Voraussetzung, um Text zu erkennen, sondern kann – je nach Einsatz und Aussehen – die Aufmerksamkeit erhöhen oder Aussagen unterstreichen.

7 Die Gesamtkomposition

Jede Farbe und jeder Farbton haben eine eigene Wirkung. Entsprechend können Farben ganz bewusst als Gestaltungsmittel eingesetzt werden und die Wirkung unterstreichen beziehungsweise erhöhen. Doch auch mit dem Element Kontrast kann man eine Menge erreichen und Effekte erzielen. Der Kontrast kann abgesehen von seiner Notwendigkeit, Text erkennbar zu machen, gezielt als Gestaltungsmittel eingesetzt werden, und zwar innerhalb von Zeichen, von Zeilen, von Absätzen oder der gesamten Seite.

So wirkt eine leere Fläche als Kontrast zu einer gefüllten Fläche auf der Seite. Groß wirkt gegen klein, hell gegen dunkel. Horizontal gegen vertikal, eng gegen breit, schief gegen gerade. Verbindet man diese Adjektive mit Elementen im Layout wie zum Beispiel mit Text oder Flächen, mit Linien oder Formen, erzeugt man einen Kontrast und bringt somit Spannung in das Werk.

Sieben Prinzipien des typografischen Kontrasts
Carl Dair, ein kanadischer Typograf, der in den 1950ern und 60ern aktiv war, hat sich ausgiebig mit dem Thema Kontrast und seiner Wirkung auseinandergesetzt. Er hat sieben Arten des Kontrasts definiert.

Kontrast durch **Schriftschnitte**

Kontrast DURCH FORM

Kontrast durch Struktur

1. die Schriftgröße als eine einfache, aber dramatische Kontrastmöglichkeit
2. der Schriftschnitt; fett und leicht
3. die Buchstabenform; Groß- und Kleinbuchstaben; normal und kursiv; schmal und breit
4. die Struktur; verschiedene Buchstabenformen wie kursiv und black
5. die Beschaffenheit; eine Kombination aus den oben genannten Eigenschaften ergibt das Gesamtbild
6. die Schriftfarbe
7. die Textausrichtung; Zeilen können horizontal, vertikal oder schräg verlaufen

Zudem führt Dair noch weitere Formen des Kontrasts auf. So kann beispielsweise Kontrast durch Isolation entstehen, indem eine Zeile isoliert vom gesamten Text an anderer Stelle steht. Das Papier sowie das Druckverfahren wie zum Beispiel auch eine Prägung beeinflussen ebenfalls den Kontrast. Auch die verwendeten Druckfarben, deren Erscheinung von glänzend bis matt möglich ist, nehmen Einfluss, und schlussendlich verursachen auch Abbildungen Kontraste.

Kontrast **durch Farbe**

7 Die Gesamtkomposition

Ich sehe diese hilfreiche Liste nicht unbedingt unter dem Motto »Kontrast«, sondern eher unter dem Motto »Alle Dinge, die man bei der Gestaltung eines Druckerzeugnisses bedenken muss, da sie auf den Leser wirken und Gefühle hervorrufen« und versuche, sie bei jeder Gestaltung stets vor Augen zu haben.

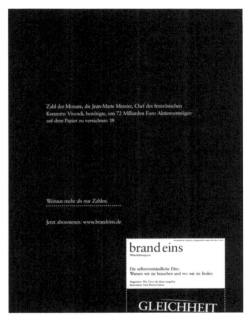

Abbildung 7.14 ▲
Eine Anzeige des Magazins brand eins. Hier wird mit wenig Text, mit viel Fläche und in erster Linie mit dem Kontrast gearbeitet – und es wirkt.

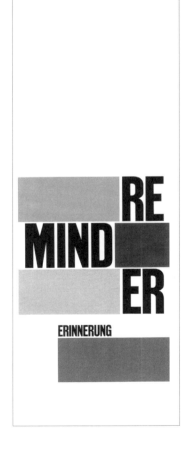

Abbildung 7.15 ▶
Auch Linien und Flächen zählen zu den schmückenden Elementen. Hier im Beispiel ein Flyer, in dem Text und Flächen gelungen kombiniert wurden.

7.6 Kleine Änderung, große Wirkung

Anhand einiger realer Anzeigen möchte ich aufzeigen, welche Regeln man missachten kann und wie sich Fehler ausbügeln lassen.

Die Anzeige, erster Teil
Betrachten wir zunächst die Originalanzeige eines Teppichgeschäfts. Eines ist auf den ersten Blick klar: Hier wurde jeder Millimeter genutzt, denn Platz kostet Geld. Den daraus entstehenden Umstand, dass wir in jedem Fall sehr gedrängt arbeiten müssen, können wir also leider nicht umgehen.

Trotzdem ist nicht die Enge das Hauptproblem. Welche Fehler sind also besonders auffällig? Das Problem liegt bei den Schriften.
1 Der Layouter hat allein vier verschiedene Schrifttypen verwendet, von denen einige auch noch gezogen und gequetscht wurden.
2 Auch mit verschiedenen Schriftgrößen hat er nicht gespart. Durch diese beiden Faktoren wirkt die Anzeige unruhig und vor allem sehr unübersichtlich.

▼ Abbildung 7.16
Links das Original, rechts die Korrektur. Lediglich Schriftgrößen und Schriftarten wurden in ihrer Anzahl beschränkt, Textverzerrungen völlig vermieden.

In der verbesserten Variante rechts wurde weder am Stand noch am Raster oder an den Flächen etwas verändert, lediglich die verschiedenen Schriftarten und -größen wurden verändert beziehungsweise reduziert. Als einzige Schrift wird nun die Univers verwendet, und von ihr kommen lediglich die Condensed und die Bold Condensed zum Einsatz. Die Schriftgrößen wurden auf zwei beschränkt.

Auch wenn das Ergebnis durch die vorgegebenen Eckdaten wie der Textmenge nicht als typografisches Vorzeigewerk bezeichnet werden kann, wirkt sie nun doch übersichtlicher und professioneller.

Die Anzeige, zweiter Teil

Als zweites Beispiel nehmen wir eine Anzeige eines Bücher- und CD-Ladens. Hier ist so ziemlich alles schief gegangen, was möglich ist. Zwar wurden weder Schriften modifiziert noch zu viele verschiedene verwendet, aber das ist auch das Einzige, was positiv auffällt. Insgesamt ist diese Anzeige völlig untauglich.

1. Auf den ersten Blick ist kaum zu sehen, um welches Produkt es geht und um welche Firma es sich handelt beziehungsweise was die Firma eigentlich verkaufen will.
2. Die Sperrungen sind völlig überflüssig.
3. Die treppenartige Textaufteilung ist ungeeignet; abgesehen davon führt die Treppe hinab »in den Keller«.
4. Die Telefonnummern sind unübersichtlich gegliedert, die E-Mail-Adresse zeigt vor und nach dem @-Zeichen einen Leerraum.
5. Die ersten Worte der letzten Zeile laufen zu eng.

In der korrigierten Version sieht man auf den ersten Bick, um was es in der Anzeige geht. Unwichtiges ist kleiner gehalten, der Hauptdarsteller verdient eine große Schriftgröße. Es gibt zwei linke Satzkanten und keine unnützen Dingbats-Pfeile.

Abbildung 7.17 ▲ ▶
Oben das Original, rechts die verbesserte Version. Durch die Beschränkung auf zwei Achsen und deutlichere Betonungen wird die Anzeige übersichtlicher.

Die Anzeige, dritter Teil

In unserem dritten Fall ist ebenfalls eine Menge falsch gemacht worden. Sehr unangenehm fällt die Unübersichtlichkeit auf – man weiß nicht, was »Romiosini« ist. Aber abgesehen vom nicht sehr aufschlussreichen Text sind noch diverse andere Fehler gemacht worden.

1. Wie gerade gesagt, die Anzeige ist unübersichtlich, was am Text, aber auch an der mangelhaften Aufteilung liegt.
2. Die Schrift ist aufgrund des Platzmangels stark verzerrt. Besonders unangenehm ist dies bei den Filialen in Versalien. Die Schriftmischung in der ersten Zeile ist unschön.
3. Durch das Negativstellen der schmalen, verzerrten Schrift und die engen Zeilen wird der Text unleserlich.

In der veränderten Version sind Textmenge und Format gleich geblieben. Stattdessen wurde die Schriftgröße leicht verkleinert und die Negativfläche entfernt. Sofort wirkt die Anzeige luftiger und nicht mehr so gedrungen, wodurch sie auch übersichtlicher wird.

▼ Abbildung 7.18
Oben das Original, unten die verbesserte Variante. Um eine gute Alternative zu erhalten, müsste in jedem Fall auch der Text korrigiert werden.

7 Die Gesamtkomposition

Die Anzeige, vierter Teil
Bei dieser Anzeige frage ich mich mal wieder, warum die Schrift nicht einfach in Ruhe gelassen wird. Auseinandergezogen, zusammengedrückt, gesperrt, von allem ist etwas dabei. Die Anzeige wird dadurch unnötig unruhig und wirkt unprofessionell. Zudem wird eine Menge verschiedener Schriftgrößen eingesetzt, die ebenfalls Unruhe hineinbringen.

Die Anzeige, fünfter Teil
Auf der rechten Seite ist verhältnismäßig vorsichtig mit den Schriften umgegangen worden. Dafür sorgen die vielen verschiedenen Auszeichnungen für Unübersichtlichkeit.

So haben wir es hier mit drei verschiedenen Schriftfarben zu tun, was an den verschiedenen Grauabstufungen zu sehen ist. Dazu sind als Mittel zur Hervorhebung Unterstreichungen sowie fette Schnitte kombiniert worden.

Die Laufweite des ersten Absatzes ist sehr viel höher als die des zweiten Absatzes, und im dritten Absatz in der linken Spalte unten wird es so richtig eng. Einziger Trost in dieser Anzeige: Der Layouter hat die korrekten An- und Abführungszeichen verwendet!

◀ Abbildung 7.19
Die Anzeige, vierter Teil. Besonders unangenehm fällt hier die gequetschte und gezogene Schrift auf.

7.6 Kleine Änderung, große Wirkung

◀ Abbildung 7.20
Die Anzeige, fünfter Teil. Viele verschiedene Auszeichnungen und veränderte Laufweiten sind unschön.

Die Visitenkarte

Das nächste Beispiel zeigt eine typische Visitenkarte. Auch hier wollen wir zunächst die Fehler und dann eine verbesserte Version betrachten.

1. Das Erste, was ins Auge fällt, ist die schlechte Raumaufteilung. Die Räume links, oben und unten sind ungleichmäßig verteilt, und der Raum unten ist in jedem Fall zu klein. Dadurch hängt der Text nach unten und wirkt, als würde er abstürzen.
2. Das Logo wirkt deplatziert, da es weder einen räumlichen Bezug zum Schriftzug des Verlags noch zum restlichen Text hat.
3. Der Raum rechts vom Text wirkt nicht als freier Raum, sondern als Loch.
4. Der Layouter hat zu viele verschiedene Schriftgrößen verwendet. Auf einer Visitenkarte sollten zwei, maximal drei verschiedene Schriftgrößen zum Einsatz kommen. Abgesehen davon sollten der Text kleiner und die Telefonnummern unterteilt sein.
5. Die Schriftmischung lässt ebenfalls zu wünschen übrig. Die serifenlose Schrift des Verlagsnamens passt nicht besonders gut zu einer Barock-Antiqua mit solch ausgeprägten Unterschieden in den Strichstärken.
6. Im Schriftzug des Verlags ist die Unterzeile »Berlin/New York« gesperrt, damit sie die gleiche Breite wie der Verlagsname erreicht. Dies sieht man sehr häufig, und genauso häufig kann man darüber streiten, ob das eine typografisch schöne Spielart ist oder nicht. In jedem Fall ist aber ein grober Fehler unterlaufen:

Abbildung 7.21 ▼
Die Visitenkarte im Orginal. Schon auf den ersten Blick fallen viele Fehler und eine unschöne Schriftmischung auf.

Hunnenstein Verlag
B e r l i n / N e w   Y o r k

Heribert Hunnenstein
Geschäftsführer
Ludwig-Erhard-Allee 340
14563 Berlin
Telefon 030/598723
Fax 030/598724
E-Mail herhun@hunnenstein.com

Der Wortzwischenraum zwischen New und York ist größer als die Abstände vor und nach dem Schrägstrich zwischen den beiden Städten und reißt das New York unnötig auseinander.

In der korrigierten Version und im Alternativvorschlag wurden Texte und Räume völlig neu aufgeteilt. Die Abstände zur Papierkante wurden korrigiert und der Text in Name/Titel und Daten gegliedert. Durch die Umstellung des Logos wirkt der freie Raum, der nun auf der linken Seite entstanden ist, nicht mehr als Loch, sondern als angenehmer Weißraum. Die verwendeten Schriften passen besser zueinander, und der Schriftzug des Verlags wurde ebenfalls korrigiert.

◀▼ **Abbildung 7.22**
Die Visitenkarte, links die korrigierte Variante, unten ein alternativer Vorschlag.

Hunnenstein Verlag
Berlin / New York

Heribert Hunnenstein
Geschäftsführer

Ludwig-Erhard-Allee 340
14563 Berlin
Telefon: 030 / 59 87 23
Fax: 030 / 59 87 24
E-Mail: herhun@hunnenstein.com

Hunnenstein Verlag
Berlin / New York

Heribert Hunnenstein
Geschäftsführer

Ludwig-Erhard-Allee 340
14563 Berlin
Telefon: 030 / 59 87 23
Fax: 030 / 59 87 24
E-Mail: herhun@hunnenstein.com

7.7 Die schwarze Liste

Diese schwarze Liste soll auf einen Blick dabei helfen, die gröbsten und gleichzeitig beliebtesten Fehler zu vermeiden.

1. **Weiße Löcher**
   Weißraum an der falschen Stelle lockert nicht auf, sondern wirkt als optisches Loch.

2. **Zu viel Weite**
   Vermeiden Sie zu große Tabulatorsprünge, zu große Einzüge, zu große Spalten- oder Zeilenabstände. Texte fallen dadurch auseinander und verlieren ihren Zusammenhalt.

3. **Gedränge**
   Vermeiden Sie, die Seite komplett mit Elementen zu füllen. Geben Sie den Texten und Bildern Luft zum Atmen. Nur so kommen sie zur Wirkung.

4. **Ungeeigneter Spaltenabstand**
   Zu großer Spaltenabstand zerreißt den Text. Zu kleiner Spaltenabstand bewirkt, dass wir ihn übersehen und horizontal statt vertikal weiterlesen.

5. **Keine Gliederung**
   Vermeiden Sie den Einheitsbrei. Deutliche Abstände zwischen Texten gliedern das Druckerzeugnis und helfen beim Überblick.

6. **Schmückende Elemente**
   Ein Zuviel an Linien, Kästen und anderen Elementen wird unübersichtlich und lässt je nach Art des Elements die Seite steif oder überladen wirken. Auch das Rotieren von Textblöcken sollte nicht zu häufig stattfinden.

7. **Ungleichmäßige Abstände**
   Achten Sie bei wiederkehrenden Elementen auf gleichmäßige Abstände, zum Beispiel zwischen Bild und Bildunterschrift oder auch zwischen den Bildern oder den Textblöcken untereinander.

8. **Keine Linien und Achsen**
   Geben Sie dem Auge die Möglichkeit, Linien und Achsen zu finden. Ein Kreuz und Quer an Text- und anderen Elementen wird schnell unübersichtlich.

9. **Keine Treppe**
   Vermeiden Sie eine treppenförmige Aufteilung bei Objekten. Das Gleiche gilt für die Zeilen innerhalb eines Textrahmens.

10. **Verschiedene Schriftgrößen**
    Arbeiten Sie nicht mit zu vielen verschiedenen Schriftgrößen. Dies wirkt unruhig und unübersichtlich und ist zudem überflüssig. Zwei bis drei verschiedene Schriftgrößen sind völlig ausreichend.

11. **Verschiedene Schriftarten**
    Häufig reichen ein oder zwei verschiedene Schriftarten völlig aus. Verwenden Sie in einem Druckwerk maximal drei verschiedene Schriften.

12. **Falsche Schriftmischung**
    Achten Sie beim Mischen auf den Schriftcharakter. Die zu mischenden Schriften sollten sich nicht zu ähnlich sein, sollten aber einen ähnlichen Charakter aufweisen.

13. **Versalbuchstaben**
    Versaltext ist schwer lesbar und sollte nur in Ausnahmefällen verwendet werden. Für eine bessere Lesbarkeit sollte man ihn leicht sperren.

14. **Falsche Schrift bei Versalbuchstaben**
    Schreibschriften oder gebrochene Schriften sollten in keinem Fall in Versalbuchstaben gesetzt werden.

15. **Zu wenig Kontrast**
    Gliedern Sie das Druckerzeugnis, indem Sie Kontraste setzen, zum Beispiel durch verschiedene Schriftgrößen oder Zwischenüberschriften.

16. **Optische Auszeichnungen**
    Vermeiden Sie optische Auszeichnungen wie das Unterstreichen oder Sperren.

17. **Falsche Laufweiten**
    Durch zu wenig Raum zwischen den Buchstaben wird der Text unleserlich, das Gleiche gilt für zu große Abstände. Der Grauwert geht verloren.

18. **Zu lange Zeilen**
    Bei zu langen Zeilen verliert sich das Auge beim Sprung in die nächste Zeile schnell und rutscht in die falsche Zeile.

19. **Zu großer Zeilenabstand**
    Der Textblock fällt durch einen zu großen Zeilenabstand auseinander. In einer Grundschriftgröße gilt als optimaler Wert 120 Prozent.

20. **Hurenkinder und Schusterjungen**
    Vermeiden Sie einzeln stehende Zeilen am Spaltenanfang oder -ende beziehungsweise am Seitenanfang oder -ende. Mindestens zwei, besser drei Zeilen sollten immer zusammengehalten werden.

21. **Zu viele Trennungen**
    Achten Sie auf die Trennungen. Begrenzen Sie eventuell die Anzahl der hintereinander liegenden Trennungen in den Programmen auf maximal drei oder vier.

22. **Zu viele Ausrichtungen**
    Mischen Sie maximal zwei Ausrichtungsarten miteinander.

23. **Mittelachse und rechtsbündig**
    Vorsicht bei diesen beiden Ausrichtungsarten, sie lassen sich aufgrund der fehlenden linken Achse nur schwer lesen.

24. **Blocksatz bei kurzen Zeilen**
    Nicht jeder Text verlangt nach Blocksatz, und speziell bei schmalen Spalten kann ein Flattersatz sehr viel schöner wirken.

25. **Verzerren**
    Schriften sollten nur in Ausnahmefällen und dann auch nur bis maximal 20 Prozent verzerrt werden.

26. **Zu dicke Linienstärken**
    Passen Sie die Linienstärke an die Schriftart und an die Schriftgröße an. Die Standardstärke von einem Punkt ist für die meisten Einsätze zu dick.

27. **Spielereien**
    Auch wenn Corel und Co. eine Menge Effekte zu bieten haben, trägt doch das meiste davon nicht zur typografischen Aufwertung bei. Vermeiden Sie zu viele Effekte wie Schatten, Outline (konturierte Schriften), Transparenzen oder Farbverläufe. Dies gilt besonders für kleine Schriftgrade und Antiqua-Schriften.

8 Schrifttechnologien

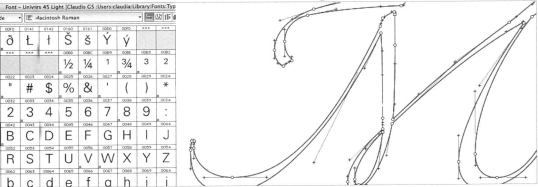

Entwicklungen im Überblick

Sie werden lernen:
► Was ist der Unterschied zwischen TrueType- und PostScript-Schriften?
► Was sind MultipleMaster-Schriften?
► Was bedeuten Unicode, ASCII und Hinting?
► Welche Rolle spielt zukünftig das Format OpenType?

In diesem Kapitel dreht sich alles um die Schriftformate. Was ist PostScript, gibt es Nachteile bei den TrueType-Schriften, und welche Rolle spielt das Hinting? Was ist das MultipleMaster-Format und was das Besondere an OpenType-Schriften? Kann ich in jedem Programm auf die zusätzlichen Zeichen einer OpenType-Schrift zugreifen?

8.1 PostScript und TrueType

PostScript

Um die Entwicklung und die Hintergründe von Schriftformaten zu verstehen, machen wir einen kurzen Ausflug in die Welt von PostScript. PostScript ist eine Programmiersprache für die Seitenausgabe, die von Adobe entwickelt wurde und das Layout der Seiten beschreibt. Mit ihr sollte eine optimale Druckausgabe ermöglicht werden. Ähnlich wie andere Programmiersprachen schreibt PostScript Code, den der Interpreter des Druckers ausführt. Somit kann PostScript auf Papierformat oder Auflösung des Ausgabegerätes Einfluss nehmen. Als geräteunabhängiges Format ist PostScript auf unterschiedlichen Hardware-Plattformen einsetzbar.

In der Praxis dient PostScript häufig dazu, Daten weiterzugeben und auszugeben. So schreibt man aus den Applikationen heraus eine PostScript-Datei, die bereits sämtliche druckrelevanten Einstellungen enthält. Dazu ist jedes Programm, sofern es auf einen PostScript-Druckertreiber zugreifen kann, in der Lage. Der Empfänger beziehungsweise Dienstleister schickt die PostScript-Datei dann zum RIP, ohne das Ursprungsprogramm oder die Schriften zu benötigen. Die Bearbeitung einer PostScript-Datei ist allerdings nur mit spezieller Software möglich.

Abbildung 8.1 ▼
Oben das Symbol einer PostScript-Schrift unter Mac OS X, darunter das Symbol für eine TrueType-Schrift

EPS

Eine Untermenge von PostScript ist das Encapsulated PostScript. Das EPS hat sich zu einem der Standardformate etabliert, um Daten zwischen Anwendungen und Plattformen auszutauschen. Die meisten Grafik- und Layoutprogramme unterstützen das EPS-Format, das Vektor- sowie Rasterelemente mit Halbtönen und Schriften enthalten kann. Im Gegensatz zu PostScript enthält das EPS keine hardwarespezifischen Befehle zu Auflösung, Papierfach oder Papierformat, die Auflösung richtet sich nach dem Ausgabegerät.

Die Entstehung von PostScript und TrueType

Mit PostScript entwickelte Adobe zwei Schrifttechnologien: die Type-1- sowie die Type-3-Schriften. Obwohl die Befehlsstruktur von PostScript öffentlich ist und es also jedem möglich war, einen PostScript-Interpreter zu bauen und somit mit Adobes Rasterizer zu konkurrieren, ließen sich die Hints nicht interpretieren – Adobe hatte lediglich die Type-3-Spezifikation freigegeben, und diese hatte zwar einige Vorteile, aber den großen Nachteil, dass sie auf niedrig auflösenden Ausgabegeräten nicht gut dargestellt werden konnte.

Somit bestand Bedarf für eine skalierbare Schrifttechnologie, die vom Betriebssystem selbst unterstützt wurde. 1989 entwickelten Microsoft und Apple zunächst unter dem Codenamen Royal eine Alternative zu Adobes Type-1-Standard, das TrueType-Format. Dabei entwickelte Apple das Schriftsystem, Microsoft war für die Ausgabe zuständig. Die TrueType-Schriften enthielten strukturierte Tabellen, kein proprietäres Hinting, sondern so genanntes Plug-In-Hinting sowie offene Strukturen und Möglichkeiten zur Expansion wie beispielsweise Ligaturen.

TrueType-Schriften konnten zudem auflösungsunabhängig eingesetzt werden. 1991 kamen die ersten TrueType-Schriften wie Arial und Courier zum Einsatz.

Der Adobe Type Manager

Adobe reagierte mit der Freigabe des PostScript Type-1-Codes im März 1990, und Mitte des Jahres folgte der Adobe Type Manager, der Type-1-Fonts, aber nicht Type-3 für den Monitor und auf PostScript- und Nicht-PostScript-Druckern skaliert.

Der Adobe Type Manager beinhaltet den PostScript-Interpreter, der die Type-1-Schriften verarbeitet, und fungiert gleichzeitig als Vermittler zwischen Betriebssystem und Anwendung. Beim Einsatz einer PostScript-1-Schrift rastert der ATM also die Schrift zur Darstellung in jeder Größe, gibt sie an die Drucker weiter und erlaubt die Verwendung der Type-1-Schriften auch auf Druckern, die nicht PostScript-fähig sind.

Probleme mit TrueType

In der Zwischenzeit hatten Apple und Microsoft mit Problemen zu kämpfen. Die TrueType-Technologie basierte auf 32 Bit. Zu dieser Zeit lief Windows 3.1 auf 16-Bit-Prozessoren. Somit mussten TrueType-Schriften für Windows auf 16 Bit neu implementiert und Be-

Type-1- und Type-3-Schriften
Type-1 und Type-3 sind eine spezielle Form von PostScript. Es handelt sich um Schriftformate, die ihre Beschreibung in Form von PostScript-Befehlen speichern.

Das Type-1-Format lässt sich auf allen Plattformen verwenden und nahezu auf allen Druckern ausgeben. Das Format Type-3 ist eine qualitativ schlechtere Variante, da dieses Format kein Hinting enthält.

Hints
Bei den Hints handelt es sich um mathematische Instruktionen, die die Qualität von Schriften auf niedrig auflösenden Geräten wie Monitoren verbessern. Mehr dazu auf Seite 286.

Rasterizer
Ein Rasterizer wird auch als Schriftinterpreter bezeichnet. Da durch PostScript Linien mit Punkten beschrieben werden, müssen die Linien für die Darstellung der Umrisse am Bildschirm und für den Druck in Raster umgesetzt werden. Diese Aufgabe wird vom Rasterizer übernommen. Bei PostScript-Schriften übernimmt entweder der PostScript-Interpreter eines PostScript-Druckers oder der Adobe Type Manager die Rasterung, TrueType-Schriften werden vom System-Rasterizer gerastert.

schreibungen vereinfacht werden, was zu einem Qualitätsverlust der Schriften führte und daher nicht zur Verbreitung der TrueType-Schriften beitrug.

Speziell der Macintosh-Markt und dessen Absatz waren für viele Schriftenhersteller zu klein, um hochwertige Schriften zu erstellen. Als Folge entwickelten sich qualitativ schlechte TrueType-Schriften. 1995 konnten unter Windows 95 die 32-Bit-TrueType-Schriften eingesetzt werden, und Microsoft versuchte, mit kostenlosen TrueType-Schriften die Verbreitung weiter zu erhöhen.

Die Basis

TrueType-Schriften basieren genauso wie PostScript-Schriften auf der Outline-Technologie. Bei PostScript dienen kubische Bézierkurven als Berechnungsgrundlage.

Die TrueType-Technologie hingegen beschreibt einen Umriss mit quadratischen Gleichungen, also etwas einfacheren Elementen und basiert auf den quadratischen Kurven (die so genannten B-Splines, wobei ein Punktezug durch Kurven verbunden wird), die wiederum eine Untergruppe der Bézierkurven von PostScript darstellen.

Outline-Font

Ein Outline-Font wie PostScript oder TrueType wird durch die Punkte des Ausgabegeräts, also entweder durch die Bildschirmpixel oder die Druckerpunkte dargestellt. Der Prozess, die Outline-Information in ein Punktmuster auf das Raster des Ausgabegeräts zu konvertieren, wird als Rastern bezeichnet. Für die Qualität der PostScript-Type-1-Schriften ist der Rasterizer enorm wichtig, für die Qualität der TrueType-Schriften ist in erster Linie der Designer verantwortlich und lässt sich vom Betriebssystem unterstützen.

So findet auch das Hinting, also das optimale Anpassen des Buchstabens in das Pixelraster, im Rasterizer statt. Die Hints von PostScript-Schriften teilen dem Rasterizer mit, welche Funktionen

Abbildung 8.2 ▼
Die TrueType-Schrift Arial Bold, dargestellt mit Umrissen im Schrifterstellungs- und -bearbeitungsprogramm FontLab

kontrolliert werden sollen, und der Rasterizer erledigt seine Arbeit kraft seiner eigenen Intelligenz.

Bei der TrueType-Technologie kommen die Informationen in erster Linie aus den Schriften. Sie enthalten zum einen spezifische Instruktionen, mit denen kontrolliert wird, wie die Schrift erscheint, und zum anderen Anweisungen zur Umsetzung. Diese Tatsache erklärt übrigens auch die Dateigröße der TrueType-Schriften.

Schlechter Ruf

Die Struktur von TrueType- ist einfacher als die von PostScript-Schriften, und einige Formen weisen weniger Punkte auf. Dennoch ist es in der Praxis so, dass PostScript-Rasterizer schneller PostScript-Schriften verarbeiten können und viele TrueType-Schriften tatsächlich mehr Punkte als PostScript-Schriften aufweisen.

Vorteile von PostScript

Der schlechte Ruf der TrueType-Schriften geht aber vorrangig auf ihre Geschichte und aktuelle Handhabung zurück. Das Internet hat sich zu einem Massenlager an billigen oder kostenlosen TrueType-Schriften entwickelt, die zum Teil für wenige Euro angeboten werden. Ein ausgewogenes Kerning oder andere Qualitätsmerkmale lassen sich in diesen Fällen selbstverständlich nicht erwarten. Somit liegt das Kernproblem nicht in der Technologie, sondern eher darin, dass viel zu viele qualitativ schlechte TrueType-Schriften im Umlauf sind.

Weiter hat PostScript den Vorteil, dass es länger etabliert ist als TrueType. Das PostScript-Format ist im Publishing-Bereich der Standard, und gerade Sonderzeichen findet man eher in den PostScript-Schriften. Auch die Probleme, TrueType-Schriften auf PostScript-Geräten auszugeben, tragen zu ihrer Unbeliebtheit bei. Allerdings werden diese Probleme immer seltener, denn mittlerweile ist in allen PostScript-3-Belichtern ein TrueType-Rasterizer im ROM eingebaut.

▼ Abbildung 8.3
Die PostScript-Schrift Futura Bold

Hinting

Gibt man Schriften auf niedrig auflösenden Geräten wie dem Bildschirm oder 300-dpi-Druckern wieder, stehen speziell bei kleinen Schriftgraden nicht genügend Pixel zur Verfügung, um die Buchstaben in ihren Feinheiten und Details exakt darzustellen. Abhilfe schafft die Hinting-Technik. Die Hints sind mathematische Instruktionen, die bei TrueType- und PostScript-Type-1-Schriften eingesetzt werden. Die Hint-Algorithmen ermöglichen es, den Buchstaben in das grobe Pixelraster einzupassen und so Asymmetrien zu vermeiden.

Das Vorhandensein oder das Fehlen der Hints kann die Breite eines Zeichens völlig verändern. Die Vergabe von Hints ist ein zeitaufwändiger und langwieriger Prozess – bei billigen Schriften fehlen sie häufig.

PostScript-Schriften lassen vertikale und horizontale Hints sowie Überschuss, Eckenausgleich und Kurvenabflachung zu. Einige dieser Einstellungen werden erst ab einer bestimmten Punktgröße aktiv. TrueType-Schriften können Hints in drei verschiedenen Richtungen (vertikal, horizontal und diagonal) aufweisen. TrueType-Hinting lässt sich in drei Ebenen vollziehen: der globalen Ebene für den gesamten Font in allen PPM-Größen; der Glyph-Ebene, also pro Buchstabe in allen PPM-Größen, und der Delta-Ebene, also für einen Glyph in einer PPM-Größe. Bei TrueType-Hints wird mit einzelnen Punkten gearbeitet, was das Hinting flexibler, aber auch schwieriger macht. Durch die flexiblen Instruktionen lassen sich zum Beispiel die Diago-

Abbildung 8.4 ▼
Das Hinting teilt dem Font Rasterizer mit, wie die Outlines in das Pixelraster einzupassen sind. Der Rasterizer aktiviert dann die Pixel, die sich innerhalb der Outline befinden, nachdem der Buchstabe heruntergesklaiert wurde. Links ohne, rechts mit Hinting.

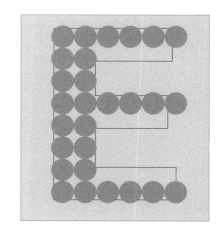

nalen kontrollieren und bestimmte Punkte in bestimmten Größen am Zeichen bewegen, was wiederum die Lesbarkeit verbessert. Da TrueType eine echte Programmiersprache ist, sind dem Hinting theoretisch keine Grenzen gesetzt.

Schrifterstellungsprogramme bieten meistens Autohints für TrueType-Schriften an, allerdings führen diese Automatismen häufig nicht zu optimalen Ergebnissen, und der verwendete Algorithmus kann vom Designer nicht nachvollzogen werden.

Unabhängige Schriftgröße

Um Outline-Fonts auflösungsunabhängig zu messen, verwendet man die Maßeinheit PPM (Pixel per em). Diese gibt an, wie viele Pixel in der Höhe in eine Schrift passen, und entspricht in der Regel der Schriftgröße; »em« bedeutet traditionsgemäß ein Geviert in der Breite des großen M; heute ist damit die aktuelle Schriftgröße gemeint. Die Font-Höhe wiederum wird in UPM (Units per em) angegeben. TrueType-Fonts haben eine UPM von 2048, und Type-1-Schriften weisen eine UPM von 1000 auf.

Beispielrechnung
Die Rechnung zeigt, wie stark die Skalierung des Schriftgrads Größenunterschiede innerhalb der Schrift verursachen kann. Im Beispiel hat ein Type-1-H eine UPM von 680, ein O eine UPM von 720.
Bei 36 PPM heißt dies:
36 : 1000 x 680 = 24,48.
Das H weist eine Größe von 24 Pixeln auf. Beim O rechnet man 36 : 1000 x 720 = 25,92. Mit einer Pixelanzahl von 26 weist das O also zwei Pixel mehr auf als das H. Ausgehend von 100 Prozent bei 36 PPM entsprechen 2 Pixel 5,554 Prozent.
Im Vergleich dazu die Rechnung mit 8 PPM für das H:
8 : 1000 x 680 = 5,44,
entspricht 5 Pixel für das H.
8 : 1000 x 720 = 5,76
entspricht 6 Pixel für das O. Zwar ist der Unterschied bei 8 PPM nur noch ein Pixel, allerdings entspricht ein Pixel bei 8 PPM (= 100 Prozent; 1 PPM = 12,5 Prozent) ganzen 12,5 Prozent.

◀ Abbildung 8.5
Je gröber das Pixelraster (bei kleinem PPM), desto deutlicher werden die Unterschiede zwischen geraden und runden Buchstaben. Der Überschussbereich muss dann durch so genannte Alignment Zones begrenzt werden. Im linken Bild ist eine PPM von 8, im rechten Bild eine PPM von 28 verwendet.

8.2 MultipleMaster

Die MultipleMaster-Schriften sind mehr als eine Weiterentwicklung des Type-1-Formats. Grundsätzlich beinhaltet die MultipleMaster-Technologie zwei oder mehr Outlines, die Master genannt werden und eine oder mehr Designachsen beschreiben. Auf der Designachse liegen dynamische Werte eines typografischen Parameters wie Stärke oder Breite. Solange die Bézierpunkte eine sinnvolle Interpolation zulassen, entstehen durch Interpolation der Masterdesigns die Schnitte.

Das Beispiel Myriad

Somit weist beispielsweise die erste von Adobe entwickelte MultipleMaster-Schrift Myriad zwei Achsen auf: eine Stärkeachse, auf der von light nach black gearbeitet wird, sowie eine Breitenachse, auf der von condensed bis expanded angeboten wird. Bei den vier Masterdesigns handelt es sich um light condensed, black condensed, light expanded und black expanded. Alle Stadien dazwischen kann der Benutzer festlegen, sofern die Anwendung dies unterstützt beziehungsweise auf vordefinierte Zwischenschritte zurückgreift. Auch

Abbildung 8.6 ▶
Vier Masterdesigns übereinander; angezeigt im Schrifterstellungsprogramm FontLab

8.2 MultipleMaster

multiple Achsen sind möglich, jedoch verdoppelt jede zusätzliche Achse die Anzahl der benötigten Masterschnitte. Bis zu maximal vier Designachsen sind möglich, wobei man dazu 16 Masterschriften benötigen würde.

Da auch die MultipleMaster-Schriften bestimmten Namenskonventionen folgen, lassen sich die zunächst verwirrenden Schriftennamen aufschlüsseln. So bedeutet beispielsweise der im Schriftmenü auftauchende Name MyriaMM_215 LT 300 CN, dass es sich um eine MultipleMaster-Schrift Myriad mit zwei Designachsen, nämlich Stärke und Breite handelt. Diese Variante weist eine geringe Stichstärke (LT für Light) und eine schmale Breite (CN für Condensed) auf.

▼ **Abbildung 8.7**
Hier sind die einzelnen Designs der Myriad eingeblendet.

8.3 OpenType

Beim OpenType-Format handelt es sich um ein plattformübergreifendes Schriftformat, das übrigens in Zusammenarbeit von Adobe und Microsoft entstanden ist. Das Format ermöglicht aber nicht nur den problemlosen Plattformwechsel, sondern bietet auch ein Mehr an Zeichen. Immer mehr Schriften werden nach und nach im OpenType-Format angeboten, und das hat gute Gründe. Sehen wir uns die Vorteile und Eigenschaften dieser Schriften etwas genauer an.

Weiterentwicklung des TrueType-Formats

Streng genommen ist OpenType eine Weiterentwicklung des True-Type-Formats von Microsoft. Die Schriften weisen entweder True-Type- oder PostScript-Outlines auf. Die verwendete Technologie lässt sich am Namen der Schrift erkennen: Die Endung .ttf steht für TrueType-Font, die Endung .otf weist auf PostScript-Outlines hin.

Da TrueType als Basis dient, bestehen die Schriften auch nur aus einer Schriftdatei und nicht wie bei PostScript aus zwei Teilen.

Vorteil: problemloser Plattformwechsel

Das OpenType-Format ist plattformübergreifend, lässt sich also auf dem Macintosh sowie auch unter Windows verwenden. Rein technisch erübrigt es sich also, ein und dieselbe Schrift für beide Plattformen zu erwerben – letztendlich sollte man aber in jedem Fall die Lizenzbedingungen des Herstellers genau beachten und sich daran halten.

Der große Vorteil liegt aber darin, dass durch die Technologie auf beiden Plattformen exakt dieselbe Schrift verwendet wird. Bisher ist eine Times im Type-1-Format auf dem Macintosh nicht zwingend identisch mit der Times unter Windows. So können minimale Unterschiede in Buchstabenbreite oder in der Laufweite auftreten, und was das bedeutet, ist jedem klar, der schon einmal einen Text auf Zeile bringen musste. Nach dem Austausch des Layouts ist man plötzlich mit Unter- oder Übersatz konfrontiert. Mit den OpenType-Schriften gehören diese Probleme der Vergangenheit an, da es sich um eine einzige Schriftdatei handelt, die auf beiden Plattformen installiert wird.

Vorteil: erweiterter Zeichensatz

Der zweite große Vorteil der OpenType-Technologie ist das Mehr an Glyphen, also an möglichen Zeichen, die angeboten werden. Dabei

Abbildung 8.8 ▲
Das Symbol für eine Open-Type-Schrift unter Mac OS X

8.3 OpenType

können OpenType-Schriften mehr Zeichen anbieten, müssen aber nicht. Möglich wird das durch die Unterstützung des internationalen Standards Unicode. Bisherige Standards wie ASCII, ANSI und ISO Latin 1 sind auf 128 beziehungsweise 256 Zeichen beschränkt, wobei lediglich die ersten 128 Positionen fix definiert waren. Schriften, die auf Unicode basieren, können maximal 65 536, nämlich 2 hoch 16 Glyphen enthalten. Um verschiedene Belegungen und den daraus resultierenden Zeichensalat zu vermeiden, ist jeder Glyphe eine eigene Nummer zugewiesen. Die Nummern werden nach strengen Richtlinien vergeben und sind gänzlich programm-, system- und sprachunabhängig gültig. Durch diese Zuweisung lassen sich die un-

Unicode
Unicode ist ein internationaler Standard, bei dem jedes Zeichen programm-, system- und sprachunabhängig eine eigene Nummer aufweist. Unicode-Schriften bestehen aus 2 hoch 16, also maximal 65 536 Zeichen. Mehr zu Unicode finden Sie auf Seite 296.

◄ Abbildung 8.9
Mit der Palette GLYPHEN lassen sich beispielsweise in InDesign sämtliche Zeichen in der OpenType-Schrift anzeigen.

gewollten Sonderzeichen, die so mancher beim Textimport kennen gelernt hat, vermeiden. Unicode ist somit Voraussetzung und Wegbereiter des One World Publishings, nämlich Dokumente in allen Sprachen system- und plattformunabhängig zu publizieren.

Durch die Anzahl von über 65 000 Zeichen lassen sich Glyphen von anderen Systemen wie den osteuropäischen Sprachen sowie ideografische Zeichen und Symbole unterbringen. Somit benötigt man auch für den Satz von fremdsprachigen Schriftsystemen nicht mehr eine zusätzliche Schrift – vorausgesetzt, die fremdsprachigen Zeichen sind auch in der Schrift enthalten.

Vorteil: erweiterte typografische Funktionalität
Ein zweiter Vorteil der erweiterten Zeichen liegt darin, dass man in ein und dieselbe Schrift auch Sonderzeichen und typografische Besonderheiten wie Kapitälchen, Ligaturen, Mediävalziffern, Währungssymbole oder Bruchziffern unterbringen kann. Auch verschiedene Varianten eines Buchstabens sind möglich, wie es häufig in ausladenden Schreibschriften üblich ist.

So bietet beispielsweise die Zapfino als OpenType-Schrift mehrere Varianten eines Buchstabens, der weit ausladende Unterlängen enthält, und je nach Buchstabe davor und danach wählt der Anwender die gewünschte Variante. Was früher also in Form des so genannten Expertschnitts separat erstanden werden musste, ist jetzt in einer Schriftdatei enthalten. Aber bitte nicht zu früh freuen: All die

Abbildung 8.10 ▲ ▶
Verschiedene Varianten eines Wortes beziehungsweise eines Buchstabens in der OpenType-Schrift Zapfino

Zapfino Extra LT One

Zapfino Extra LT Three

Abbildung 8.11 ▲
Ligaturen in der Zapfino Extra LT

Zapfino Extra LT Two

Zapfino Extra LT Four

erwähnten Sonderzeichen oder typografischen Leckerbissen sowie die Zeichen aus fremdsprachigen Schriften sind ein Kann, kein Muss. Welche Zeichen tatsächlich vorhanden sind, ist von Schrift zu Schrift und von Schnitt zu Schnitt unterschiedlich.

Bedingung 1: die Zeichenbelegung

Um das Mehr an Zeichen nutzen zu können, müssen mehrere Voraussetzungen erfüllt werden. Zunächst ist da die eben erwähnte Grundvoraussetzung, dass diese Zeichen auch in der Schrift enthalten sind. Zwar werden bereits seit Längerem Schriften im OpenType-Format angeboten, das bedeutet aber nicht unbedingt, dass diese auch einen erweiterten Zeichensatz beinhalten – frei nach dem Motto: »65 536 Zeichen kann, muss aber nicht sein«. Eine OpenType-Schrift kann also exakt den gleichen Umfang und die gleiche Qualität wie eine herkömmliche PostScript-Schrift aufweisen. Bevor Sie sich darauf verlassen und eine OpenType-Schrift für bestimmte Zwecke erwerben, sollten Sie sich über die Zeichenbelegung der jeweiligen Schrift beim Hersteller informieren.

Einige Hersteller benennen ihre Schriften entsprechend ihrem Angebot. Bei Adobe, Linotype Library und FontShop hat sich eine Unterteilung nach Standard- und Professional-Fonts durchgesetzt. Die Standardfonts enthalten die lateinische Standardbelegung und das Euro-Zeichen, die Pro-Fonts sind um Sonderzeichen, fremdsprachige Zeichen und zusätzliche Funktionen erweitert.

▼ **Abbildung 8.12**
Die Schriftanbieter Linotype Library (ganz unten) und FontShop zeigen auf Wunsch die Zeichenbelegung der OpenType-Schrift; Linotype verdeutlicht die Belegung zusätzlich noch durch Symbole.

8 Schrifttechnologien

Bedingung 2: Betriebssystem und Applikation

Die zweite Voraussetzung, die geschaffen sein muss, um die Vorteile der OpenType-Schriften nutzen zu können, leisten das Betriebssystem und die verwendeten Applikationen. Unicode unterstützt die aktuellen Betriebssysteme von Macintosh und Windows, und die Appl kationen unterstützen OpenType. Das bedeutet gleichzeitig, dass es auch Publishing-Programme wie XPress 6 oder FreeHand MX gibt, die zwar OpenType-Schriften, aber keinen Unicode unterstützen. In diesem Fall wird die OpenType-Schrift wie eine herkömmliche PostScript- oder TrueType-Schrift gehandhabt – der Zugriff auf eventuell vorhandene weitere Zeichen ist schlicht nicht möglich. Nur wenn die Applikation OpenType und Unicode unterstützt, können Sie das zusätzliche Angebot an Zeichen nutzen.

Die Software

Adobe bietet bereits seit einiger Zeit in InDesign, Illustrator und Photoshop eine Glyphen-Palette an. Über diese Palette ist zum einen die Belegung der Schrift ersichtlich, zum anderen lassen sich dort die benötigten Zeichen auswählen. Word 2003 bietet hingegen nur die »normale« Unicode-Unterstützung; mit Macromedia FreeHand MX und QuarkXPress 6.5 lässt sich noch kein Nutzen aus den OpenType-Schriften ziehen.

Abbildung 8.13 ▲
Mit der Glyphen-Palette bieten die Adobe-Produkte Zugriff auf sämtliche in der Schrift vorhandene Zeichen.

Abbildung 8.14 ▶
Die Unicode-Belegung der Univers 45, angezeigt im Schrifterstellungsprogramm FontLab

8.4 Dfonts

Ein weiteres, aber wenig bekanntes Schriftformat ist das Datafork-TrueType-Format. Bei diesen Schriften handelt es sich um ein spezielles TrueType-Format von Apple für das Betriebssystem Mac OS X. Die Datafork-TrueType-Schriften enthalten ihre Informationen im Daten- und nicht wie unter Mac OS 9 im Ressourcenzweig. Dies hat zur Folge, dass dieses Format ausschließlich auf Mac OS X läuft und weder mit Mac OS 9 noch mit Windows kompatibel ist.

Das Besondere an diesem Format ist auch, dass die Dfonts ähnlich wie OpenType-Schriften einen erweiterten Zeichensatz enthalten können, was sich auch in vielen der von Apple mitgelieferten Schriften zeigt. Die Lucida Grande ist mit ihrer 2,1 MByte Dateigröße ein Beispiel dafür. Sie enthält unter anderem auch griechische und kyrillische Zeichen.

Datafork-TrueType-Schriften erkennt man an ihrer Endung »dfont«.

▼ Abbildung 8.15
Die Belegung der Dfont-Schrift Lucida Grande, angezeigt in FontLab.

8.5 Was ist ...

... Unicode?

Unicode ist ein internationaler Standard. Innerhalb des Standards soll für jedes grafische Zeichen aller Schriftkulturen ein digitaler Code festgelegt werden. Unicode-Schriften bestehen aus 2 hoch 16, also maximal 65 536 Zeichen. Dabei hat jedes Zeichen programm-, system- und sprachunabhängig eine eigene Nummer. Die Vergabe der Nummern erfolgt nach exakten Richtlinien, um unterschiedliche Belegungen zu vermeiden. Unicode umfasst Alphabete wie das lateinische oder arabische, ideografische Zeichen und Symbole. Das Unicode-Konsortium hat dieses Jahr die Major-Version Unicode 4.0.0 vorgestellt, die neue Symbole für den technischen und mathematischen Bereich sowie einige individuelle Zeichen enthält.

Voraussetzung für die einheitliche Zeichendarstellung ist die Unterstützung durch das Betriebssystem sowie die Anwendungen. Das Macintosh- sowie das Windows-Betriebssystem unterstützen Unicode, die Anwendungen hinken allerdings noch weit hinterher.

... ASCII-Zeichensatz?

ASCI ist ein standardisierter Zeichensatz und besteht aus 2 hoch 7, also 128 Zeichen, die durch die lateinischen Grundbuchstaben, Zahlen und sonstige Zeichen belegt sind – Umlaute sind im ASCII-Zeichensatz nicht enthalten. Die Abkürzung ASCII steht für American Standard Code for Information Interchange.

... 8-Bit-Zeichensatz?

Die 8-Bit-Zeichensätze sind eine Erweiterung des ASCII-Zeichensatzes und weisen 2 hoch 8, also 256 Zeichen, auf. Dabei sind die ersten 128 Zeichen mit der ASCII-Zeichensatzbelegung identisch, die folgenden 128 Zeichen sind mit Umlauten, Sonderzeichen, kyrillischen Buchstaben et cetera belegt. Die fehlende Norm bei der Belegung führt oft zu Konvertierungsproblemen.

8.5 Was ist …

9 Glossar

Fachbegriffe im Überblick

9 Glossar

Akkoladen
Geschweifte Klammern

Akzidenz
Als Akzidenzen werden Gelegenheitsdrucksachen bezeichnet, z. B. Prospekte oder Visitenkarten. Das Gegenstück dazu nennt sich → Werksatz.

Akzidenzschriften
Handsatz- beziehungsweise Auszeichnungsschriften, die für den Akzidenzsatz verwendet werden

Anschnitt
→ Beschnitt

Anti-Aliasing
Ein Verfahren zum Glätten von Schrift: Kantenpixel werden halbtransparent gesetzt und erzeugen somit einen weichen Übergang zur Hintergrundfarbe. Die Kanten wirken optisch glatt und die Schrift ist auch noch in kleinen Schriftgraden gut lesbar. Nachteil ist jedoch, dass Schriften mit dünnen Linien und Serifen grau und unscharf wirken können.

Antiqua
Als Artiqua werden Serifenschriften bezeichnet, deren Form sich aus der Römischen Capitalis ableitet.

Antiqua-Varianten
Siebte Schriftklasse nach DIN 16518. Die häufig dekorativen Schriften lehnen sich zwar an die Antiqua-Schriften an, können aber nicht in die Klassen 1–6 einsortiert werden.

ASCII
Ein Standardcode für die Zeichenzuordnung mit 7 Bit, was einem Umfang von 128 Zeichen entspricht. ASCII enthält keine europäischen Sonderzeichen.

ATM
Adobe Type Manager; Software von Adobe, die den PostScript-Interpreter beinhaltet, der die Type-1-Schriften verarbeitet. Der Adobe Type Manager fungiert als Vermittler zwischen Betriebssystem und Anwendung.

Ausgangszeile
Die letzte Zeile eines Absatzes. Sie sollte aus optischen Gründen nicht zu kurz sein.

Ausgleichen
Unter bestimmten Umständen müssen die Buchstabenabstände erhöht oder verringert werden. Das Ändern der Abstände nennt man Ausgleichen.

Ausrichtung
Die Ausrichtung bezeichnet die Satzart. Die üblichen Ausrichtungen sind linksbündig, rechtsbündig, zentriert oder Blocksatz.

Ausschießen
Als Ausschießen bezeichnet man die Anordnung mehrerer Seiten auf dem Druckbogen. Das Ausschießen ist nötig, damit nach dem Druck und dem Falzen die Seiten in der richtigen Reihenfolge vorliegen.

Außensteg
Der freie Raum zwischen der äußeren Kante des Satzspiegels und der Papierkante

Austreiben
Um eine Zeile auf eine bestimmte Länge zu bringen, erhöht man die Wort- und Zeichenabstände und treibt damit die Zeile auf volle Satzbreite aus.

9 Glossar

Auszeichnung
Das Hervorheben einzelner Zeichen oder Textabschnitte. Man unterscheidet zwischen den optischen Auszeichnungen wie der Unterstreichung oder einem fetten Schnitt und den typografischen Auszeichnungen wie Kapitälchen oder dem kursiven Schnitt.

Barock-Antiqua
Dritte Schriftklasse nach DIN 16518. Typisch für die Schriften dieser Klasse sind leicht abgerundete Serifen, fast senkrechte Achsen und Unterschiede in den Strichstärken.

Bastardschrift
Eine Schrift, die Merkmale aus verschiedenen Schriftklassen enthält.

Beschnitt
Der Bereich, der außerhalb des Seitenformats liegt und nach dem Beschneiden der Seite wegfällt. Der Beschnitt ist nötig, damit keine → Blitzer entstehen.

Bindestrich
Ein kurzer Strich, auch Divis oder Trennstrich genannt.

Bindung
Das Zusammentragen mehrerer Seiten, die dann durch eine bestimmte Bindeart, wie zum Beispiel Klebebindung, zusammengefügt werden.

Blitzer
Als Blitzer bezeichnet man das Papierweiß, das durchblitzt, wenn Farbflächen nicht ganz exakt aneinander stoßen. Durch Überfüllen beziehungsweise Überdrucken der Farben werden Blitzer vermieden. Auch bei Elementen mit fehlendem Beschnitt können Blitzer entstehen.

Blocksatz
Satzart, bei der alle Zeilen links und rechts bündig beginnen und enden, also die volle Zeilenbreite ausfüllen.

Brotschrift
Auch Grundschrift genannt; der Begriff stammt aus dem Bleisatz und bezeichnet eine Schrift, die für den Mengensatz geschaffen wurde. Mit ihm mussten die Setzer im Akkord ihr Brot verdienen.

Buchstabenabstand
oder Buchstabenzwischenraum; die Buchstabenabstände ergeben die Laufweite einer Schrift und müssen unter bestimmten Umständen angepasst werden.

Buchstabenbreite
auch Dickte genannt. Die Breite des Buchstabens inklusive seiner Serifen, Punzen sowie der Vor- und Nachbreite

Bund
auch Bundsteg oder Innensteg genannt. Bei Doppelseiten der freie Bereich innen, also dort, wo das Druckwerk gebunden wird

Capitalis Romana
Die Urschrift der lateinischen Schriften; Großbuchstabenschrift mit Querstrichen

Charakterziffern
→ Mediävalziffern

Cicero
Der Begriff steht für eine typografische Maßeinheit. Ein Cicero entspricht zwölf Didot-Punkt und ist 4,5 Millimeter groß.

CSS
Cascading Style Sheets; Struktursprache, die HTML-Elemente enthält. Mit Hilfe von CSS hat der Webdesigner größeren Einfluss auf das Erscheinungsbild der Website.

Dickte
→ Buchstabenbreite

Didot-Punkt
Typografische Maßeinheit; basiert auf einem Inch und hat eine Größe von 0,375 Millimetern

DIN-Formate
Papierformate, die auf einem bestimmten Seitenverhältnis beruhen, nämlich 1:√2

Divis
→ Bindestrich

DTP-Punkt
Typografische Maßeinheit; die Größe eines DTP-Punkts beträgt 0,353 Millimeter.

Duktus
Charakter und Ausdruck eines Strichs, der sich in Stärke, Kontrast und Strichführung bemerkbar macht

Durchschuss
Der Begriff stammt aus dem Bleisatz und bezeichnete ursprünglich die nicht druckenden Metallstücke, die zwischen die Zeilen geschoben wurden, um den Abstand zu erhöhen. Heute definiert der Begriff den zusätzlichen Abstand, der sich durch Zeilenabstand minus Kegelgröße ergibt. Beträgt die Schriftgröße 12 Punkt und der Zeilenabstand 14 Punkt, ist die Größe des Durchschusses 2 Punkt.

Egyptienne
Die Schriftgruppe der serifenbetonten Antiqua wird auch als Egyptienne bezeichnet. Genau genommen ist die Egyptienne aber nur eine Untergruppe dieser Klasse.

Einzug
Der Einzug bezeichnet das Einrücken der linken oder rechten Textkante. Häufig wird für eine optische Unterteilung nur die erste Zeile eines Absatzes eingezogen. Als Anhaltspunkt für die Größe gilt ein Geviert.

Elementare Typografie
Eine Stilrichtung in der Typografie, vom Bauhaus beinflusst. Als Wegweiser der elementaren Typografie gilt Jan Tschichold.

Expertensatz
Die Bezeichnung für eine Schriftfamilie, die aus den Schnitten normal, kursiv, halbfett und fett sowie dem Kapitälchenschnitt besteht

Falzbögen
Bedruckte Papierbögen, die nach festen Schemen auf verschiedene Weisen (Wickelfalz, Leporellofalz etc.) gefaltet werden. Durch das zuvor korrekte Ausschießen liegen nach dem Falzen die Seiten in der richtigen Reihenfolge vor.

Fixation
Ruhepause beim Erfassen des Textes; nimmt mit 90 Prozent den längsten Teil beim Lesen ein und findet zwischen den Sakkaden statt

Flattersatz
Eine Satz- beziehungsweise Ausrichtungsart, bei der einer der beiden oder beide Ränder des Textes flattern, der Text also keine gleichmäßigen Achsen aufweist

Fleisch
Der leere, nicht druckende Raum um den Buchstaben herum. Je größer das Fleisch, desto geringer die Kegelausnutzung.

Fließtext
Bezeichnet den Grundtext, die Haupttextmenge in einer Drucksache

Font
auch Schrift oder Zeichensatz; bezeichnet manchmal auch eine ganze Schriftfamilie

Formsatz / Formensatz
Text, der durch seine Zeilenlängen und den Zeilenfall eine bestimmte Form darstellt. Auch als Konturensatz bezeichnet

Fraktur
Eine Schrift, deren Rundungen gebrochen sind. Fraktur ist gleichzeitig der Name einer Untergruppe der gebrochenen Schriften.

Französische Renaissance-Antiqua
Zweite Schriftklasse nach DIN 16518; Die Merkmale sind gerundete Serifen, schräge Achsen, gerade Querstriche im e, geringe Strichstärkenunterschiede und die Oberlängen der Kleinbuchstaben überragen die Versalienhöhe. Ein Beispiel ist die Garamond.

Fußnoten
Zusätzliche, weiterführende Information am unteren Satzspiegelrand, beispielsweise für Literaturangaben. Im Text wird meist mit einer kleinen, hochgestellten Zahl auf die Fußnote verwiesen, die dann innerhalb der Fußnote wiederholt wird.

Fußsteg
Fuß oder Fußsteg bezeichnet den unteren, freien Rand unterhalb des Satzspiegels.

Gedankenstrich
auch Halbgeviertstrich; Strich, dessen Größe auf einem Halbgeviert basiert. Der Gedankenstrich wird auch als Gegenstrich, Streckenstrich oder Währungsstrich verwendet.

Gemeine oder gemeiner Buchstabe
Bezeichnung für die Kleinbuchstaben

Gestaltungsraster
Das Gestaltungsraster ist ein nicht druckendes Raster, das bei der Verteilung der Text- und Bildelemente hilft.

Geviert
Leerraum, definiert durch ein Bleiquadrat, dessen Breite und Höhe der Kegelhöhe entspricht; bei einer 12-Punkt-Schrift beträgt die Größe des Gevierts 12 Punkt. Viele Größen wie die von Strichen oder Einzügen basieren auf dem Geviert.

Glyphe
Ein Zeichen, das innerhalb eines Schriftschnitts in unterschiedlichen Varianten (normal, kursiv, fett etc.) vorliegt

Goldener Schnitt
Ein harmonisches Seitenverhältnis für die Berechnung von Papierformaten. Das Verhältnis beträgt 1 : 1,618.

Grad
auch Schriftgrad; → Schriftgröße

Grauwirkung
Das Verhältnis zwischen bedruckten und unbedruckten Bereichen sowie zwischen hellen und dunklen Bereichen ergibt einen bestimmten Grauwert. Der Grauwert wird durch sämtliche Textattribute sowie durch andere Elemente beeinflusst und spielt für die Lesbarkeit eine wichtige Rolle.

Grotesk
Bezeichnet eine serifenlose Antiqua; die erste eindeutige Grotesk taucht Anfang des 19. Jahrhunderts auf.

Grundlinie
Auch Schriftlinie genannt; die Linie, auf der die Mittellängen aufsitzen

Grundlinienraster
Imaginäres Raster, auf dem die Grundlinien des Grundtextes entlanglaufen. Seine Schrittweite entspricht in der Regel dem Zeilenabstand des Grundtextes. Spielt für die Registerhaltigkeit eine wichtige Rolle.

Grundschrift
Die Schrift, die für den Mengentext verwendet wird. Im Bleisatz wird die Grundschrift auch Brotschrift genannt.

Gutenberg
Johannes Gutenberg gilt als der Erfinder des mechanischen Buchdrucks. Dies fand in der Mitte des 15. Jahrhunderts statt.

Halbgeviert
Ein Leerraum, der die Hälfte eines Gevierts einnimmt. Bei einer 12-Punkt-Schrift ist das Halbgeviert 6 Punkt groß.

Halbgeviertstrich
→ Gedankenstrich

Handschriftliche Antiqua
Die neunte Klasse nach DIN 16518. Typisch für die Schriften aus dieser Klasse ist der unregelmäßige, handschriftliche Charakter.

Hängender Einzug
Eine spezielle Art von Einzug. Hierbei ist die erste Zeile des Absatzes gefüllt, die Folgezeilen sind um einen festen Wert links eingerückt. In der Regel beträgt die Einzugsgröße ein Geviert.

Hints
Mathematische Instruktionen von TrueType- und PostScript-Schriften, um diese optimal in ein grobes Pixelraster einzupassen. Hints sorgen speziell bei niedrig auflösenden Ausgabegeräten und kleinen Schriftgrößen für eine bessere Qualität.

Hochformat
Ein Papierformat, bei dem die horizontale Seite kürzer ist als die vertikale.

Hochzeit
Der Begriff stammt aus dem Bleisatz und bezeichnet doppelt gesetzte Wörter.

Hurenkind
Ein Umbruchfehler, bei dem die letzte Zeile eines Absatzes am Anfang einer neuen Spalte oder Seite steht. Vergleiche auch Schusterjunge

Initial
Ein großer, schmückender Buchstabe am Anfang eines Absatzes oder Kapitels

Interpunktion
Der Überbegriff für die Verwendung von Satzzeichen

Italic
Bezeichnung für einen kursiven, nach rechts geneigten Schnitt einer Schrift

Kalligrafie
Die Kunst des schönen Schreibens

Kantenglättung
→ Anti-Aliasing

Kanzleischrift
Eine Kategorie in der chinesischen Schrift. Die Schreibschrift wurde ab dem Mittelalter für Urkunden verwendet.

Kapitälchen
Eine Variante einer Schrift. Bei Kapitälchen haben alle Buchstaben die Form von Großbuchstaben. Während die Versalien die »normale« Versalhöhe aufweisen, reichen die Kleinbuchstaben von der Grundlinie bis zur Oberkante der Gemeinen.

Kegel
Den Körper eines Bleibuchstabens bezeichnet man als Kegel.

Kerning
Das Ausgleichen von kritischen Buchstabenabständen. Dabei können die Abstände erhöht oder verringert werden.

Klassizistische Antiqua
Die vierte Schriftklasse nach DIN 6518. Merkmale sind waagerechte Serifen ohne Rundungen, senkrechte Achsen und starke Unterschiede in den Strichstärken. Die Oberlängen der Kleinbuchstaben und Versalhöhen sind gleich groß. Eine typische klassizistische Antiqua ist die Bauer Bodoni.

Kompress
Text, der ohne Durchschuss gesetzt wird, wird als kompress bezeichnet. Somit ist bei kompressem Satz die Schriftgröße mit dem Zeilenabstand identisch.

Kopfsteg
Der freie, nicht bedruckte Bereich über dem Satzspiegel am Kopf der Seite

Kursiv
Ein nach rechts geneigter Schriftschnitt

Laufrichtung
Bezeichnet die Richtung, in der das Papier durch die Papiermaschine läuft, wodurch gleichzeitig die Fasern des Papiers ausgerichtet werden. Bereits für den Druck, aber auch bei der Weiterverarbeitung, beispielsweise fürs Falzen, Rillen oder Kleben ist die Laufrichtung wichtig. Laufen die Fasern parallel zur langen Seite, spricht man von einer Schmalbahn. Sind die Fasern parallel zur kurzen Seite ausgerichtet, bezeichnet man dies als Breitbahn.

Laufweite
Der Abstand der Buchstaben zueinander

Layout
Eine kombinierte Seite mit Text- und anderen grafischen Elementen und Bildern

Lebender Kolumnentitel
Eine Zeile mit Seitenzahl und Text, die meist am Kopf des Layouts steht und Informationen zur Seite wie zum Beispiel die Kapitelüberschrift enthält. Beim lebenden Kolumnentitel wechselt abhängig vom Inhalt der Seite der Text. Das Gegenstück ist der → tote Kolumnentitel.

Legende
Eine Erklärung zu Seitenelementen, beispielsweise zu einem Bild

Ligatur
Eine Buchstabenkombination von mindestens zwei Zeichen, die im Bleisatz auf einen Kegel gegossen wurden. Ligaturen verbessern die Lesbarkeit. Typische Ligaturen sind fi oder fl.

Linearschrift
Bei diesen Schriften weisen alle Zeichen die gleiche optisch Strichbreite auf. Bei genauerem Hinsehen zeigt sich häufig, dass eine optisch gleiche Strichbreite bei den Rundungen nur erreicht werden kann, wenn die Breite leicht variiert.

Linksbündig
Zeilenausrichtungsart, bei der der Text eine gemeinsame linke Achse aufweist und nach rechts hin flattert

Majuskel
Großbuchstabe oder Versalie

Marginalien
Bemerkungen, die Zusatzinformationen oder Bilder zum Grundtext liefern und in der Regel am äußeren Seitenrand platziert sind

Mediävalziffer
Auch Minuskel-, gemeine oder Charakterziffern genannt. Zahlen, die – im Gegensatz zu Versalziffern – Ober- und Unterlängen sowie unterschiedliche Breiten aufweisen

Minuskel
Kleinbuchstabe oder gemeiner Buchstabe

Mittelachsensatz
Zeilenausrichtungsart, bei der die Zeilen in der Mitte der Spalte eine gemeinsame Achse aufweisen und links und rechts flattern. Wird auch als zentrierter oder symmetrischer Satz bezeichnet

Mittellänge
Auch x-Höhe genannt; Höhe der Kleinbuchstaben wie e, m oder z. Strecke zwischen der Grundlinie und der x-Linie

Nachbreite
Der freie Raum nach einem Zeichen, der gemeinsam mit der Vorbreite des Folgebuchstabens den Buchstabenabstand definiert

Nutzer
Seiten mit gleichem Inhalt, die auf einem Druckbogen angeordnet sind

Oberlänge
Der obere Teil eines Buchstabens über der x-Linie, wie sie beim b, h, f oder l vorhanden ist

Outline
Technologie zum Beschreiben von Schriften, wie sie bei TrueType- und PostScript-Schriften zum Einsatz kommt

Outline-Schrift
Eine Schriftvariante, bei der der Buchstabe keine Füllung, dafür nur den äußeren Umriss des Buchstabens aufweist

Pagina
Die Seitenzahl; die Pagina wird mit wechselndem Text kombiniert als → lebender Kolumnentitel bezeichnet, allein oder mit gleich bleibendem Text als → toter Kolumnentitel.

PDF
Portable Document Format; plattform- und programmunabhängiges Dateiformat von Adobe für den Datenaustausch und übergreifende Veröffentlichung; auch im Web einsetzbar, hat ein festgelegtes Layout

Picapoint
Der Picapoint ist eine typografische Maßeinheit, die vorwiegend im amerikanischen Raum verwendet wird. Ein Picapoint misst 0,34147 Millimeter. 12 Point sind ein Pica.

Pinselschrift
Pinselschriften weisen einen Pinselcharakter auf und zählen zu den Schreibschriften der Klasse 8 nach DIN 16518. Laut dem neuen DIN-Entwurf von 1998 bilden die Pinselschriften eine eigene Untergruppe in der Gruppe fünf der geschriebenen Schriften.

PostScript
Programmiersprache für die Seitenausgabe von Adobe. Mit PostScript lassen sich die Objekte der Seite auflösungsunabhängig skalieren, die Qualität ist nur von der Auflösung des Ausgabegerätes abhängig. Auf der PostScript-Technologie basieren auch die PostScript-Schriften.

Proportionalschrift
Dabei weist jedes Zeichen exakt die Breite auf, die es auch benötigt. Im Gegensatz dazu steht die Schreibmaschinenschrift, bei der jedes Zeichen die gleiche Breite aufweist.

Punkt
Ein Interpunktionszeichen und gleichzeitig die kleinste Einheit im typografischen Maßsystem. Man unterscheidet den Didot-Punkt und den DTP-Punkt.

Punzen
Der Innenraum eines Buchstabens, wie er bei b, o oder d entsteht

Querformat
Ein Papierformat, bei dem die vertikale Seite kürzer ist als die horizontale.

Randausgleich
Auch hängende Interpunktion genannt; um einen durch Satzzeichen verursachten ungleichmäßigen Rand im Blocksatz zu vermeiden, nimmt man einen Randausgleich vor. Dabei werden die Satzzeichen über den Rand hinaus verschoben und sozusagen nach außen gehängt.

Rausatz
Beim Rausatz flattern die Zeilen an der linken oder rechten Kante und weisen ein raues, teilweise unschönes Ende auf. Im Gegensatz zum Flattersatz wird beim Rausatz nicht in den Zeilenfall eingegriffen.

Rechtsbündig
Rechtsbündiger Satz weist an der rechten Satzkante eine Achse auf, die Zeilen laufen nach links aus.

Registerhaltig
Registerhaltiger Text liegt auf einem imaginären Grundlinienraster, wodurch ein deckungsgleicher Abdruck des Grundtextes von Vorder- und Rückseite gewährleistet wird. Text einer Seite, der in mehrere Spalten unterteilt ist, sollte ebenfalls registerhaltig sein.

Römische Kapitalis
→ Capitalis Romana

Sakkaden
Ein geübter Leser liest Text nicht Buchstabe für Buchstabe, sondern in Buchstabengruppen. Die Sprünge, die das Auge dabei vornimmt, werden als Sakkader bezeichnet. Sakkaden werden von den → Fixationen unterbrochen.

Satzspiegel
Der bedruckte Teil einer Seite, auf dem sich die Elemente wie Text, Grafik, Bilder und lebender Kolumnentitel befinden.

Schreibschriften
Die achte Klasse nach DIN 16518. Die Schriften haben einen Feder- oder Pinselcharakter und weisen häufig geschwungene Anfangsbuchstaben auf.

Schriftfamilien
Alle Varianten eines Schriftbildes wie der normale Schnitt, ein kursiver, ein halbfetter und ein Kapitälchenschnitt ergeben gemeinsam die Schriftfamilie.

Schriftgrad
→ Schriftgröße

Schriftgröße
Bezeichnung für die Buchstabengröße, letztlich identisch mit der Kegelgröße

Schriftkegel
→ Kegel

Schriftlinie
→ Grundlinie

Schusterjunge
Ein Umbruchfehler, bei dem die erste Zeile eines Absatzes oder eine Überschrift am Ende einer Spalte oder Seite allein steht. Es sollten möglichst immer mindestens zwei Zeilen, besser drei Zeilen zusammengehalten werden. Das Pendant dazu ist das → Hurenkind.

Schweizerdegen
So wird ein Facharbeiter bezeichnet, der die beiden Berufe Schriftsetzer und Drucker gelernt hat.

Semantik
Bedeutungslehre

Serifen
An-, Ab- und Endstriche der Zeichen

Serifenbetonte Linear-Antiqua
Die fünfte Schriftklasse nach DIN 16518. Bei diesen Schriften sind die Serifen besonders stark betont. Die Strichstärken sind annähernd gleichmäßig.

Serifenlose Linear-Antiqua
Die sechste Schriftklasse nach DIN 16518. Merkmale der serifenlosen Schriften sind die optisch gleichen Strichstärken, das Fehlen der Serifen, senkrechte Achsen und häufig gleiche Größen zwischen den Kleinbuchstaben und den Versalhöhen.

Spaltenzwischenraum
→ Spaltenzwischenschlag

Spaltenzwischenschlag
auch Zwischenschlag. Der Abstand zwischen zwei nebeneinander angeordneten Textspalten

Spationieren
auch Sperren. Der Begriff leitet sich vom → Spatium ab und bedeutet das Ausgleichen der Buchstabenabstände durch Hinzufügen von Spatien.

Spatium
Dünnes, nicht druckendes Metallstück aus dem Bleisatz. Mit einem Spatium wurden Zeilen gefüllt oder Buchstabenabstände erhöht.

Sperren
Das Erhöhen der Buchstabenabstände

Splendid
Bezeichnung für einen Text, der einen relativ großen Zeilenabstand aufweist, a so großzügig durchschossen ist

Steg
Nicht druckende Metallklötze aus dem Bleisatz, mit denen Leerraum aufgefüllt wurde. Heutzutage bezeichnet man die nicht druckenden Ränder um den Satzspiegel herum als Steg.

Toter Kolumnentitel
Eine Zeile, die entweder nur die Pagina oder Pagina mit gleichbleibender Textzeile enthält. Der tote Kolumnentitel steht außerhalb des Satzspiegels. Das Pendant dazu ist der lebende Kolumnentitel.

Type-1-/Type-3-Schriften
Auf PostScript basierende Schrifttechnologie von Adobe

Typografie
Die Lehre von der Schriftgestaltung

Typometer
Durchsichtiges Lineal aus Plastik, welches das typografische Maßsystem sowie Möglichkeiten zu Linien- und Rastermessungen aufweist

Überdrucken
Beim Überdrucken wird der hinten liegende Bereich einer Fläche oder eines Bildes nicht durch das darüber liegende Element ausgespart. Abhängig von den beteiligten Farben können beim Überdrucken neue Mischfarben entstehen. Liegt schwarzer Text auf einem farbigen Hintergrund oder auf einem Bild, wird in der Regel überdruckt, um Blitzer zu vermeiden.

Überfüllen
Beim Überfüllen werden Randbereiche von hellen Objekten leicht vergrößert, damit sie in die angrenzenden dunkleren Objekte hineinlaufen und so weiße Blitzer vermieden werden. Überfüllungen sind dann nötig, wenn Flächen in bestimmten Farbkombinationen an- beziehungsweise aufeinander treffen.

Umbruch
Der Umbruch ist das Zusammenstellen aller Elemente wie Text, Grafik und Bild zu einem Layout.

9 Glossar

Unicode
Unicode ist ein internationaler Standard, der für jedes grafische Zeichen aller Schriftkulturen einen digitalen Code festlegt. Unicode-Schriften bestehen aus maximal 65 536 Zeichen.

Unterlänge
Der Buchstabenbereich, der sich zwischen der Grundlinie und dem unteren Ende des Buchstabens bis zur p-Linie erstreckt

Unterschneiden
Das Verringern der Buchstabenabstände

Unziale
Die erste Schrift mit deutlichen Kleinbuchstaben mit Ober- und Unterlängen, entstanden aus der römischen Buchschrift

Vakat
Vakat bedeutet leer; eine Vakatseite ist eine leere Seite.

Venezianische Renaissance-Antiqua
Die erste Klasse nach DIN 16518. Typisch sind hier die abgerundeten Serifen, schräge Achsen und geringe Strichstärkenunterschiede.

Versalsatz
Text, der nur aus Versalien besteht. In der Regel sollte man bei kleinen Schriftgrößen die Laufweite leicht erhöhen.

Versalziffer
Versalziffern sind Ziffern in der Größe der Versalien. Sie weisen im Gegensatz zu den Mediävalziffern eine einheitliche Breite auf und eignen sich besonders gut für den Tabellensatz.

Viertelgeviert
Ein Leerraum, der ein Viertel eines Gevierts einnimmt. Bei einer 12-Punkt-Schrift wären das 3 Punkt.

Vorbreite
Der Freiraum vor dem Buchstaben

Waisenkind
→ Schusterjunge

Weißraum
Eine unbedruckte Fläche beziehungsweise unbedruckte Bereiche einer Seite werden als Weißraum bezeichnet.

Werksatz
Ein Begriff aus dem Bleisatz, der den Satz von regelmäßig erscheinenden Druckwerken bezeichnet, beispielsweise von Büchern oder Zeitungen. Das Gegenstück nennt sich → Akzidenz.

Wortabstand
→ Wortzwischenraum

Wortzwischenraum
auch Wortabstand; Weißraum zwischen zwei Wörtern. Der Wortzwischenraum spielt für die Grauwirkung eine wichtige Rolle.

x-Höhe
→ Mittellänge

Zeilenabstand
Bezeichnet den Abstand von Schriftlinie zu Schriftlinie. Im Gegensatz zum Durchschuss bezeichnet der Zeilenabstand den Abstand inklusive Schriftgröße.

Zeilendurchschuss
→ Durchschuss

Zeilenfall
Die Anordnung der Zeilen, bedingt durch das Verhältnis der Länge der Zeilen, wie es bei Flattersatz der Fall ist. Für einen dynamischen Zeilenfall mit einem Wechsel von kurzen und langen Zeilen ist häufig Handarbeit angesagt.

Zentrierter Satz
→ Mittelachsensatz

Zwischenschlag
→ Spaltenzwischenschlag

Index

8 Bit-Zeichensatz 296

A

Abkürzungen 127
Abstrich 92
Achtelgeviert 106
Adobe InDesign → InDesign
Adobe Type Manager 283
AFM-Datei 112
AG Buch 67
Ägyptische Hieroglyphen 17
Aicher, Otl 39, 60
Akzidenz-Grotesk 30, 52
Albers, Josef 34
Amador 70
Amboy 70
An- und Abführungszeichen 126
Anschnitt → randabfallend
ANSI 291
Anstrich 92
Anti-Aliasing → Kantenglättung
Antiqua-Varianten 53
Anzeige 269
Arcadia 61
Arial 195
Arrighi, Ludovico degli 28
ASCII 291, 296
Auslassungspunkte 129
Ausrichtung 134, 210
Auszeichnung 100
    ästhetische 100
    optische 100
Avant Garde 52
Avenir 39

B

B-Splines 284
Ballade 72
Bankleitzahlen 128
Barbedor 68
Barock 29
Barock-Antiqua 49
Baskerville 49
Baskerville, John 29
Bauer, Konrad F. 36
Bauer Bodoni → Bodoni
Bauhaus 34
Baum, Walter 36
Bayer, Herbert 34

Beinert, Wolfgang 59
Beinert-Matrix 59
Bembo 48
Benton, Morris Fuller 44
Benton Sans 62
Berkeley Old Style 47
Berliner Grotesk 39, 74
Berthold-Fotosatzpunkt 79
Berthold-Script 54
Beschnitt → randabfallend
Bézierkurven 284
Biblica 77
Bilderschrift 17
Bildplatzierung 232, 253
Bildschirmschrift 195
Bildunterschrift 234, 254
Bleibuchstabe 86
Bleisatz 86
Blocksatz 138
Blur 53, 61
Böcklin, Arnold 32, 53
Bodoni 50
Bodoni, Giambattista 43
Breuer, Marcel 34
Broadway 53
Brody, Neville 38, 61
Buchstabe 84
    Großbuchstabe 87
    Kleinbuchstabe 87

C

Cancellaresca 28
Capitalis Quadrata 20
Capitalis Romana 20
Capitalis Rustica 20
Carson, David 38
Caslon, William 29
Caslon Old Face 29, 49
Centaur 47
Centennial 50
Chicago 195
Clairvaux 56
Clarendon 51
Comic Sans MS 195
Concorde 67
Corpid 39, 65
Corporate A·S·E 77
Courier 195
CSS 186, 187

D

Datafork TrueType   295
Delphi   54
Designachse   42
Deutsche Schrift   56, 66
Deutsche Werkschrift   66
Deutsche Zierschrift   66
Dforts   295
Diablo   70
Dickte   91
Didot, Firmin   30, 50, 79
Didot-Punkt   79
differenzierendes Lesen   172
DIN-Format   206
DIN-Nummer   128
DIN-Reihen   206
   DIN A   206, 207
   DIN B   206
   DIN C   206
DIN 16518   46
   DIN 16518 von 1998   58
Divs   128
DTP-Punkt   79
Duc de Berry   56
Duktus   91
Durchschuss   149

E

Eckmann   32, 53
Eckmann, Otto   32
Edison   78
Egyptienne   30, 51, 63
Einzug   164
   erste Zeile   164
   hängend   165
El Grande   70
El Greco   67
em → Geviert
en → Halbgeviert
Encapsulated PostScript   282
englische Schreibschrift   54
EPS → Encapsulated PostScript
Expertensatz   44

F

Familie   40
Farbe   265
Fax   128
Fibonacci, Leonardo   208
Fibonacci-Folge   208
Fixation   103
Flachbildschirm   186
Flash   187
Flatterbereich   135
Flattersatz   135
Folio   36
Formsatz   138
Fournier, Pierre Simon   79
Fraktur   35, 56, 57
Fraktur-Varianten   57
Französische Renaissance-Antiqua   27, 48
Freier Satz   138
Frere-Jones, Tobias   62
Frutiger   39, 41, 52, 63
Frutiger, Adrian   36, 39, 41, 63
Futura   35, 52, 72

G

Garage Gothic   62
Garamond   27, 48, 64
Garamond, Claude   27, 64
Garnitur   44
Gebrochene Schriften   27, 56, 174
Gedankenstrich → Halbgeviertstrich
Gemeine   87
gemeine Ziffern → Mediävalziffern
Geneva   195
Georgia   195
Gestaltungsraster   226, 253
Geviert   106
Geviertstrich   129
Giambattista Bodoni   30
Gill   52
Glasgow 99   74
Glyphe   290, 291, 294
goldener Schnitt   208
Gothic   52
Gotik   24
Gotisch   56
Goudy Old Style   48
Grauwert   104
Griechen   19
griechisches Alphabet   19
de Groot, Luc(as)   39, 65
Grotesk   52

Grundlinie 90
Grundlinienraster → Registerhaltigkeit
Grundtext 257
Gutenberg 26

H

Halbgeviert 106
Halbgeviertstrich 128
Halbunziale 21
Handschriften 54
Handschriftliche Antiqua 54
hängende Interpunktion 144
Headline 255
Helvetica 36, 52
Herculanum 63
Hieroglyphen 17
Hinting 190, 286
Hints 283
HTML 186
Humanistische Kursive 25
Humanistische Minuskel 25
Hurenkind 158

I

Ideogramm 16
InDesign
   Adobe-Absatzsetzer 144
   Beschnitt 231
   Blocksatz 142
   Glyphe-Skalierung 140
   Hurenkind 162
   Kerning und Laufweite 118
   Kurzbefehle 130
   metrisch 118
   optisch 118
   Registerhaltigkeit 239
   Satzspiegel 223
   Schusterjunge 162
   Silbentrennzone 137
   Text beurteilen 215
   Wortzwischenräume 121
Industria 61
Industrialisierung 43
Info 74
informierendes Lesen 171
Initial 166
   hängend 166

inszenierendes Lesen 172
Interstate 62
ISBN-Nummer 128
Isignia 61
ISO 291
Italic 40
Italienne 51

J

JavaScript 199
Jessen 66
Jugendstil 32

K

Kabel 35, 52
Kaiser-Antiqua 30
Kantenglättung 196
Kapitälchen 40, 44, 114
   elektronisch 45
Karolingische Minuskel 22
Kaufmann 54
Kegel
   -ausnutzung 85
   -größe 85
Keilschrift 16
Klassifikation 46
   Antiqua-Varianten 53
   Barock-Antiqua 49
   Französische Renaissance-Antiqua 48
   Fremdsprachliche Schriften 58
   Gebrochene Schriften 56
   Handschriftliche Antiqua 54
   Klassizistische Antiqua 50
   Schreibschriften 54
   Serifenbetonte Linear-Antiqua 51
   Serifenlose Linear-Antiqua 52
   Venezianische Renaissance-Antiqua 47
Klassizismus 30
Klassizistische Antiqua 50, 174
Koch, Rudolf 35, 66
Koch-Fraktur 66
kompress 150
Konsonantenschrift 16
konsultierendes Lesen 171
Kontonummern 128
Kontrast 188, 265

Künstlerschreibschrift 54
Kursive 40
Kurt Weidemann 39

L

Lange, Günter Gerhard 38, 67
Lapidarschrift 19
Laufweite 110
Lautschrift 17
Leere Räume 106
Le Monde Journal 71
Leseart 170
    differenzierendes Lesen 172
    informierendes Lesen 171
    inszenierendes Lesen 172
    konsultierendes Lesen 171
    lineares Lesen 171
Libretto 73
Ligatur 96
Linear-Antiqua
    serifenbetont 51
    serifenlos 52
lineares Lesen 171
Linien 242
linksbündig 136
Linoscript 54
Linotext 56
Linotype Syntax → Syntax

M

magnetisches Raster → Registerhaltigkeit
Majuskel 87
Mambo 53
Manutius, Aldus 27, 40
Marginalie 241
Maßsystem 79
Masterdesign 42
Mediävalziffern 64, 99
Meier, Hans Eduard 68
Meta 39, 74
mii 156
Miedinger, Max 36
Minion 195
Minuskel 87
Minuskelziffern → Mediävalziffern
Mistral 54
Mittelachsensatz 137, 211
Mittellänge 91, 154

Moderne Typographie 72
Moholy-Nagy, László 34
Monaco 195
Mono 39
Moonbase Alpha 53
Morison, Stanley 33, 69
Morris, William 32
MultipleMaster 42, 288
Myriad 42

N

Nachbreite 91
Negativsatz 115
Neue Typografie 34
New Century Schoolbook 50
New York 195
Nicolas Jenson 27
Nobel 62
Nokia 74

O

Oberlänge 90
Oberon 68
OCR-B 63
Officina 74
Officina Sans 39
Officina Serif 39
OpenType 97, 290
Optima 39, 78
Optische Mitte 211
Outline-Font 284

P

p-Linie 91
Pagina 240
Palatino 39, 48
Papierformat 206
Parisine 71
Parkinson 70
Parkinson, Jim 70
PDF-Lib 199
Pepita 54
Personal Digital Assistant 195
PFM-Datei 113
Phönizier 18
Pica-Point 79
Piktogramm 16
von Pisa, Leonardo 208

Pixel per em   287
Plak   72
Plantin   69
Poetic   54
Pompeijana   63
Porchez, Jean-François   39, 71
Postfach   128
PostScript   282
PostScript-Schrift   283
Preise   127
Profile   94
Prozent und Grad   127
Punkt
   Berthold   79
   Didot   79
   DTP   79
   Pica   79
Punze   91

Q

QuarkXPress
   Beschnitt   230
   Blocksatz   142
   Geviertgröße   123
   Hurenkinder   162
   Kurzbefehle   131
   Laufweite   122
   Registerhaltigkeit   238
   Satzspiegel   223
   Schusterjunge   162
   Silbentrennzone   137
   Spationierung bearbeiten   125
   Text beurteilen   215
   Unterschneidung Tabelle bearbeiten   125

R

randabfallend   228
Randausgleich → Hängende Interpunktion
Randbemerkung → Marginalie
Rasterizer   283
Rausatz   135
rechnerische Mitte   211
rechtsbündig   134, 136
Regina   67
Registerhaltigkeit   238, 239
Regression   102
Renaissance   25

Renaissance-Antiqua   47, 48, 174
Renner, Paul   35, 72
Revue   53
Röhrenmonitor   186
Rokoko   29
Romanik   23
Römische Kapitals   20
Rotis   39, 53, 60
Rotis Sans   52
Rotunda   27
Rundgotisch   25, 56

S

Sabon   34, 39, 48, 76
Sabon Next   39, 71, 76
Sakkade   102
Saskia   76
Satzbreite   148
Satzspiegel   216
   nach dem goldenen Schnitt   220
   nach Neunerteilung   222
Schneider, Werner   39, 73
Schneider-Antiqua   73
Schneidler Stempel   47
Schnitt   40
Schreibregeln   126
   Abkürzungen   127
   An- und Abführungszeichen   126
   Auslassungspunkte   129
   Bankleitzahlen   128
   DIN-Nummer   128
   Divis   128
   Geviertstrich   129
   Halbgeviertstrich   128
   ISBN-Nummer   128
   Kontonummern   128
   Preise   127
   Prozent und Grad   127
   Striche   128
   Telefon, Fax, Postfach   128
   Zahlen und Formeln   127
Schreibschriften   54, 174
Schriftentwicklung   16
Schriftfamilie → Familie
Schriftgarnitur → Garnitur
Schriftgröße → Größe
Schriftklassifikation → Klassifikation
Schriftkombination   180
Schriftkünstler   60

Schriftlinie 90
Schriftmischung → Schriftkombination
Schriftschnitt → Schnitt
Schriftsippe → Sippe
Schriftwirkung 173
Schusterjungen 158
Schwabacher 24, 57
Schwarze Liste 276
Schweizer Typografie 36
Schwitters, Kurt 34
Seitenzahl 240
Semantische Typografie 183
Serifen 92
Serifenbetonte Linear-Antiqua 51
Serifenlose Grotesk 30
Serifenlose Linear-Antiqua 52, 174
Silbenschrift 16
Sippe 44
Skizze 202
Souvenir 53
Spalte 155
Spaltenabstand 155
Spaltenlinien 157
Spaltenzwischenraum → Spaltenabstand
Spationieren 110
Spatium 110
Sperren 110
Spiegel 65
Spiegel Sans 39
Spiekermann, Erik 39, 74
splendid 150
Steg 216
    Außensteg 216
    Bundsteg 216
    Fußsteg 216
    Kopfsteg 216
Stone Sans 52
Streckenstrich → Halbgeviertstrich
Striche 128
    Divis 128
    Geviertstrich 129
    Halbgeviertstrich 128
Sumerer 16
Sütterlin 75
Sütterlin, Ludwig 75
Syndor 68
Syntax 68

T

Teige, Karel 34
Tekton 54
Telefon 128
Textura 24
Theinhardt, Ferdinand 33
TheSans 39
Thesis 65
Thesis TheSans 39
Times 33, 49, 69
Traffic 60
Transit 34, 76
Trebuchet MS 195
Trump-Mediäval 48
Tschichold, Jan 34, 76
Type-1-Schrift 283
Type-3-Schrift 283
Typografisches Maßsystem → Maßsystem
Typometer 80

U

Übergangsantiqua → Barock-Antiqua
Umbruchfehler 158
Unicode 291, 296
Unit 39, 74
Univers 36, 41, 52, 63
Unterlänge 91
Unterschneiden 110
Unterschneidungstabelle 112
Unziale 21

V

Venezianische Renaissance-Antiqua 47
Verdana 195
Versalhöhe 88, 90
Versalien 87
Versalsatz 114
Versalziffern 99
vertikaler Text 214
Vialog 39, 73
Viertelgeviert 106
Visitenkarte 274
Vivaldi 54
Vorbreite 91
Vorspann 256

W

Währungsstrich → Halbgeviert-
 strich
Walbaum 30, 50
Walbaum, Justus Erich 30
Wallau 56, 66
Weidemann 39, 77
Weidemann, Kurt 5, 77
Weiß-Rundgotisch 56
Weißraum 205
Wenzel, Martin 94
Wiedererkennung 263
Wilhelm-Klingspor-Gotisch 66
Wortabstand 107
Wortbilderkennung 103
Wortzwischenraum → Wortab-
 stand

X

x-Höhe 91
x-Linie 91

Z

Zahlen 98
 arabische 98
 römische 98
Zahlen und Formeln 127
Zapf, Hermann 39, 78
Zapf Chancery 39, 78
Zapf Dingbats 39, 78
Zapfino 39, 54, 78
Zapf International 78
Zeichenabstand 110
Zeichenbelegung 293
Zeilenabstand 149
Zeilenbreite → Zeilenlänge
Zeilenlänge 146
Zentriert → Mittelachsensatz
Zeus 34, 76
Zitat 264
Zwischenschlag → Spaltenabstand
Zwischenüberschrift 257

inkl. DVD mit Video-Trainings
und Workshopdateien

Vom Anlegen eines Layouts bis
zur perfekten Ausgabe

Für Einsteiger und
Fortgeschrittene

78 kreative Workshops

384 S., 2007, komplett in Farbe, mit DVD, 39,90 Euro
ISBN 978-3-89842-887-3

Adobe InDesign CS3

www.galileodesign.de

Andrea Forst

Adobe InDesign CS3

Die Workshops für Einsteiger

Dieses Workshopbuch vermittelt Ihnen ein Gespür für die Arbeit mit InDesign CS3, ohne langwierig jede Funktion zu erklären. Denn hier erlernen Sie InDesign CS3 durch die Arbeit an realen Projekten: Visitenkarte, Briefbogen, Flyer, Cover, Plakat, Buch. Lassen Sie sich inspirieren!

>> www.galileodesign.de/1400

Bibliografische Information der Deutschen Bibliothek
Die Deutsche Bibliothek verzeichnet diese Publikation in der Deutschen
Nationalbibliografie; detaillierte bibliografische Daten sind im Internet über
http://dnb.ddb.de abrufbar.

ISBN 978-3-8362-1207-6
© Galileo Press GmbH, Bonn 2008
2., aktualisierte Auflage 2008

Der Name Galileo Press geht auf den italienischen Mathematiker und Philosophen Galileo Galilei (1564–1642) zurück. Er gilt als Gründungsfigur der neuzeitlichen Wissenschaft und wurde berühmt als Verfechter des modernen, heliozentrischen Weltbilds. Legendär ist sein Ausspruch **Eppur se muove** (Und sie bewegt sich doch). Das Emblem von Galileo Press ist der Jupiter, umkreist von den vier Galileischen Monden. Galilei entdeckte die nach ihm benannten Monde 1610.

Lektorat Katharina Geißler, Christine Fritzsche
Herstellung Vera Brauner
Korrektorat Sandra Gottmann, Münster; Matthias Lohrer, Baden-Baden
Einbandgestaltung department, Köln
Satz Claudia Runk, Berlin
Gesetzt aus der Linotype Syntax mit Adobe InDesign CS3
Druck Himmer AG, Augsburg

Der Verlag hat sich intensiv um die Einholung aller Bildrechte bemüht. Leider konnten wir einige Rechteinhaber nicht ermitteln, einige andere nicht erreichen. Wir bitten diese Rechteinhaber, sich mit uns in Verbindung zu setzen. Berechtigte Ansprüche gelten wir selbstverständlich in angemessener Weise ab.

Gerne stehen wir Ihnen mit Rat und Tat zur Seite:
katharina.geissler@galileo-press.de
bei Fragen und Anmerkungen zum Inhalt des Buches
service@galileo-press.de
für versandkostenfreie Bestellungen und Reklamationen
ralf.kaulisch@galileo-press.de
für Rezensions- und Schulungsexemplare

Das vorliegende Werk ist in all seinen Teilen urheberrechtlich geschützt. Alle Rechte vorbehalten, insbesondere das Recht der Übersetzung, des Vortrags, der Reproduktion, der Vervielfältigung auf fotomechanischem oder anderen Wegen und der Speicherung in elektronischen Medien.
Ungeachtet der Sorgfalt, die auf die Erstellung von Text, Abbildungen und Programmen verwendet wurde, können weder Verlag noch Autor, Herausgeber oder Übersetzer für mögliche Fehler und deren Folgen eine juristische Verantwortung oder irgendeine Haftung übernehmen.
Die in diesem Werk wiedergegebenen Gebrauchsnamen, Handelsnamen, Warenbezeichnungen usw. können auch ohne besondere Kennzeichnung Marken sein und als solche den gesetzlichen Bestimmungen unterliegen.

Hat Ihnen dieses Buch gefallen?
Hat das Buch einen hohen Nutzwert?

Wir informieren Sie gern über alle Neuerscheinungen von Galileo Design. Abonnieren Sie einfach unseren monatlichen Newsletter:

www.galileodesign.de

Die Marke für Kreative